Andreas Manteufel / Günter Schiepek

Systeme spielen

Selbstorganisation und Kompetenz-
entwicklung in sozialen Systemen

Mit 31 Abbildungen und 4 Tabellen

unter Mitarbeit von
Michael Reicherts, Michele Rott, Guido Strunk
und Dieter Wewers

Vandenhoeck & Ruprecht
in Göttingen

Die Deutsche Bibliothek – CIP-Einheitsaufnahme

Andreas Manteufel:
Systeme spielen : Selbstorganisation und Kompetenzentwicklung
in sozialen Systemen / Andreas Manteufel/Günter Schiepek. –
Göttingen : Vandenhoeck & Ruprecht, 1998
ISBN 3-525-45821-5

Satz: Satzspiegel, Nörten-Hardenberg
Druck- und Bindearbeiten: Hubert & Co., Göttingen

Inhalt

Vorwort _____ 9

Die unerträgliche Leichtigkeit der Praxis: Psychosoziales
Handeln in komplexen Systemen _____ 13

Aufstieg und Fall der Trivialisierungsmaschine 14
Probleme der Zeit 17
Erfolglose und erfolgreiche Kooperation 19
Narrenfreiheit und Ordnungszwang: Chaos und Ordnung
in der psychosozialen Versorgung 24
Man muß die Welt nicht verstehen, man muß sich darin
zurechtfinden 25

Der Spagat zwischen Praxis und Forschung _____ 29

Das gespannte Verhältnis zwischen Praxis und Forschung . . . 29
Der Nutzen systemtheoretischer Modelle für die Praxis . . . 33

Die Theorie der Praxis – die Praxis der Theorie _____ 37

Dynamische Systeme: ein interdisziplinäres Programm . . . 37
Synergetik: Ordnungswandel durch Selbstorganisation . . . 39
Ehrgeizige Projekte: Synergetik in der Psychologie
und in den Sozialwissenschaften 56
   Vom Herdentier zum sozialen System: Metaphern und
   Modelle der Gruppenforschung 60
   Umsetzung der Synergetik in sozialwissenschaftliche
   Forschungsprogramme 64
   Analogiebildungen 64

Empirische Prozeßanalysen in der Paar- und
Einzelpsychotherapie 65
Computersimulationen 69
Empirische Gruppenforschung 71

Systeme spielen: Grundlagen, Konstruktion und
Durchführung von Systemspielen_____ 78

Spielen als Simulation und Lernfeld sozialer Komplexität . . . 78
Vom Planspiel zum Systemspiel 82
Das Spielszenario »Psychosoziale Versorgung« 84
Organisation und Durchführung von Systemspielen 89
    Spielorte und Teilnehmer 89
    Der zeitliche Ablauf der Systemspiele 90
    Die Vor- und Nachbesprechungen 92
    Die Funktionen der Spielleitung 96
Methoden zur Erfassung des Spielgeschehens 97
    Die Dokumentation des Spielgeschehens:
    das Aktionsprotokoll 97
    Die Erhebung des Streßerlebens: der Belastungsbogen . . 103
    Die Erhebung erlebter Phasenübergänge: der Phasenbogen . 107
    Die Nachbesprechung und das Nachinterview 108

Turbulenter Heimalltag: selbstorganisierte
Beziehungsdramaturgie_____ 110

Klienten, Professionelle und darüber hinaus: Was geschah
in den Systemspielen? 110
Offizielle und inoffizielle Hierarchien 117
Die Aktionskategorien: Art und Verlauf in den System-
spielen 120
Professionelle und Klienten unter sich und miteinander . . . 130
Belastungserleben bei Klienten und Professionellen:
hausgemachter und fremdbedingter Streß 137
Formale Aspekte der Interaktionen: Gestalt und Wandel
von Interaktionsmatrizen 145
Systemeigene Prozesse der Ordnungsbildung 149
Ordnungswandel im Systemspiel als Phasenübergang 151
Ebenen der Kooperation: eine Einzelfallstudie und
allgemeine Überlegungen 157
Zur Validität der Systemspiele 166

Qualitätsentwicklung in Institutionen: Was können
Systeme aus Systemspielen lernen? _____ 170

Typische Interaktionsmuster psychosozialer Helfersysteme
in den Systemspielen 170
Qualitätsentwicklung in psychosozialen Helfersystemen:
der Ruf nach Professionalisierung und Qualität 174
Information fließt – aber wohin?
Zur Interaktionsqualität in Helfersystemen 177
Evaluation der Interaktionsqualität: Kundenzufriedenheit
und professionelle Handlungszufriedenheit 182

Systemkompetenz: Orientierung und Handeln
in komplexen Systemen _____ 190

Kontextbezogene Selbsterfahrung im Systemspiel 190
Individuelle und emergente Systemkompetenz 192
Ausbildungsziel Systemkompetenz: Perspektiven eines
systemwissenschaftlich fundierten Ausbildungskonzepts . . 200

Anhang A:
Die Rollenbeschreibungen des Systemspiels
»Psychosoziale Versorgung«_____ 206

Anhang B:
Die Kennwerte des Auswertungsprogramms »Matrix« _____ 221

Literatur_____ 225

Vorwort

Mit diesem Buch fassen wir unsere mittlerweile zehnjährige Erfahrung mit der Durchführung von Plan- und Systemspielen zusammen. Der Ausgangspunkt bestand darin, mit Hilfe von Planspielen Handlungskompetenzen in komplexen sozialen Systemen besser verstehen und vermitteln zu können. Nach den ersten Durchführungen wurde die klassische Planspielmethode auf der Grundlage systemtheoretischer Überlegungen (Schiepek 1991) variiert, das Systemspiel war geboren. Insgesamt zehnmal führten wir bisher sowohl mit Studentinnen und Studenten als auch mit Praktikerinnen und Praktikern Systemspiele durch. Einige dieser Spielrealisationen wurden wissenschaftlich begleitet und ausgewertet. Dabei handelt es sich um das von Gisi und Schiepek (1989) entworfene Systemspiel »Psychosoziale Versorgung«, das komplexe Helfer-Klienten-Dynamiken simuliert.

Die Systemspielmethode ist zugleich eine Forschungs- und eine Praxismethode. Entsprechend versuchen wir hier, beiden Seiten gerecht zu werden. So beginnen wir im ersten Kapitel mit der Skizzierung typischer Praxiserfahrungen, aus denen die Relevanz theoretischer Modelle von dynamischen und selbstorganisierenden Systemen deutlich wird. Im zweiten Kapitel thematisieren wir einige grundlegende Fragen zum Verhältnis von Theorie und Praxis.

Die theoretischen Grundlagen, die wir im dritten Kapitel vorstellen, treten zwar in neuem Gewand auf (Selbstorganisation, Synergetik, Chaostheorie), sind aber in mancher Hinsicht alte Be-

kannte, denken wir an die Gestaltpsychologie, die Wahrnehmungs-
oder Problemlösepsychologie und nicht zuletzt die Tradition der
Kleingruppenforschung.

Die modernen Systemtheorien gelten bei Praktikern gemeinhin
als schwer verdauliche akademische Kost. Dies hängt mit ihrem
hohen Abstraktionsgrad und sicherlich auch ihrem naturwissenschaftlichen Gehalt zusammen. Der Verweis auf physikalische
Beispiele und mathematische Gleichungen reicht zumeist aus, um
Praktikern den Appetit schon früh zu verderben.»Was hat das mit
unserer Praxis zu tun?«, »Wie kann man Menschen oder Gruppen
mit physikalischen Systemen vergleichen?«, so wird mit Recht gefragt. Wir halten diese Fragen für beantwortbar, allerdings erst über
die in diesem Buch gewählte Praxisnähe und über die prinzipielle
Bereitschaft, sich auf die interdisziplinäre Anwendungsbreite der
Theorie dynamischer Systeme einzulassen.

Mit Analogien, Praxisbeispielen und Bildern werden wir im folgenden versuchen, grundlegende systemtheoretische Konzepte
möglichst schmackhaft aufzubereiten.

Als Bezugsrahmen wählen wir die derzeit elaborierteste Theorie
selbstorganisierender Systeme, die von Professor Hermann Haken
begründete Synergetik. Für ihre Anwendung als »sozialwissenschaftliche Synergetik« müssen allerdings einige gegenstandsange-
messene Zusatzannahmen gemacht und Unterschiede zwischen
physikalischen und sozialen Systemen geklärt werden, will man
nicht einem simplen »Physikalismus« verfallen. Insbesondere sind
angemessene Methoden gefordert, mit denen soziale Systeme auf
ihre Selbstorganisationsdynamik hin untersucht werden können.
Wir berichten beispielhaft über einige aktuelle empirische Ansätze
in diese Richtung, ehe wir im vierten und fünften Kapitel unsere
eigene Methode, das Systemspiel, vorstellen. Anhand empirischer
Auswertungsergebnisse werden wir Prozesse der Ordnungsbildung
und des Ordnungswandels in mehreren Systemspielen identifizieren und die Analogiebildung zur Synergetik auf ihre Möglichkeiten
und Grenzen hin prüfen. Grundlage dieses Kapitels sind die Disser-
tation von Andreas Manteufel (1996) sowie die Replikation ihrer
wichtigsten Ergebnisse in den Diplomarbeiten von Michele Rott
und Dieter Wewers (1996).

Wir möchten mit diesem Buch Leserinnen und Leser erreichen, die sich in ihrer täglichen beruflichen Praxis im Umgang mit komplexen Systemen bewähren müssen, sei es als Therapeutin oder Berater, als Mitarbeiterin in einem multiprofessionellen Team, als Managerin, als psychosozialer Helfer oder auch in einem ganz anderen Metier als dem des professionellen Helfens. Und wir möchten Leserinnen und Leser ansprechen, die sich auf solche Tätigkeiten in Studium oder Ausbildung vorbereiten. Die Schwerpunktsetzung auf psychosoziale Helfersysteme entspringt unseren eigenen Praxiserfahrungen, sei es in der stationären und ambulanten psychiatrischen Versorgung, sei es in der Hochschuldidaktik und anderen Aus- und Weiterbildungkontexten.

Die beiden Abschlußkapitel greifen die Kompetenzfrage auf: Welche Handlungsempfehlungen kann die Theorie dynamischer Systeme geben? Daß dies nicht in Form einfacher, handlicher Rezepte erfolgen kann, wird niemanden überraschen, der die Praxis kennt. Genausowenig aber darf die Rede von Komplexität, Selbstorganisation oder Chaos Gefühle von Machtlosigkeit, Passivität oder gar von Verantwortungsaufgabe rechtfertigen. Gerade die Systemtheorien sind unseres Erachtens dazu aufgerufen, persönliche Gestaltungsspielräume in Prozessen sozialer Ordnungsbildung zu verdeutlichen. Während dies der Anspruch einer längst etablierten systemischen Therapie- und Beratungspraxis ist, stellt die systemtheoretische Literatur diesen Aspekt meist zu wenig heraus. Anstatt fertige Handlungsanweisungen zu geben, sollen unsere Vorschläge zum eigenen Experimentieren und zur eigenen Kompetenzförderung anregen. Wenn dies ohne allzu großen Respekt vor der Komplexität sozialer Systeme, jedoch mit Optimismus und Spaß geschieht, dann hat unser Buch seinen Zweck erfüllt.

Viele Menschen haben ihr Verdienst am Zustandekommen dieses Buches, aber auch an der Konzeption, Durchführung und Auswertung der Systemspiele. Ihnen sei daher an dieser Stelle gedankt: Michael Reicherts konzipierte mit uns zusammen die Entwicklung und Durchführung der ersten Systemspiele und trug viel zu ihrer Auswertung bei. Seine langjährigen wissenschaftlichen Erfahrungen zur Belastungsverarbeitung flossen in die differenzierte Erfassung des Streßerlebens in Systemspielen ein. Guido Strunk setzte neugierige Fragen nach Möglichkeiten der empirischen Erfassung von Beziehungsmustern in Systemspielen in ein differenziertes und komfortables Computerprogramm (Matrix) um. Michele Rott und Dieter Wewers replizierten in ihrer Diplomarbeit die wesentlichen Auswertungen früherer Systemspiele. Die Praktikerinnen und Praktiker sowie die vielen Studentinnen und Studenten, die sich an den Systemspielen beteiligten, ermöglichten mit ihrem neugierigen Interesse an komplexen Systemen die Umsetzung des Systemspielparadigmas. Petra Winkler las kritisch Korrektur.

Eine Anmerkung zur Sprachregelung: Die deutsche Sprache macht zur Zeit einen Wandlungsprozeß durch. Manche Versuche, sowohl männlichen als auch weiblichen Sprachformen in einem Text gerecht zu werden, erweisen sich als schwerfällig oder zumindest sehr ungewohnt. Wir wählen für dieses Buch die sprachlich konservative Lösung, wobei wir klarstellen möchten, daß mit einer Bezeichnung wie Praktiker natürlich Praktikerinnen und Praktiker gemeint sind.

Andreas Manteufel, Bonn
Günter Schiepek, München

Die unerträgliche Leichtigkeit der Praxis: Psychosoziales Handeln in komplexen Systemen

Dieses Buch handelt von komplexen Systemen in Wissenschaft und Praxis. Systemwissenschaften liegen im Trend. »Wir reden viel *über* unsere Schwierigkeiten, eine Sprache über komplexe Phänomene zu finden«, stellt Baecker (1994, S. 23) fest. »Aber ...«, so fährt er mit Blick auf die Praxis fort, »wir reden kaum über die vielleicht noch größere Schwierigkeit, *in* komplexen Situationen die richtigen Worte und Handlungen zu finden« (1994, S. 23, Hervorhebungen im Original). Wenn wir zu Beginn typische Praxiserfahrungen als Begegnungen mit komplexen Systemen darstellen und interpretieren, so können wir damit natürlich längst keine Mauern der Ignoranz mehr einreißen. Zu viel ist schon über die Vernetztheit, Nichtvorhersehbarkeit, Eigendynamik und Komplexität der Praxis gesagt und geschrieben worden. Psychosoziales Handeln als Handeln in komplexen Systemen zu charakterisieren findet also Zustimmung, und doch scheinen die Systemtheorien bisher selten wegweisende Spuren im Gestrüpp der Praxis hinterlassen zu haben. Der Bedarf an Hilfestellung ist groß, doch die allseits beliebte Ratgeberliteratur kann ihn nicht stillen. Im Gegenteil: Sie kann nur dadurch so ungebrochen boomen, daß die Leichtigkeit, die sie verspricht, und die guten Vorsätze, die sich während ihrer Lektüre einstellen, keine lange Lebensdauer haben. Bald findet sich der Praktiker wieder der unerträglichen Komplexität seines Arbeitsfeldes ausgesetzt.

In diesem Buch werden wir die Systemtheorien nach ihren konkreten Konsequenzen für die Praxis befragen, ohne schnelle Lösungen zu versprechen. Der Weg führt von der Praxis zur Theorie, von der Theorie zur Empirie und schließlich zurück zur Praxis. Absicht des Vorgehens ist es, diese Bereiche selbst zu einem vernetzten System zu verknüpfen. Von einer guten Theorie ist zu erwarten, daß sie alltägliche Erfahrungen plausibel beschreibt, sich aber auch der Überprüfung und Weiterentwicklung im Rahmen empirischer Forschung stellt. Der Nutzen solcher aufwendiger Unternehmungen zeigt sich nicht zuletzt darin, daß ihre Ergebnisse in die Praxis zurückgeführt werden und dort zu innovativen Handlungsweisen anregen. Wir beziehen uns im wesentlichen auf die »psychosoziale« Praxis, doch vieles gilt in gleicher oder ähnlicher Weise für Management und Organisationsentwicklung im sogenannten »Profit-Bereich«.

Aufstieg und Fall der Trivialisierungsmaschine

Es gibt in der medizinischen und psychologischen Therapie eine altbekannte Vorstellung: Die lineare Input-Output-Relation mit dazwischengeschalteter Black-Box. Eigentlich weist das Konstrukt der Black-Box darauf hin, daß wir die Gesetzlichkeiten des Systems nicht oder nur unzureichend kennen. Nur unsere *Annahmen* zum Beispiel über die Wechselwirkungen zwischen Gefühlen, Kognitionen, Verhalten und biologischen Parametern gehen in die Black-Box ein. Dennoch wurde und wird unter der Hand immer wieder gern eine lineare und triviale Beziehung zwischen Input und Output unterstellt, etwa bei der Verabreichung von Medikamenten. Was diese im Organismus tatsächlich bewirken, mag mehr oder vielmehr weniger bekannt sein, und doch ist die Annahme linearer Beziehungen zwischen Dosis und Wirkung aus der Praxis nicht zu vertreiben, so oft sie auch in Zweifel gezogen und durch Erfahrung widerlegt wird. Der Film »Zeit des Erwachens« (vgl. Sacks 1991) zeigt, als ein Beispiel, die dramatische Geschichte der wundersamen Heilung von Enzephalitispatienten mit dem einstigen Zaubermittel L-Dopa und der ebenso unvorhergesehenen Wiederverschlechterung der Verläufe:

»Fast jeder mit L-Dopa behandelte Patient erlebt für einen gewissen Zeitraum eine herrrliche, ungetrübte Phase der Gesundheit. Doch früher oder später wird er auf die eine oder andere Weise Schwierigkeiten bekommen. Einige Patienten haben nach Monaten positiver Reaktionen nur leichte Beschwerden; andere erleben nur für Tage eine Besserung – nicht mehr als ein Augenblick im Vergleich zur Dauer eines Lebens –, bevor sie wieder in die Tiefen ihres Elends zurückgestoßen werden. Es ist nicht möglich, feste Angaben darüber zu machen, bei welchen Patienten zuerst die größten Schwierigkeiten liegen . . .« (Sacks 1991, S. 295 f.). In einer Fußnote ergänzt Sacks: »Nicht immer tritt . . . eine ›Schönwetterphase‹ auf, bevor die Heimsuchungen einsetzen. Das Befinden Hester Y.s zum Beispiel kippte an einem ganz normalen Tag praktisch von einer Sekunde zur anderen ohne Vorwarnung um« (Sacks 1991, S. 295).

Zum Verständnis so vielschichtiger zwischenmenschlicher Begegnungen, wie sie in Psychotherapien stattfinden, waren lineare Dosis-Wirkungs-Relationen eigentlich noch nie tauglich. Dennoch bestimmte dieses Denken jahrzehntelang die Psychotherapieforschung. Erst in den letzten Jahren wird es von einigen ihrer führenden Vertreter auch offiziell in Zweifel gezogen (vgl. Bozok u. Bühler 1988; Duncan u. Moynihan 1994; Elliott u. Anderson 1994; Stiles et al. 1994). Psychotherapie wird konsequent als soziale Interaktion, als wechselseitiger Prozeß des Austauschs von Bedeutungen verstanden. Jedes Verhalten sowohl des Klienten als auch des Therapeuten hat Rückwirkungen auf den gesamten Prozeß. Sogenannte Outcome- oder Ergebnisvariablen sind keineswegs ursächlich auf vorherige Interventionen zurückführbar, sondern interagieren kontinuierlich mit ihnen. So kann auch die Entscheidung des Therapeuten, eine Intervention zu setzen, die Reaktion auf eine geringe Veränderung im Verhalten des Klienten sein. Gute Therapeuten wissen, daß es bei einer Intervention auf das Timing ankommt, das heißt auf die Aufnahmebereitschaft des Therapeuten für die Aufnahmebereitschaft des Klienten, eine Intervention anzunehmen. Stiles et al. (1994) kritisieren vor diesem Hintergrund die Annahmen, daß

– Interaktion in der Psychotherapie darin bestehe, daß jemand die »helfende Substanz« (Intervention) verabreiche, ein anderer sie »schlucke«;

- die Wirkung der Intervention eine vorhersehbare Funktion ihrer »Dosierung« sei;
- die »Ingredientien« einer therapeutischen Vorgehensweise überhaupt bekannt und benennbar seien;
- klinische Kontrollstudien zum Nachweis therapeutischer Effekte nach dem Vorbild der pharmakologischen Forschung unter Ausschaltung von anderen möglichen außertherapeutischen Wirkfaktoren erfolgen könnten;
- ähnliches Therapeutenverhalten notwendigerweise zu ähnlichen Effekten führe, dagegen unterschiedliches Therapeutenverhalten zu unterschiedlichen Effekten (Prinzip der »starken Kausalität«);
- Effekte, die später gemessen werden, ursächlich auf Interventionen zurückzuführen seien, die vorher gesetzt wurden.

Praktiker kennen die Frage: Wer steuert eigentlich wen? Klar ist: Eine gute Psychotherapie ist ein wechselseitiger Interaktionsprozeß, der Veränderungen in der Erlebens- oder Denkwelt des Klienten (und des Therapeuten) ermöglicht. Klar ist auch, daß es ein Leben nicht nur nach, sondern auch *neben* der Psychotherapie gibt. Gründe für Veränderungen müssen daher im gesamten Interaktions- und Lebenskontext gesucht werden. Aber auch ohne solche Gründe ereignen sich oft unvorhergesehene und für niemanden wirklich erklärbare Veränderungen. Dafür werden dann gern Mond-, Krankheits- oder Gesundheitsphasen, das plötzliche Aufflackern von Selbstheilungskräften oder einfach das Glück einer Spontanremission verantwortlich gemacht.

Hält man sich die Vielschichtigkeit menschlicher Beziehungen vor Augen, verwundert es nicht, daß einfache oder auch komplizierte lineare Annahmen über Ursache und Wirkung, Input und Output die Welt nicht erklären. Dennoch: In der Praxis läßt es sich mit ihnen gut leben, und wir machen oft genug auch die Erfahrung, den beruflichen Alltag so ganz gut zu meistern. Die Therapieliteratur ging lange von einer expertendominierten Einflußnahme aus: Wenn es nicht läuft, werden dafür Fehler verantwortlich gemacht, die entweder beim Klienten (non-compliance), bei anderen (unfähigen) Mitarbeitern, in den Umständen (Sachzwängen, fehlenden

Ressourcen) oder bisweilen auch bei uns Therapeuten gesucht und gefunden werden.

Worin liegt der Grund für die Liebe zu linearen Input-Output-Modellen? Sicherlich ist die Berechtigung solcher Modelle nicht nur ihrem teilweisen Funktionieren zuzuschreiben, sondern auch der Erfahrung, daß sich die gesamte Komplexität menschlichen Lebens und menschlicher Beziehungen nicht hinreichend modellieren läßt. Um handlungsfähig zu sein, muß man mit reduzierter Komplexität umgehen, darf man so tun, als ob Verhalten berechenbar wäre, Therapieverläufe manualisierbar, Wirkungen vorhersehbar. Die Probleme entstehen allerdings dort, wo man diese Als-ob-Annahmen nicht wieder verlassen kann. Dann entwickelt sich das Gefühl, die so sorgfältig geplante Maßnahme müsse doch funktionieren, die Voraussagen müßten sich doch einstellen. Der Versuch, Durchführungsfehler zu korrigieren – denn nur daran kann ja dann ein Scheitern liegen –, führt zu mehr desselben: mehr Medikamente, stärkere Kontrolle, intensivere Betreuung, längere Diskussionen. In der Folge entstehen paradoxe Effekte, ein Umkippen in kontraproduktive Prozesse oder nicht enden wollende Konkurrenzkämpfe. Am Ende stehen nicht selten professioneller Burnout und chronifizierte Patienten, doch das lineare Denkmodell überlebt.

Probleme der Zeit

Ein Dilemma jedweder beruflichen Praxis besteht darin, daß man wohl schon wüßte, wie anstehende Probleme gelöst werden könnten, man nur nicht dazu kommt, ohne sich weitere Probleme aufzuhalsen, etwa andere Probleme zu vernachlässigen. Viele wohlwollende Ratschläge von Supervisoren und Beratern oder auch die eigenen guten Ideen zerrinnen nach einer gewissen Zeit, weil sie sich nicht umsetzen lassen. Wer kann schon von sich behaupten, im beruflichen Alltag nicht unter permanentem Handlungsdruck zu stehen? Im Postkorb-Spiel, einer Teilaufgabe vieler Assessment Center, wird konsequenterweise die Fähigkeit verlangt, zwischen dem Wichtigkeitsgrad mehrerer Aufgaben, die alle möglichst sofort gelöst werden müssen, zu unterscheiden und bestimmte Aufgaben aufzuschieben, zu delegieren oder, manchmal der letzte Ausweg, ganz einfach nicht zu bearbeiten.

Der Umgang mit der Dimension Zeit ist ohne Zweifel eine der wesentlichen Praxisanforderungen. Besonders deutlich tritt dies im Arbeitskontext der stationären und ambulanten Versorgung psychiatrischer Patienten zu Tage. Neben der alltäglichen Ausführung notwendiger Sofortmaßnahmen und nicht zu erfüllender plötzlicher Lösungserwartungen haben es Psychiatriemitarbeiter auch mit Patienten mit sogenannten chronischen Langzeitverläufen zu tun. Langsame Veränderungen geduldig abwarten zu können, ohne selbst zu erstarren und den Glauben an Entwicklungen zu verlieren, gehört dort zu den schwierigsten Anforderungen. Als hilfreich dafür erweisen sich regelmäßige Zukunfts- und Zielreflektionen, das Aufbrechen hemmender und die Einführung neuer Rituale, eine ressourcenorientierte Sichtweise und die Freude am Experimentieren und Überraschen. Denn eine andere Erfahrung mit der Dimension Zeit ist die sprunghafter Veränderungen, die niemand erwartet hat. Ebenso plötzlich, wie Menschen manchmal in krisenhafte Zustände verfallen, können sie auch wieder aus ihnen heraus finden und hinterlassen nicht selten enttäuschte, ihres Arbeitseifers beraubte Helfer.

Wie die eben genannten Beispiele zeigen, denken und arbeiten Professionelle in anderen Zeitbezügen als ihre Klienten, und auch Teams entwickeln eigene Rhythmen und Tempi. Wenn diese nicht zusammenpassen, gestaltet sich der Umgang miteinander schwierig, und es wird notwendig, die einzelnen Vorgehensweisen bewußt zu synchronisieren. Besonders im psychiatrischen Krankenhaus können die Nähe und das Verhältnis sehr unterschiedlicher »Zeitwährungen« zueinander studiert werden. Notfall-, Akut- und Langzeitbehandlung liegen ebenso wie die Spontaneität von Mitarbeitern und die Chronizität mancher Verwaltungsabläufe – manchmal auch umgekehrt – dicht nebeneinander.

Wenn die Erledigung komplexer Anforderungen unter knappen Zeitressourcen den einzelnen überfordert, gilt die im folgenden betrachtete Arbeitsform als Königsweg: Das Zauberwort heißt »Kooperation«, die handelnde Einheit ist das Team.

Erfolglose und erfolgreiche Kooperation

Das Problem der Kooperation tritt vor allem dort auf, wo verschiedene Berufsgruppen an gemeinsamen Problemen arbeiten, und dies ist in psychosozialen Tätigkeitsfeldern in der Regel der Fall. In besonders ausgeprägter Weise treffen dort unterschiedliche Denkkulturen, persönliche Stile, Begabungen und Erfahrungen aufeinander und müssen hinsichtlich gemeinsamer Ziele koordiniert werden. Der Bedarf nach Koordination tritt besonders dann auf, wenn einfache, schematisierte Handlungsabläufe nicht ausreichen, um den angestrebten Zielen gerecht zu werden. Wo es um komplexe Kriterien wie Gesundheit, Lebensqualität, Fürsorge oder Behandlung geht, sind einfache Lösungswege meistens nicht vorgezeichnet. Hinzu kommt, daß Helfersysteme oft derart untergliedert und bürokratisiert sind, daß die Zusammenarbeit innerhalb und zwischen den Helfersystemen immer bedeutsamer wird, vergleicht man die Zeit, die in Teamsitzungen, Supervisionen und Konferenzen verbracht wird, mit der, die für den unmittelbaren Kontakt mit Klienten zur Verfügung steht.

So selbstverständlich wie sie gefordert wird, so selten scheint Kooperation zu gelingen, wenngleich dies wahrscheinlich häufiger geschieht, als wir es bemerken. Dennoch wird man bei näherem Nachdenken eher Beispiele für *mißglückte* Kooperationsversuche finden als für geglückte. Einige der *erfolgreichsten Strategien, Teamarbeit scheitern zu lassen*, zitiert Baecker (1994, S. 26 f.) nach einer amerikanischen Untersuchung von Hackman (1990):

- »Nenne die Gruppe ein Team, aber behandle ihre Mitglieder als Individuen. Nichts behindert die Entwicklung einer Gruppenverantwortlichkeit verläßlicher.
- Bleibe unklar in der Zuweisung von Autorität über die Gruppe und innerhalb der Gruppe, denn dann entstehen ausreichende Ängste, um Gruppenarbeit zu verhindern.
- Überschätze die Selbstorganisationsfähigkeit der Gruppe und verzichte darauf, klare Grenzen der Aufgaben, der Ressourcen und der zur Verfügung stehenden Zeit anzugeben. Denn dann ist die Gruppe so sehr mit der Definition ihrer Aufgaben, dem Kampf um Ressourcen und der Suche nach dem Zweck ihrer

Aufgaben beschäftigt, daß für alles andere entsprechend wenig
Zeit bleibt. Wer keine Fristen setzt oder gesetzt bekommt, kann
Gelingen und Scheitern nicht unterscheiden.
– Gib dem Team eine klare Aufgabe, aber verzichte darauf, für die
organisatorische Unterstützung zu sorgen.«

Schnell wird nach dem Team gerufen, wenn der einzelne nicht
mehr weiterkommt. Doch in der Regel führen Teambesprechungen
zu einer Fülle von Sichtweisen, Ergänzungsvorschlägen, alternativen Deutungen und Erklärungsansätzen, so daß bisweilen das Gefühl entsteht, jetzt erst recht ein Durcheinander vor sich zu haben.
Wenn der Kampf um die beste Deutung oder die richtige Intervention beginnt, ist das Spiel schon verloren. Dann hat man es statt
mit Kooperation mit Wettbewerb zu tun, der zu unproduktiven
Konkurrenzkämpfen und allgemeiner Verwirrung führt. Im Fall
des Gelingens führt Kooperation umgekehrt von der Erweiterung
von Sichtweisen zur Bündelung des Vorgehens in eine gemeinsame
Richtung, reduziert also die gewonnene Komplexität auch wieder
und wird dadurch effektiv.

Wie sind aber nun die Glücksmomente kooperativen Handelns
zu erreichen? Einen formalen Weg zur Beantwortung dieser Frage
bietet die mathematische Spieltheorie an. In idealisierten strategi-
schen Situationen, wie im sogenannten Gefangenen-Dilemma, wird
nach Strategien und Bedingungen gesucht, die kooperatives Verhalten der Beteiligten wahrscheinlich werden lassen. Grzelak (1992,
S. 329) faßt die wesentlichen *Aussagen der Spieltheorie zur Kooperation* zusammen.

Die Wahrscheinlichkeit für kooperatives Verhalten in spieltheoretischen Experimentalsituationen steigt, wenn:
– die Stärke des Konflikts nachläßt;
– die Kosten der Kooperation sinken;
– der Partner ebenfalls kooperiert oder in ähnlicher Weise auf eigenes Verhalten reagiert;
– ausreichend Gelegenheit zu Kommunikation und interpersona-
ler Nähe gegeben ist;
– die Anzahl der am Konflikt Beteiligten steigt.

Da reale Situationen selten den idealisierten dyadischen Interaktionsvorgaben entsprechen, in denen stets Zug um Zug gehandelt wird, und da bezweifelt werden darf, ob der Mensch tatsächlich ein »rechnendes Wesen [ist], das numerisch denkt, um sein Eigeninteresse zu maximieren« (Grzelak 1992, S. 324), wie es die der Spieltheorie zugrundeliegende Entscheidungstheorie suggeriert, ist gegenüber spieltheoretischen Lösungen durchaus Skepsis am Platz. Dies gilt auch für die durch ihre Einfachheit bestechende Erfolgsstrategie »Tit-for-Tat«, die vorgibt, beim ersten Zug zu kooperieren und danach genau das Verhalten des Gegners (bzw. Partners) zu imitieren. In Computerturnieren, in denen verschiedene Strategien gegeneinander antraten, erwies sich Tit-for-Tat als erfolgreich. Dixit und Nalebuff (1995) zeigen jedoch, daß Tit-for-Tat in der Realität eine sehr unsichere Strategie ist, denn sie erwies sich als überaus sensibel gegenüber Störungen, wie etwa Mißverständnissen. So kann ein kooperativ gemeintes Verhalten unter bestimmten Bedingungen als feindselig mißverstanden werden, wie überhaupt eindeutige Botschaften in der Realität kaum der Normalfall sind. Halten sich beide Partner an die geschilderte Regel, so beginnt im Fall eines solchen Mißverständnisses sofort eine Konkurrenzspirale nach Art eines Rüstungswettlaufs, aus der es keinen Ausweg gibt und die das System zum Zusammenbruch treiben kann.

Dixit und Nalebuff (1995) empfehlen als Alternative eine komplexere Strategie, die mit einem Gedächtnis für das kurz-, mittel- und langfristige Verhalten des Partners operiert. So kann konkurrierendes Verhalten der anderen Seite mit gleicher Münze bestraft werden, allerdings nach Abwägung seiner Häufigkeit nicht unbedingt sofort, sondern nur in bestimmten Fällen: Konkurrenzverhalten im ersten Zug wird sofort bestraft (erster Eindruck), in zwei von drei Spielrunden (kurzfristig), in drei aus den letzten zwanzig Runden (mittelfristig) und in fünf der letzten hundert Fälle (langfristig). Ansonsten biete man dem Partner Kooperation an und lasse einmalige Fehltritte zunächst unbestraft. Es wird also eine Art Vertrauensvorschuß gewährt, ein hohes Gut, das zu verspielen sich auch für den Partner nicht lohnt (Dixit u. Nalebuff 1995, S. 112 f.).

In der spieltheoretischen Literatur wird mittlerweile bestätigt, daß schon kleine Abweichungen bei der Befolgung einer bestimmten Strategie computersimulierte iterierte Gefangendilemmata in eine irreguläre, unvorhersehbare Dynamik treiben können, die teilweise den Gesetzen des deterministischen Chaos folgt (vgl. Macy 1995; Nowak u. Sigmund 1993). Für die Praxis reichen spieltheoretisch abgeleitete Empfehlungen alleine sicherlich nicht aus.

Auf der Grundlage konkreter Praxiserfahrungen befaßt sich Schweitzer (1989, 1995) mit der Frage nach den Voraussetzungen gelungener Kooperation in psychosozialen Versorgungsstrukturen. Unter *professioneller Kooperation* versteht er das Zusammenwirken mehrerer Beteiligter (Personen, Gruppen oder Teams, darunter mindestens ein Fachmann/eine Fachfrau) unter einer gemeinsamen Zielvorstellung in bezug auf ein bestimmtes Problem, über das sich die Beteiligten einigermaßen einig sein sollten (Schweitzer 1995, S. 9 f.). Kooperation findet in Form von mehr oder weniger koordinierten Handlungen statt, was den Beteiligten nicht immer bewußt sein muß. Manche Mitarbeiter scheinen blind miteinander kooperieren zu können. Von Kooperation grenzt Schweitzer solche koordinierten Verhaltensformen ab, die nur auf Anordnung befolgt werden (z. B. das Einhalten ritualisierter Sitzungstermine), bei denen aber die Übereinkunft über eine gemeinsame Zielvorstellung fehlt.

Auch Schweitzer (1989) nennt zunächst Gründe für das Mißlingen gutgemeinter Kooperationsbemühungen, etwa in der Betreuung verhaltensauffälliger Jugendlicher und ihrer Familien. So scheitern Helfer sehr wahrscheinlich dann, wenn sie

– ungefragt vakante Positionen in einer Familie einnehmen (z. B. Eltern- oder Ehepartnerfunktion);
– Koalitionen gegen andere Helfer(systeme) eingehen und um das bessere Konzept wetteifern;
– Maßnahmen, die sich trotz hoher Erwartungen von Helfer- oder Klientenseite als nicht fruchtbar erwiesen haben, mit noch größerer Intensität weiterführen, bis der »Widerstand« gebrochen ist;
– den Beweis anzutreten versuchen, daß ein hoffnungsloser Fall vorliegt, jeder Hilfeversuch also von vornherein scheitern muß.

Schweitzer (1989, 1995) nennt aber auch eine Reihe von Voraussetzungen für das *Gelingen professioneller Kooperation* in der psychosozialen Versorgung:

- Kleine Teamgröße, so daß Koordinierungsanforderungen noch lösbar sind. Handlungsempfehlung: Die Zahl der Helfer verringern, statt vermehren.
- Ausreichender Kontakt und Informationsaustausch über persönliches Kennenlernen und Organisation des Informationsflusses. Die Beteiligten sollten sich um einen Gesamtüberblick über das Familie-Helfer-System bemühen.
- Wertschätzen der anderen und darauf vertrauen, »daß die anderen Helfer guten Willens sind und das ihnen Bestmögliche getan haben« (1989, S. 253).
- Respektieren und Wahren der beruflichen und persönlichen Identität des anderen, also Vermeiden von Konkurrenz- und Machtkämpfen um eigenes oder gar fremdes Expertentum. Es kann die Einstellung hilfreich sein, daß »der Helfer, der gerade ... zuständig ist, der Beste« ist (1989, S. 253).
- Skepsis gegenüber Lösungsversuchen, die sich bereits als erfolglos erwiesen haben: Es sollte überprüft werden, »wie häufig der jetzt diskutierte Lösungsversuch in der Vergangenheit bereits gescheitert ist« (1989, S. 253).
- Kooperation muß sich für alle Beteiligten lohnen, auch wenn diese dafür ganz unterschiedliche »Währungen« heranziehen (Geld, Ansehen, Zeit etc.). Kooperationshinderlich sind Konkurrenzkämpfe um »knappe Güter«.

Wenn Kooperation gelingt, ermöglicht sie nicht nur effektives Teamwork, sondern auch eine hohe Arbeitszufriedenheit der beteiligten Helfer. Kooperation ist eine besonders elegante Form zwischenmenschlichen Handelns, weil sie unnötige Reibungen und Verzögerungen verhindert und nicht nur auf Ressourcen wie zwischenmenschlicher Ermutigung, Hilfestellung oder konstruktiver Kritik beruht, sondern diese auch erzeugt. Es handelt sich also sowohl um ein *ressourcenverbrauchendes (dissipatives)* wie um eine *ressourcengenerierendes* System.

Narrenfreiheit und Ordnungszwang: Chaos und Ordnung in der psychosozialen Versorgung

Während Begriffe wie Ordnung (Stationsordnung), Struktur (des Tagesablaufes) oder Stabilisierung (des Befindens, der sozialen Verhältnisse etc.) bei Mitarbeitern der psychosozialen Versorgung für erfolgreiches Arbeiten stehen, löst der Gedanke an Chaos (der Verhältnisse), Dissoziation (des Denkens) oder Schwankungen (des Befindens) Unbehagen aus. Psychosoziale Helfer verstehen sich oft als Ordnungshüter. Gilt es, im Umgang mit Chronizität die Metapher der Unveränderbarkeit zu überwinden und an Entwicklungen auch bei scheinbar festgefahrenen Verläufen zu glauben, herrscht in der Akutversorgung ein ausgeprägtes Bedürfnis nach Sicherheit, nach der Wiederherstellung »aufgelöster« Strukturen. Behandlung und Krankheitsdynamik bedingen sich dabei wechselseitig, worauf Ciompi (1980, 1982) bei den sogenannten chronischen Psychosen hinweist. Es kann, so argumentiert er, in dieser Kreiskausalität nicht mehr entschieden werden, welchen Anteil die hospitalisierenden Effekte einer langen Krankenhausbehandlung und welchen Anteil die Eigendynamik der Krankheit an den typischen Verhaltensmustern bei sogenannten chronifizierten Verläufen haben.

Sicherlich haben sich die Verhaltenserwartungen an Patienten ebenso wie die Betreuungsformen geändert, doch was die Rhetorik betrifft: noch heute nimmt das *Ordnungs*amt Einweisungen in die Psychiatrie vor. Die Ordnungs-Metaphorik wird vielleicht am pointiertesten in der englischen Sprache ausgedrückt, in der das Wort »order« als Substantiv »Ordnung«, aber auch »Befehl, Anordnung« bedeutet. Die hierarchische Struktur eines Krankenhauses ermöglicht durch die Kommunikationsform des An- und Verordnens eine zumindest formelle Vereindeutigung der Kommunikation und damit einen wesentlichen Beitrag zum Einlösen professioneller Ordnungsbedürfnisse. Ähnliches gilt für die Metaphorik der »Anbindung«. Patienten werden, so der Sprachgebrauch, an das sozialpsychiatrische Zentrum angebunden oder in die Arbeitstherapie eingebunden.

Ein Patient berichtet über eine für ihn gute Zeit, »als ich in die Tagesstätte eingeflochten war«. Ein anderer Patient berichtete in der Arztvisite über seine offenbar paranoide Vorstellung, an einen Computer angeschlossen und dadurch von bösen Mächten beherrscht zu sein. Einige Sätze später wurde er von der Ärztin darauf hingewiesen, daß er demnächst »an das Berufsförderungswerk angeschlossen werden« solle. Sie korrigierte ihre Formulierung sofort, was ohne die vorhergehende Schilderung des Patienten wohl nicht notwendig gewesen wäre.

Doch dies ist nur die eine Seite der Medaille. Im Gedankenaustausch mit Mitarbeitern des Pflegedienstes im psychiatrischen Akutkrankenhaus wurde uns klar, daß es dort auch eine positive Bewertung des Chaos gibt. Paradoxerweise sind es oft die Mitarbeiter auf geschlossenen Stationen, die betonen, daß sie sowohl das chaotische Treiben der Patienten als auch die eigene Arbeit in einer Atmosphäre ständiger Unberechenbarkeit und Notfallbereitschaft als Spielraum für Kreativität und Improvisationskunst schätzen. Diese Mitarbeiter empfinden das Leben für Patienten auf offenen Akutstationen dagegen als eingeschränkter, da dort ein Sich-Ausleben in der Regel nicht geduldet wird und die Freiheit, sich ausserhalb der Station zu bewegen, verstärkte Kontrollmaßnahmen des Stationsteams mit sich bringt. Auch manche Patienten bedauern es nach der Verlegung auf die »Offene«, daß sie nicht mehr ihren Gefühlen freien Lauf lassen dürfen. Dort wird solches Verhalten zumeist sanktioniert.

Die Begriffe »Ordnung« und »Chaos« sind also schon in ihrem Alltagsverständnis ambivalent besetzt. Dabei ist es wichtig, sich von wertenden Konnotationen zu lösen und beide Begriffe nicht als sich ausschließendes Gegensatzpaar zu begreifen. *Chaos*, dies mag zunächst verwunderlich klingen, *ist eine Form von Ordnung,* die zudem ausgesprochen schön sein kann.

Man muß die Welt nicht verstehen, man muß sich darin zurechtfinden

Wir haben die »unerträgliche Leichtigkeit der psychosozialen Praxis« dargestellt und verdeutlicht, daß der unerträglichen Komplexität nicht mit einfachen Rezepten wie den traditionsreichen

Input-Output-Modellen zu begegnen ist. Kooperationsbemühungen scheitern oft und schaffen eine neue unerträgliche Komplexität, wenn es nicht gelingt, zu koordinierten, zielgerichteten Handlungssträngen zu gelangen, Komplexität also wiederum auf ein erträgliches Maß zu reduzieren. Gleichzeitig scheint das mittlerweile so verpönte lineare Handeln nach althergebrachten Rezeptblöcken nicht selten erfolgreich zu sein. Was sollen uns also die beschriebenen Erfahrungen lehren? Welche Handlungskompetenzen erfordert die zunehmende Komplexität im beruflichen Alltag?

Jeder kennt die Kollegen, die immer das Richtige tun, ohne darüber nachzudenken, warum. Sie handeln offensichtlich spontan und intuitiv, berufen sich auf Erfahrung und ihr gutes Gefühl und scheren sich nicht um Fachliteratur und Expertenempfehlungen. Unter dem Motto: »Man muß die Welt nicht verstehen, man muß sich darin zurechtfinden« zeigen sie eine hohe Handlungskompetenz. In der Praxis scheint sich dieses Vorgehen immer wieder zu bewähren, weshalb manche Berater großen Wert auf intuitives Handeln legen (z. B. Klockow 1988). Wie ist es möglich, im richtigen Moment genau das Richtige tun, ohne dies zu beabsichtigen, ja manchmal sogar, ohne es zu merken?

Eine Antwort ist, daß Menschen gerade im Umgang mit schlecht definierten Systemen dann erfolgreich sind, wenn sie ihre eigene menschliche Komplexität einsetzen, denn der Mensch ist selbst ein schlecht definiertes System (vgl. Baecker 1994). Nur die gesamte Bandbreite menschlichen Denkens und Fühlens scheint in der Lage zu sein, mit in ihrer Gesamtheit unüberschaubaren und unkontrollierbaren Systemen erfolgreich umzugehen (vgl. das »Gesetz der erforderlichen Vielfalt« von Ashby 1985). Baecker weist darauf hin, daß »alle wohl-definierten Systeme den Nachteil haben, im Prinzip ohne den Menschen auskommen zu wollen und zu können. Zu den schlecht definierten Systemen dagegen können wir uns ein Verhältnis erst noch suchen. Unser Verhalten wird zu einem Teil dieser Systeme und das bedeutet: Unser Verhalten wird durch die Zustände dieser Systeme informiert wie umgekehrt sich diese Systeme über unsere Zustände informieren. Die Moral ist einfach: Wir begreifen nur, woran wir selbst teilhaben« (1994, S. 42 f.). Zu ergänzen wäre, daß Begreifen hier kein rein kognitiver, sondern auch ein emotionaler und körperlicher Vorgang ist.

In diesem Sinne ist Therapie das Miteinander zweier schlecht definierter Systeme: Der Therapeut (bzw. ein Helfersystem) koppelt sich an ein Klientensystem an und gestaltet zusammen mit dem oder den Klienten eine zeitlich begrenzte Beziehung. Psychosoziale Helfer handeln also in einem komplexen System, an dem sie selbst teilhaben. Intervention ist dann nicht Eingreifen in ein fremdes System, sondern Mitgestalten eines Systems, zu dem man selbst gehört.

Die Konsequenz daraus könnte lauten: *Chaos*, im Sinne schlecht definierten, intransparenten, kontraintuitiven Systemverhaltens, *mit Chaos*, als der gesamten Komplexität menschlichen Denkens, Fühlens, Erlebens und Handelns sowie zwischenmenschlicher Beziehungen, zu *begegnen*. So plädiert etwa Gehm (1995, 1997) dafür, in der Erforschung von Gruppenprozessen die Komplexität studentischer Gruppen als Forschungssubjekte zu nutzen. Doch: Reicht der Hinweis auf Intuition als »angeborenem Lehrmeister« (sensu Konrad Lorenz) aus, um zu verstehen, was in solchen Fällen vor sich geht? Muß uns nicht weiterhin interessieren, was geschieht, wenn einzelne oder Gruppen komplexe Probleme bewältigen? Muß man nicht auch erklären können, warum sich intuitive, nur implizit bewußte Strategien als erfolgreich herausstellen? Sind solche Kompetenzen auch vermittelbar, lehrbar?

Die Praxisvignetten dieses ersten Kapitels haben gezeigt, daß psychosoziale Praxis viel mehr dem Umgang mit einem unbekannten Wesen gleicht, als der Wartung einer dysfunktional gewordenen Maschine.

Fassen wir also die *Merkmale psychosozialer Tätigkeit als Handeln in komplexen Systemen* zusammen:
- Umgang mit Autonomie und Eigendynamik;
- Selbstorganisation statt Fremdsteuerung;
- Umgang mit hohen Vernetzungsgraden;
- Umgang mit Intransparenz, mit Unvollständigkeit und Unzugänglichkeit von Teilaspekten des Systems;
- Umgang mit veränderungssensiblen statt mit starren Netzwerken;

- Umgang mit mehrdeutigen und widersprüchlichen Zielen statt mit Zieleindeutigkeit;
- Notwendigkeit der Koordinierung und Kooperation;
- Notwendigkeit und Reflexion der eigenen Teilhabe am Therapie-, Helfer- und Problemsystem;
- Umgang mit eingeschränkter Prognostizierbarkeit statt langfristiger Vorhersagbarkeit;
- Umgang mit kontraintuitiven Systemdynamiken;
- Umgang mit sprunghaften wie mit kontinuierlichen Veränderungsprozessen, mit flexiblen wie mit trägen Prozessen;
- Umgang mit veränderlichen Rhythmen und Tempi;
- Nebeneinander unterschiedlicher zeitlicher Maßstäbe (System-Eigenzeiten);
- Problem der Übersetzung intuitiven Lösungswissens in explizites Wissen, Kompetenzvermittlung.

Die Kritik an linearen Handlungsmodellen kann dazu verleiten, sich auf eine Position völliger Machtlosigkeit gegenüber komplexen Systemen zurückzuziehen. Nur noch Intuition könne da helfen, und die ist nicht lehrbar. Lineares Handeln findet kein Wohlwollen, auch wenn es in bestimmten Situationen angemessen ist. In diesem Dilemma gehen ernsthafte systemtheoretische Bemühungen einen dritten Weg, indem sie versuchen, komplexe Systeme näher zu verstehen und den erfolgreichen Umgang mit ihnen transparent zu machen. Dabei wird keine Leichtigkeit versprochen, aber auch keine unerträgliche Schwere. Ziel ist es, Kriterien für systemkompetentes Handeln zu formulieren. Der Weg dorthin führt uns im weiteren Verlauf des Buches über die Theorie und die Empirie. Diese Nahtstellen erweisen sich bekanntermaßen als heikel. Wir wollen daher zunächst einige Anmerkungen zum Verhältnis zwischen Praxis und Theorie beziehungsweise Forschung machen.

Der Spagat zwischen Praxis und Forschung

Das Spannungsverhältnis zwischen Praxis und Forschung begleitet nicht nur Teams oder Institutionen, sondern existiert auch innerhalb mancher Einzelperson und ihren »Patchworkidentitäten« (Heiner Keupp). Auch das Systemspiel, das Herzstück dieses Buches, ist sowohl eine Praxismethode zur Ermöglichung von Selbsterfahrung und Kompetenzvermittlung als auch eine Methode zur empirischen Erforschung zwischenmenschlicher Interaktionen. Wir üben uns also in einem oft beschworenen, aber selten konsequent praktizierten Spagat, eben dem zwischen der Welt der Wissenschaft (Theorie, Forschung) und der Welt der Praxis (Erfahrung, Handeln). Wir würden dies nicht tun, wären wir nicht vom Nutzen dieses Unterfangens überzeugt.

Das gespannte Verhältnis zwischen Praxis und Forschung

In der Literatur ist bezogen auf die Beziehung zwischen diesen beiden Sphären[1] von »Klüften« und »Gräben« die Rede, bisweilen werden auch noch stärker kriegsbesetzte Metaphern aufgefahren

---

1 Natürlich stehen die Begriffe »Theorie« oder »Forschung« auf der einen und »Praxis« auf der anderen Seite für sehr facettenreiche Unternehmungen, die sicher nicht über einen Kamm geschoren werden können.

(vgl. Reiter 1995). Während Tschuschke und Dies (1994) hinsichtlich Gruppenforschung und angewandter Gruppenpsychotherapie
die Auffassung vertreten, daß de facto die Kooperation zwischen
Forschung und Praxis wesentlich besser funktioniere als gemeinhin angenommen, sprechen die Erfahrungen aus unseren Arbeits-
feldern eher für ein ausgesprochen schwieriges Miteinander. Die
Spannung zeigt sich sowohl in der Kooperation zwischen Vertretern der einen und der anderen Kultur, als auch intrapsychisch,
nämlich in der Haut des Forscher-Praktikers, also desjenigen, der
sich weigert, sich eindeutig auf die eine oder andere Seite zu schlagen. Verlangt das Wissenschaftlerherz nach theoretischer Durch-
dringung und warnt es vor der ungeprüften Übernahme alter ebenso wie neumodischer Handlungsrezepte, verlangt die Praktikersee-
le nach der schnellen Anwendung, nach dem Handwerkszeug für
die Bewältigung anstehender Alltagsaufgaben.

Wer sich der Mühe unterzieht, die jeweils andere Kultur kennenzulernen, macht oft eine überraschende Erfahrung. Es könnte ihm
ähnlich ergehen wie keinem Geringeren als Sigmund Freud, der in
einem Brief an den Schriftsteller und praktizierenden Arzt Arthur
Schnitzler gestand, daß dieser »durch Intuition« all das über die
menschliche Seele zu wissen scheine, was er selbst »in mühseliger
Arbeit an anderen Menschen aufgedeckt habe« (zit. nach Lorenz
1996, S. 58). Wissenschaftler erkennen ihre Modelle in der Kunst,
der Literatur oder auch in der praktischen Tätigkeit wieder. Und
Praktiker oder Künstler finden ihre Vorgehensweisen oft durch wissenschaftliche Forschungsergebnisse im nachhinein bestätigt.

Gerade akademische Psychologen müssen aber auch immer wieder mit der Erfahrung leben, daß ihre in langjähriger Forschungsar-
beit produzierten Ergebnisse nicht viel mehr als wohlwollendes
Kopfnicken hervorrufen. »Das haben wir eh' schon gewußt«, fällt
den meisten Zeitgenossen ein, wenn sie an das Füllhorn bewährter
»Großmutterregeln« (im Sinne von Dörner 1989) denken. Die The-
rapiepraxis wird von der aufwendigen Psychotherapieforschung so
gut wie nicht tangiert. Oder hat die Erforschung elterlicher Erzie-
hungsstile die praktizierte Kindererziehung verändert?

Konvergenzerfahrungen stehen also dem Gefühl gegenüber,
auch ohne Theorie und Forschung auszukommen. Man könnte aus

solchen Einschätzungen die Konsequenz ziehen, daß Praxis und Forschung eben nicht zusammenpassen und gegenseitiger Abstand berechtigt ist. Praktiker könnten dann endlich den Ballast der ungeliebten Forschungsmethoden abwerfen und Forscher bräuchten sich nicht länger unangenehme Fragen nach der Anwendbarkeit oder praktischen Bedeutsamkeit ihrer Ergebnisse gefallen lassen.

Wir plädieren für eine andere Sicht- und Vorgehensweise. Aus unseren eigenen Erfahrungen heraus scheint es möglich, daß sich die beiden Seiten unter Wahrung und Respektierung ihrer Unterschiedlichkeit aufeinander einlassen, um im Austausch die jeweiligen Einseitigkeiten und blinden Flecken zu erkennen. So können sie gemeinsamen Zielen näherkommen, etwa dem besseren Verständnis und der Förderung menschlichen Zusammenlebens. Die Abgrenzungsargumente beruhen unserer Meinung nach in erster Linie auf einer falschen Erwartungshaltung. Von wissenschaftlichen Modellen und empirischer Forschung wird zumeist erwartet, daß sie sich direkt in Handlungsrezepte umsetzen lassen. Dieser Erwartung liegt ein Implementierungsmodell zugrunde, nach dem theoretische Prinzipien in der laborexperimentellen Grundlagenforschung überprüft, in Analogstudien in praktische Bezüge eingebaut, im Rahmen kontrollierter Anwendungsexperimente auf Wirkung und Nebenwirkungen getestet werden, um dann schließlich nach einigen Stufen praxisbezogener Evaluation in Serie zu gehen, so wie in der medizinisch-pharmazeutischen Technologie. Das Ergebnis ist ein fertiges Produkt, dessen Verabreichung klar festgeschrieben ist, damit seine Wirkung in Reinkultur zur Anwendung gelange.

Eine derartiges Vorgehen wäre etwa für die Anwendung der klinischen Psychologie in der Psychotherapiepraxis fatal. Selbst für die Verhaltenstherapie stellte Westmeyer (1976) schon in den siebziger Jahren fest, daß sie keineswegs die direkte Anwendung der Verhaltenstheorie sei. Und wer behaupten wollte, daß in der systemischen Therapie- oder Beratungspraxis Systemtheorien direkt umgesetzt würden, wird sich ebenfalls eines Besseren belehren lassen müssen. Das Etikett »systemisch« wird zumeist keineswegs ob seiner Nähe zu aktuellen systemtheoretischen Konzepten oder Forschungsbefunden gewählt. Auch die systemische Therapie beruht in erster Linie auf der Weiterentwicklung bewährter Praxiskonzepte, für die dann im nachhinein passende theoretische Modelle gewählt werden. Auch dort, wo sich ein Vorgehen mühelos in systemwissenschaftlicher Sprache beschreiben läßt, sucht man bei Praxisvertretern meist vergebens nach einer direkten Bezugnahme darauf. Man denke etwa an die lösungsorientierte Kurzzeittherapie (z. B. de Shazer 1989), deren Funktionieren mit Hilfe der modernen Selbstorganisationstheorie erklärbar ist (Schiepek et al. 1992). Ihr Hauptvertreter de Shazer (1992) beruft sich in seinen Schriften dagegen vermehrt auf poststrukturalistische Philosophien – etwa die Methode der Dekonstruktion nach Derrida – und legt keinesfalls die Vermutung nahe, daß er sein Vorgehen aus irgendeinem theoretischen Modell abgeleitet habe.

Theoretische Konzepte scheinen also weniger in die Praxis transformiert zu werden oder diese gar zu dominieren, als vielmehr von Praktikern dann aufgegriffen zu werden, wenn sie eine begriffliche Nähe oder eine angemessene Beschreibungsmöglichkeit in ihnen zu entdecken glauben. Jede Praxis kann mit unterschiedlichen theoretischen Modellen plausibel beschrieben werden, jede Theorie sich in vielfältigen Praxisformen widerspiegeln (Mehr-Mehrdeutigkeit). Wäre dem nicht so, würde Theorie sich über Praxis erheben, der Praxis Vorschriften machen. Wo dies versucht wird, werden Kämpfe um die Vormachtstellung dieser oder jener Praxisform vom Zaun gebrochen – so geschehen innerhalb der Psychotherapie-Szene im Anschluß an die Metaanalyse von Grawe et al. (1994). Praktiker wehren sich mit Recht dagegen, daß sie global auf der Grundlage eines ganz bestimmten Wissenschafts- und Therapieverständnisses auf ihre Effektivität hin beurteilt werden, zumal es sich um ein Verständnis einer eigentlich überwundenen Epoche der Psychotherapieforschung handelt: Die meisten Studien, auf die sich Grawe et al. beziehen, stammen aus den 60er und 70er Jahren (Eckert 1993; Rüger 1994; Tschuschke et al. 1994). Die Zusammenstellung von Grawe et al. hat in unseren Augen dagegen dort ihren Wert, wo sie die Praxis zur kritischen Selbstreflexion und zur kreativen Weiterentwicklung anregt, und wo sie einen Ausgangspunkt für den fachlichen Austausch zwischen verschiedenen Verfahren zur Verfügung stellt. Tatsächlich bieten Grawe et al. (1994, Kap. 6) der Therapieszene ein Veränderungsmodell in der Sprache der Schematheorie als Kommunikationsrahmen an. Dieses Angebot wird allerdings so gut wie nicht aufgegriffen, sondern von der Frage nach der ultimativen Nützlichkeit der Therapieformen überlagert.

Statt des weitgehend unrealistischen »Implementierungsmodells« *erhalten Theorien und Forschungsergebnisse andere wichtige Funktionen*, die zugunsten der Anwendungsrhetorik meist in den Hintergrund treten (vgl. Manteufel u. Schiepek 1995; Schiepek 1991, S. 12–16):

– *Beschreibung und Rekonstruktion* von Praxis; soll heißen: Praxis transparent, nachvollziehbar, lehr- und lernbar zu machen;
– *Komplexitätsreduktion:* Orientierungshilfe geben, Denken und Handeln fokussieren helfen;
– *heuristische Funktion:* Anregungen geben, neue Aspekte ins Blickfeld rücken, andere Sichtweisen ermöglichen;
– *Kritikfunktion:* Praxis dazu verhelfen, sich selbst zu reflektieren und in Frage zu stellen; Folgen und unerwünschte Wirkungen bestimmter Praktiken bedenken; Praktiken mit anderen möglichen Praktiken konfrontieren; Alleingültigkeitsansprüche in Frage stellen;
– *kommunikative Funktion:* sprachliche Medien zur Verfügung stellen. Nur darüber kann Praxis vermittelt, erklärt und zur Diskussion gestellt werden. Der Versuch, Modelle oder Praxisformen in andere Sprachen zu übersetzen, hilft, Gemeinsamkeiten zu finden, Unterschiede zu klären und von anderen zu lernen.

Der Nutzen systemtheoretischer Modelle für die Praxis

Überläßt man Wissenschaft sich selbst, neigt sie dazu, so zu tun, als sei sie ein von der Gesellschaft isoliertes System. Damit sei nicht in Abrede gestellt, daß man Wissenschaft als ein autonomes System innerhalb der Gesellschaft betrachten kann (vgl. Krohn u. Küppers 1989; Luhmann 1990): »Wie andere soziale Systeme hat auch die Wissenschaft die Möglichkeit der Selbstbeobachtung und Selbstbeschreibung. Sie tut dies mit ihren eigenen (wissenschaftlichen) Methoden. Dieser reflexive Vorgang ist in der Wissenschaft institutionalisiert. Der entsprechende Bereich wird als Wissenschaftsforschung oder Wissenschafts-Wissenschaft bezeichnet« (Reiter 1991, S. 117). Aber: All dies findet innerhalb der Gesellschaft statt. Von ihr empfängt die Wissenschaft Aufträge, an sie gibt sie ihre Erkenntnisse weiter. Man denke nur an das jüngst geklonte Schaf »Dolly« und welche gesellschaftliche Auswirkungen diese Entwicklung, die wissenschaftsintern der Logik des Fortschritts folgt, befürchten läßt. Ein anderes Beispiel: »*Der militärische Hintergrund* vieler scheinbar ziviler Forschungen, wie zum Beispiel über die Konzeptbildung bei Tauben oder über sensorische Deprivation, wurde damals [in den 60er Jahren, d. A.] aufgedeckt« (Geuter 1993, S. 283, Hervorhebung, d. A.). Bekannter ist wahrscheinlich, daß die Testpsychologie, sowohl in den USA als auch in Deutschland, als Kind militärischer Anwendungsbedürfnisse geboren wurde: »Der breite Einsatz der Psychologie in der Wehrmacht konturierte in Deutschland die Entwicklung des ganzen Faches. Zum Beispiel avancierten die bei der Prüfung der Offiziersanwärter verwendete Ausdruckspsychologie und die bei der Gutachtenerstellung leitende Charakterkunde zu zwei Gebieten, die noch lange nach dem Krieg das Profil der deutschen Psychologie prägten. ... Auch in anderen Ländern wie zum Beispiel in England oder in Kanada kam die Psychologie maßgeblich durch ihren Einsatz im Zweiten Weltkrieg professionell voran« (Geuter 1993, S. 281 f.; vgl. auch Geuter 1984).

Praktiker haben also, gerade als Umwelt des autonom operierenden Systems Wissenschaft, allen Grund, dieses nach seinen beabsichtigten Zwecken zu befragen. Umgekehrt müssen sie sich natürlich auch von Theorie und Forschung kritisch nach den (Vor-)-Annahmen, Absichten und Folgen ihres Tuns fragen lassen. Theorien sind als Modelle und Forschungsergebnisse als vorläufige Hypothesen über Wirklichkeit zu verstehen und müssen sich Fragen nach ihren Entstehungskontexten gefallen lassen. Oder um mit Feyerabend zu sprechen: »Kein Gedanke ist so alt oder absurd, daß er nicht unser Wissen verbessern könnte« (1991, S. 55). Längst ist das Prinzip der Fehlerfreundlichkeit von modernen Managementkonzepten aufgegriffen worden (vgl. Guggenberger 1987).

Warum kann sich nun gerade die Auseinandersetzung mit der Theorie dynamischer Systeme fruchtbar auf die Praxis auswirken? Diese Theorie beschreibt plausibel jene Praxiserfahrungen, die sich mit klassischen Modellen nur begrenzt nachvollziehen lassen. In der Theorie dynamischer Systeme stehen sie im Zentrum der Betrachtung und werden auf ihre Feindynamiken hin untersucht. Nimmt man den Beitrag der Systemtheorien für die empirische Psychologie ernst, dann sind durchaus Innovationen zu erwarten, denn die akademische Psychologie hat seit alters her einen Pakt mit der deskriptiven Statistik geschlossen, der sie in erster Linie Aussagen über Mittelwerte, Verteilungen, Erwartungen, also über Durchschnittlichkeit abgewinnt. Oft wird aber ein auf diesem Wege erzeugter fiktiver Idealtypus mit der Realität verwechselt. In der Praxis haben wir es mit konkreten Menschen zu tun, mit dem Besonderen, dem Individuellen. Praxis findet an den Rändern der Gaussschen Normalverteilung statt. Therapie und Beratung zielen zudem auf Veränderung, suchen nach Ausnahmen, nach Neuem und Ungewohntem. Vielleicht trägt auch diese Diskrepanz zu der großen Distanz vieler Praktiker zur Forschung bei. Sie suchen nach Modellen, die praxisnah und einzelfalltauglich sind, finden sie aber in den psychologischen Lehrbüchern kaum, am ehesten noch bei Außenseitern der akademischen Psychologie (z. B. E. Goffman, G. A. Kelly, G. H. Mead).

Indem sie die Dimension der Zeit und die Unabwägbarkeiten dynamischer Systeme betont, etwa mit dem Prinzip der sensiblen Abhängigkeit von minimalen Unterschieden in den Kontextbedingungen, öffnet die Theorie dynamischer Systeme den Blick für individuelle Verläufe. In der systemtheoretischen Forschung hat dies bereits eine Renaissance der empirischen Einzelfallforschung nach sich gezogen und in der Praxis werden Kompetenzen für den Umgang mit Idiosynkrasien, mit den Eigenwilligkeiten individueller und sozialer Entwicklungen gesucht. Ebenso wichtig ist aber auch die Einbettung des Einzelfalls in relevante Kontextbedingungen. Die zunehmend vernetzten Arbeitsformen in der psychosozialen Versorgung charakterisieren diese selbst als ein komplexes System. Es werden Teamqualitäten, Multiprofessionalität und Kooperation erwartet. Ein ernstgenommener Anspruch nach Qualitätsentwicklung und -sicherung verlangt von Praktikern, die Mechanismen und Ergebnisse ihres professionellen Systems zu reflektieren. Wer die damit verbundene Chance zur eigenen Mitgestaltung seines Arbeitsfeldes nutzen will, für den wird die Auseinandersetzung mit der Entwicklung von Systemkompetenzen besonders interessant (vgl. das abschließende Kapitel in diesem Buch).

Die Theorie der Praxis – die Praxis der Theorie

Im folgenden Kapitel stellen wir das Projekt der sozialwissenschaftlichen Synergetik vor. In dieses Forschungsprogramm ordnen wir unseren eigenen empirischen Ansatz, die Systemspielmethode, ein, über die wir in den darauffolgenden Kapiteln ausführlich berichten. Eine angemessene Sprache für die psychosoziale Tätigkeit als Handeln in komplexen Systemen finden wir in der interdisziplinären Erforschung dynamischer Systeme.

Dynamische Systeme: ein interdisziplinäres Programm

Wie erlangen Systeme, so könnte man die Grundfrage formulieren, ihre von außen nur bedingt steuerbaren, zum Teil hochkomplexen Strukturen? Die Kernaussage dazu lautet: Komplexe Strukturen entfalten sich in der Zeit über Wechselwirkungsprozesse innerhalb des jeweiligen Systems. Die wesentlichen mathematischen Beiträge zum Verständnis solcher Ordnungsbildungsprozesse sind die Auseinandersetzung mit Nichtlinearitäten (z. B. Gleichungen, in denen Größen multipliziert oder potenziert werden, sich also nicht einfach linear entwickeln) und das Prinzip der Iteration: Als Eingangswert einer Operation (z. B. der Berechnung eines Gleichungssystems) wird das Ergebnis der jeweils vorhergehenden Operation gewählt. So kann etwa von einer beliebigen Zahl ausgehend die Wurzel gezogen werden, dann die Wurzel des errech-

neten Wertes, davon wieder die Wurzel und so fort. Die »Eigenlösung« ist dabei unabhängig vom Startwert immer 1. Ein anderes
Beispiel ist das bekannte Spiel »Stille Post«. Eine Botschaft wird
dem jeweiligen Nachbarn ins Ohr geflüstert, wobei der Vergleich
des Endproduktes mit der anfänglichen Botschaft meist zu Erstaunen und Erheiterung Anlaß gibt. Jeder Output wird zum neuen Input der Operation. Sofern ein System, wie manche biologischen
Systeme, die Reproduktion und Erneuerung seiner eigenen Komponenten auf diese Weise selbst vornimmt, wird es autopoietisch
genannt (Maturana 1982; Maturana u. Varela 1987). Ein Beispiel
aus der Molekularbiologie sind autokatalytische biochemische
Vorgänge, bei denen die Produkte einer Reaktion ihrerseits Kata-
lysatoren der Reaktion sind (Eigen 1992). Auch überindividuelle
soziale Systeme, kommunikative Systeme oder Rechtssysteme
nehmen fortdauernd auf ihre eigenen Komponenten Bezug, sind
also selbstreferent (Roth 1986). So knüpfen Kommunikationen an
Kommunikationen an (ein Wort ergibt das andere), Rechtsprechung an Rechtsprechung, Gedanken an Gedanken, Gefühle an
Gefühle. Iteration garantiert die Fortdauer des Systems, Selbstreferentialität seine Autonomie. Damit sei nicht in Abrede gestellt,
daß komplexe Systeme mit ihrer Umwelt in regelmäßigem Austausch von Energie und Materie stehen, also auch offen sind. Praktisch alle real existierenden Systeme sind in energetischer Hinsicht
offen, psychische oder soziale Systeme auch für sensorischen oder
sinnbezogenen Input. Systeme agieren und reagieren jedoch, betrachtet man sie als operativ geschlossen, gemäß ihrer internen
Operationslogik. Das menschliche Gehirn etwa verarbeitet Sinnes-
eindrücke in Form elektrochemischer Übertragungsprozesse, nicht
in Bildern oder Klängen. Diese Form von Autonomie macht ein
System eigentlich erst zu einem von seiner Umwelt abgrenzbaren
System.

Die Theorie dynamischer Systeme erklärt nicht alles. Doch hat
sie sich als nützlich erwiesen, um zu beschreiben, wie Systeme
trotz ihrer oft überraschenden, kontraintuitiven Wirkungen eine offensichtlich hoch geordnete dynamische Struktur entwickeln und
in der Zeit erhalten oder aber verändern. Mit eben solchen Systemen haben wir es in der psychosozialen Praxis zu tun. Daher sollte

die Theorie dynamischer Systeme geeignete Beschreibungsmodelle liefern, um solche Erfahrungen besser verstehen zu können und um Perspektiven für die Entwicklung innovativer Praxisformen anzuregen (vgl. Reiter 1995, S. 198). Darin wird sich der Wert der Theorie dynamischer Systeme für die Praxis erweisen.

Eine umfassende Darstellung dieser Theorie in all ihren Facetten kann und soll an dieser Stelle nicht geleistet werden (vgl. dazu die für die Psychologie zugeschnittenen Einführungen von Kriz 1997 und Schiepek u. Strunk 1994). Ziel dieses Kapitels ist es, unseren eigenen empirischen Ansatz, die Analyse von sozialen Selbstorganisationsprozessen in Systemspielen, auf eine theoretische Grundlage zu stellen. Dafür greifen wir auf das zur Zeit wohl elaborierteste theoretische Modell der Selbstorganisation zurück, die Synergetik (Haken 1990a, 1993a; Haken u. Wunderlin 1991). Obwohl die Synergetik im Kontext der Laserphysik entstand, wird ihre Fruchtbarkeit für die Psychologie seit Jahren in zahlreichen Forschungsprojekten unter Beweis gestellt. Den ersten offiziellen Aufruf zu einer sozialwissenschaftlichen Synergetik formulierten Schiepek und Kaimer (1989) sowie Schiepek und Reicherts (1989). Auch von Kriz (1990), Schiepek (1992), Schiepek und Tschacher (1997), Tschacher (1990) und Tschacher et al. (1992) wurde das Anliegen einer psychologischen Synergetik formuliert. Der Schwerpunkt der folgenden Darstellung liegt in der Relevanz synergetischer Konzepte für das Verständnis sozialer Selbstorganisation.

Synergetik: Ordnungswandel durch Selbstorganisation

Die Synergetik versucht, Selbstorganisation nicht nur zu postulieren, sondern zu erklären. Sie richtet den Blick auf die Übergangsszenarien zwischen verschiedenen Formen dynamischer Ordnung in selbstorganisierten Systemen. Ihr Begründer, Hermann Haken, ermutigt immer wieder zu disziplinübergreifenden Anwendungen der Synergetik, da sie allgemeine dynamische Prinzipien beschreibt und gerade die Abstraktheit ihrer mathematischen Formalismen eine Vielzahl ganz unterschiedlicher Anwendungen ermöglicht.

Die Synergetik bezieht sich auf energetisch offene Systeme mit sehr vielen Komponenten, wie das menschliche Gehirn mit seinen etwa 10^{11} Neuronen, oder die große Zahl von Molekülen in einer Flüssigkeit mit jeweils einer großen Zahl von Bewegungsfreiheitsgraden. Erst auf der makroskopischen Ebene nimmt ein Beobachter geordnete Muster wahr, in der Physik beispielsweise Licht oder Temperatur oder Konvektionsströme, in der Psychologie prägnante Wahrnehmungen, koordiniertes Handeln, Gruppenstrukturen oder kollektive Einstellungen.

Entscheidend für das Konzept der Synergetik ist das Prinzip der *Kreiskausalität*, in diesem Fall der wechselseitigen Abhängigkeit von Mikro- und Makroebene. Ein makroskopisches kohärentes Muster grenzt die Verhaltensmöglichkeiten der Elemente auf der Mikroebene ein, es reduziert deren Spielraum, also die Zahl ihrer Freiheitsgrade. Gleichzeitig wird es erst durch Verhaltenssynchronisierung auf der Mikroebene geschaffen. Für die kohärenten Muster auf der Makroebene wird in der Physik der Begriff der »Mode« verwendet, wie wir ihn auch aus sozialen Zusammenhängen als Bezeichnung für koordinierte Verhaltensweisen oder Einstellungen kennen. Hat sich eine Mode etabliert, so schränkt sie den Verhaltensspielraum der Systemkomponenten ein. Aber eine Mode kann nur entstehen, wenn sich eine ausreichend große Zahl von Komponenten auf ein koordiniertes Verhaltensmuster einigt. Es liegt also eine wechselseitige Beeinflussung von Mikro- und Makroprozessen oder von Top-down- und Bottom-up-Wirkungen vor (vgl. das zusammenfassende Schema der Synergetik, Abb. 7 auf S. 54).

Der soweit skizzierte Selbstorganisationsprozeß benötigt allerdings noch einige Voraussetzungen. Dazu greifen wir auf das prototypische Beispiel der Synergetik, die Funktionsweise des Lasers, zurück. Der Laser erzeugt im Gegensatz zu normalen Gebrauchslampen einen hochkohärenten Lichtwellenzug. Dieses stark gebündelte Licht erweist sich von regelmäßiger, spezifischer Frequenz und damit hoher Durchschlagskraft, was die vielfältigen technischen Anwendungen des Lasers ermöglicht. Die Voraussetzungen des Selbstorganisationsvorgangs im Laser sind im wesentlichen die bauliche und materielle Beschaffenheit der Laserlampe sowie der Einfluß einer Energiequelle, die es erlaubt, die Energetisierung der Lampe kontinuierlich zu variieren.

In vereinfachter Vorstellung entsteht Licht dadurch, daß Elektronen Energie als Lichtwelle abgeben. Energiezufuhr in die Lampe, etwa durch Strom, veranlaßt das Elektron, seine Umlaufbahn um den Kern (z. B. eines Gasatoms, sofern ein Laser Gas als laseraktives Material beinhaltet) kurzzeitig in Richtung einer höher energetisierten Schale zu verändern. Springt es auf seine Ausgangsbahn zurück, dann emittiert es eine Lichtwelle bestimmter Frequenz (induzierte Emission).

Beim Laser befindet sich ein bestimmtes Material (z. B. ein Rubinkristall, verschiedene Edelgase) in einer Glasröhre, an deren Enden Spiegel angebracht sind. Damit Licht überhaupt aus der Röhre austreten kann, ist einer der beiden Spiegel partiell durchlässig. Wesentlich ist, daß zwischen den Spiegeln Lichtwellen länger in der Röhre verweilen und dadurch verstärkt werden können. Im Laser wird nun eine einzige, hochkohärente Lichtwelle mit einer ganz bestimmten Lichtfeldstärke erzeugt und nicht, wie in gewöhnlichen Gebrauchslampen, viele verschiedene Lichtwellen mit unterschiedlichen Amplituden und Frequenzen. Wie Haken (1990a; Haken u. Wunderlin 1991) zeigt, entsteht diese eine Welle *selbstorganisiert* aus einem Wettbewerb zwischen verschiedenen konkurrierenden Wellen. Wird eine Welle einmal leicht bevorzugt, so wird sie aufgrund der baulichen Beschaffenheit des Lasers in der Glasröhre beibehalten und verstärkt. Es sind somit die Elektronen selbst, die ihr Verhalten auf einen bestimmten Lichtwellenzug hin synchronisieren. Die Lichtfeldstärke E wird als *Ordnungsparameter* oder »Ordner« bezeichnet.

Dieser Synchronisationsprozeß tritt erst bei einer bestimmten Höhe der Energiezufuhr in den Laser auf. Dieses Energieniveau wird als *Kontrollparameter* bezeichnet. Obwohl dieser *kontinuierlich* erhöht wird, kommt es bei einer kritischen Ausprägung zum spontanen, *diskontinuierlichen* Umschlag in das hochkohärente Laserlicht, bei weiterer Erhöhung der Energie zu weiteren, qualitativ unterschiedlichen Lichtwellenzügen (vgl. Abb. 1).

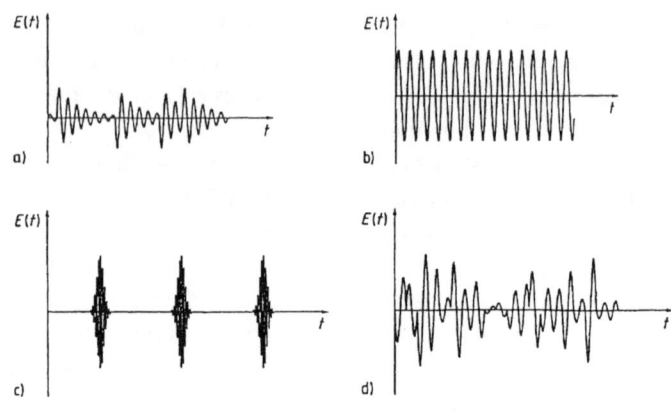

Abb. 1: Qualitative Veränderungen der Lichtfeldstärke (Ordnungsparameter) bei Erhöhung der Energie (Kontrollparameter) im Laser (aus
Haken u. Wunderlin 1991, S. 23); (a) diffuses, »ungeordnetes« weißes
Licht diesseits der Laserschwelle (mikroskopisches Chaos); (b)
hochkohärenter Lichtwellenzug (Laser-Licht); (c) regelmäßige
Lichtblitze; (d) kohärenter, aber irregulärer Lichtwellenzug
(makroskopisches Chaos)

Haben die Elektronen kollektiv eine bestimmte kohärente Welle
entstehen lassen, zwingt diese Welle umgekehrt alle Elektronen dazu, genau sie und keine andere Welle zu erzeugen.[2] In der Synergetik wird dieser Vorgang *Versklavung* genannt, neuerdings schlägt
Haken auch die Begriffe »Konsensualisierung« oder »Einbindung« vor (1993a, S. 27; 1994, S. 23). Haken vergleicht die Rolle
von Ordnern mit Puppenspielern, die Puppen, also die Untersyste-
me oder Systemkomponenten tanzen lassen. Allerdings haben sie
es mit quasi »lebenden« Puppen zu tun, die auf den Puppenspieler
reagieren, wie umgekehrt dieser auf seine tanzenden Puppen (Haken 1983a, S. 9). Eine Sprache oder ein bestimmtes Betriebsklima
können als Ordner verstanden werden, die etwa die Sprachentwicklung eines Kindes oder die vielfältigen Kommunikationsmu-
ster in einem Betrieb »versklaven« (Haken 1994, S. 25).

2 Physikalisch gesprochen heißt dies, eine bestimmte Phasenlage einzu-
nehmen, also einen bestimmten Winkel, der die Position des Elektrons
auf seiner »Umlaufbahn« beschreibt.

Während der Begriff »Versklavung« eher die einengende Macht eines Ordners auf die mikroskopischen Verhaltensfreiheiten anspricht, spiegelt der Begriff »Konsensualisierung« das kollektive, synchronisierte Verhalten der Elemente bei der Ausbildung eines Ordners wider. Verfolgt man diesen Prozeß beim Laser genauer, kann auch mathematisch gezeigt werden, daß es sich um eine zirkuläre Kausalität zwischen einer bestimmten Lichtfeldstärke E und den einzelnen Dipolmomenten der Atome handelt. Die Dipolmomente sind schnell veränderliche Größen, die Lichtfeldstärke, der Ordnungsparameter, eine langsam veränderliche Größe. Damit wird das Prinzip der Versklavung dahingehend präzisiert, daß *langsam veränderliche Größen schnell veränderliche Größen in ihren Bann ziehen*. Das Versklavungsprinzip besagt weiterhin, daß die *Freiheitsgrade der Elemente enorm eingeschränkt* werden. Diese Freiheitsgrade sind im Laserbeispiel die Vielzahl möglicher Dipolmomente, die in Folge der Versklavung auf ein einziges reduziert werden.

Betrachten wir anhand eines anderen Beispiels das Umschlagen in einen neuen Ordnungszustand, beim Laser also das plötzliche Entstehen des Laserlichts, genauer. Dazu ein kleines Experiment (vgl. hierzu: Haken 1996; Kelso 1995): Man bewege die beiden Zeigefinger, am besten auf einer Tischplatte, parallel hin und her. Erhöht man die Geschwindigkeit (Taktfrequenz als Kontrollparameter), so schlägt das parallele Bewegungsmuster in ein gegenläufiges, symmetrisches um. Betrachtet man die Lage der Finger zueinander (relative Phase), so wird ein Ordnungsparameter (parallele Phase) von einem anderen (symmetrische Phase) abgelöst (vgl. Haken 1991). Anhand einer Potentialdarstellung (Abb. 2) kann veranschaulicht werden, was bei diesem Vorgang, dem sogenannten *Phasenübergang*, geschieht. Ordnungsparameter beziehungsweise »Attraktoren« des Systems (d. h. die koordinierten neuromuskulären Bewegungsmuster) sind als »Talmulden« dargestellt. Die Talmulde der Parallelbewegung wird bei Erhöhung der Geschwindigkeit (Kontrollparameter) flacher, instabil und formt sich schließlich in einen kleinen »Hügel« um. Eine Kugel, die zunächst in dieser Mulde liegt, rollt – stellen wir uns das Geschehen als mechanische Veränderung einer »Landschaft« vor – am Um-

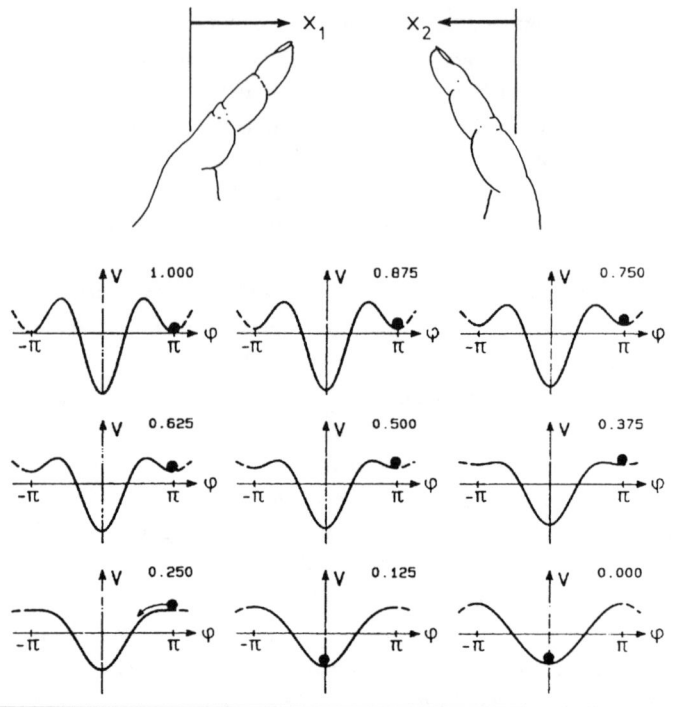

Abb. 2: Bewegungskoordination: Darstellung des Phasenübergangs und der Phänomene der kritischen Instabilität und des kritischen Langsamerwerdens (aus Haken 1991, S. 152)

schlagpunkt aus dem einen in den anderen Attraktor herüber, um dort schließlich liegenzubleiben (die Kugel versinnbildlicht in dieser Darstellung die relative Phase, also den Winkel, den die beiden Finger zueinander einnehmen). Mit dem Verflachen des ersten Attraktors werden die Fingerbewegungen zunehmend instabil und können irregulär erscheinen. Man spricht von *kritischer Instabilität* oder *kritischen Fluktuationen.* Lenkt man ein System in dieser Phase aus seinem bis dahin charakteristischen Bewegungsmuster (Attraktor) aus, stößt man die Kugel also an, so dauert es immer länger, bis dieser Zustand wieder eingenommen wird und die Kugel wieder in der zunehmend flacher werdenden Mulde zu liegen kommt. Dieses Phänomen wird als *kritisches Langsamerwerden*

bezeichnet. Am Umschlagpunkt schließlich genügt ein kleiner Anstoß, um die Kugel in den neuen Attraktor rollen zu lassen. An
diesem Punkt befindet sich das System in einem *Symmetriezustand.* Es kann nur einen von mehreren gleichwahrscheinlichen Attraktoren realisieren. Sobald dies – über den Phasenübergang – geschieht, wird die *Symmetrie gebrochen.*[3]

Das Konzept des *Phasenübergangs* (z. B. Haken u. Wunderlin
1991, S. 200–204; Mackey u. an der Heiden 1982, S. 156) bildet
ein Hauptinteresse der Synergetik und richtet den Blick auf die
Übergangsszenarien, auf qualitative Musterveränderungen in
komplexen Systemen in Abhängigkeit von bestimmten Parameter-
veränderungen. Da wir es beim Laser ebenso wie bei der motori-
schen Koordination und vielen anderen Musterbildungsprozessen
in physikalischen, chemischen und vor allem biologischen Systemen mit Prozessen fern vom thermodynamischen Gleichgewicht
zu tun haben, wird hier von sogenannten *Ungleichgewichts-Pha-
senübergängen* gesprochen. (Neben den Ungleichgewichts-Über-
gängen in dissipativen, also energieverbrauchenden und energie-
durchsetzenden Systemen, gibt es auch sogenannte Gleichge-
wichts-Phasenübergänge. Beispiele hierfür sind das Gefrieren oder
Verdampfen von Wasser bei Abkühlung oder Erhitzen, die Entstehung kristalliner Strukturen oder der Wechsel zwischen Magneti-
sierung und Nichtmagnetisierung eines Eisenmagneten in Abhängigkeit von der Temperatur; vgl. Mainzer 1997).

Der geschilderte Vorgang erinnert an den berühmten Tropfen, der das Faß
zum Überlaufen bringt. Eine kontinuierliche Erhöhung von »Kontrollparametern« wie Streß, Zeitdruck oder die Dosis einer Medikation bewirkt
tatsächlich oft den plötzlichen Umschlag einer noch bestehenden Ordnung
(vgl. Nervenzusammenbrüche, Ehestreits oder medikamentöse Wirkungen). Jakobson beschrieb bereits in den vierziger Jahren, daß sich in der
kindlichen Sprachentwicklung der Übergang von der sogenannten Lall-
phase zur Einwortphase oft sehr plötzlich, manchmal von einem Tag auf
den anderen vollzieht (diskontinuierlicher Phasenübergang). Da aus spielerischen Lauten nach diesem Umbruch Sprachlaute mit systematischem

---

3 In der Mathematik wird ein solcher Symmetriebruch auch als »Bifur-
kation« oder Gabelung bezeichnet.

Bezug zu Bedeutungen werden, handelt es sich um einen qualitativen Übergang. Im Vorfeld sei nicht selten zu beobachten, daß ein Kind für eine gewisse Zeit auch seiner Muttersprache fremde Lautbildungen in sein Lallrepertoire aufnimmt, Laute, die es später nie wieder artikulieren wird. Andere Kinder würden vor dem Übergang fast verstummen, als gelte es, letzten Atem vor der »eigentlichen« Sprachentwicklung zu holen (Jakobson 1969, im Orig. 1941).

Wegen seiner zunehmenden Beliebtheit als Metapher soll auf den Attraktorbegriff kurz eingegangen werden. Er bezeichnet ein relativ stabiles maskroskopisches Verhalten eines Systems *in der Zeit* (s. Abb. 3). Oft ersetzt seine metaphorische Verwendung Begriffe wie Ordnung, Struktur oder Muster. Während diese Begriffe aber zumeist statisch gedacht sind, impliziert das Konzept des Attraktors stets eine *dynamische Ordnung*. Außerdem bezieht sich der Begriff »Attraktorbildung« auf selbstorganisierte Ordnungsbildung. In diesem Sinne entspricht er dem des Ordnungsparameters, wie ihn die Synergetik verwendet, oder genauer: dem dynamischen Verhalten eines oder mehrerer zusammenwirkender Ordnungsparameter in der Zeit (vgl. Abb. 7). Über Phasenübergänge kann das System unter bestimmten Bedingungen von einem Attraktor in einen anderen wechseln.

Über die graphische Darstellung des Systemverhaltens im sogenannten Phasenraum können Attraktoren anschaulich gemacht werden. Der Phasenraum ist ein Koordinatensystem, dessen Achsen durch die systembestimmenden Variablen (z. B. x, y, z, s. Abb. 7) definiert sind.[4] Der zeitliche Verlauf eines Systems wird durch Auftragen der Systemzustände an jedem Meßzeitpunkt in dieses Koordinatensystem nachvollzogen. Die Abfolge dieser Punkte (Systemzustände) bezeichnet man als *Trajektorie*. Interessant ist vor allem der Vergleich von Trajektorien, die das System bei unterschiedlichen Anfangswerten im Phasenraum hinterläßt. Verlaufen sie bei kleinen initialen Abweichungen ähnlich oder führen – wie im Fall

---

4   Anschaulich darstellbar sind maximal dreidimensionale Phasenräume bzw. entsprechende Unterräume höherdimensionaler Systeme, mathematisch behandelbar sind aber auch Systeme mit mehr als drei relevanten Variablen.

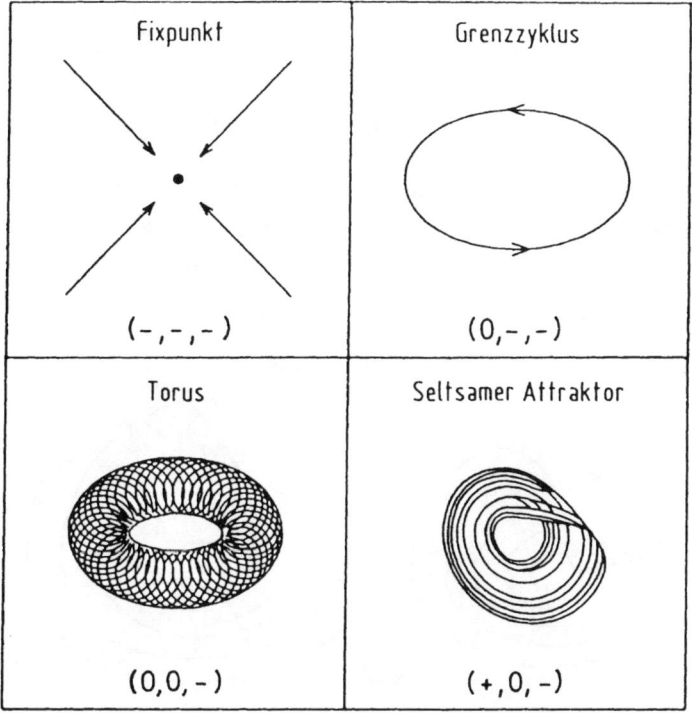

Abb. 3: Vier Klassen von Attraktoren (vgl. Schuster 1994, S. 137)

chaotischer Dynamik – kleine Abweichungen rasch zu exponentiell auseinanderlaufenden Trajektorien? Die Trajektorien (Spuren der Systemzustände) bleiben trotz divergenter Verläufe in einem umschriebenen Bereich des N-dimensionalen Phasenraums (s. Abb. 4). Die konvergierenden Tendenzen überwiegen die divergierenden Tendenzen. Als Attraktor bezeichnet man den Bereich (bzw. die Gestalt) im Phasenraum, auf den zu beziehungsweise in dem sich die Trajektorien bewegen.

Üblicherweise werden vier Klassen von Attraktoren unterschieden (Abb. 3): Fixpunktattraktoren (konstantes Systemverhalten; z. B. ein zum Stehen gekommenes Pendel), Grenzzyklen (periodisches Oszillieren; z. B. ein getriebenes Pendel), Torusattraktoren (Überlagerung von periodischen Schwingungen) und seltsame At-

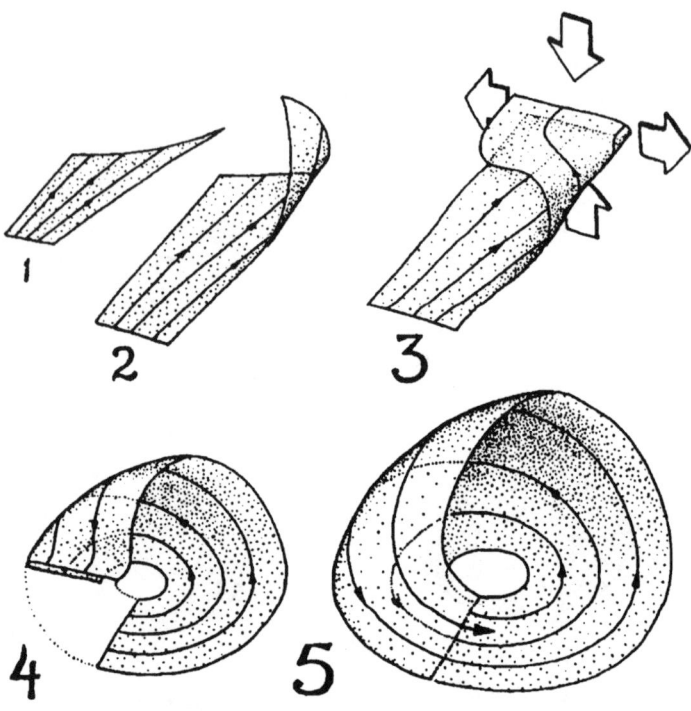

Abb. 4: Die Abbildung verdeutlicht in fünf Schritten das Entstehungsprinzip eines »chaotischen« bzw. »seltsamen« Attraktors: Dehnung und Stauchung, Divergenz und Konvergenz wirken, wie beim Kneten eines Teigs, zusammen. Die (exponentielle) Divergenz der Trajektorien wird durch positive, die Konvergenz durch negative Lyapunov-Exponenten ausgedrückt. Insgesamt ist ein Attraktor ein geschlossenes Ganzes, ein gestalthaftes Gebilde. Im mathematischen Idealfall einer chaotischen Dynamik schließen die Trajektorien der Systementwicklung nie an ihrem Ausgangspunkt an und überkreuzen sich auch nicht (mit anderen Worten: Chaos ist eine Periodität mit der Periode »unendlich«). In lebenden (z. B. neuronalen oder sozialen) Systemen springt die Dynamik zwischen verschiedenen Attraktoren bzw. dynamischen Mustern hin- und her, oder Attraktoren (dynamische Muster) lösen sich auf, um die Entstehung von neuen Mustern zu ermöglichen. Beides kann man als »Ordnungs-Ordnungs-Übergang« bezeichnen.

traktoren (hierunter fällt die große Vielfalt von »chaotischen« Dynamiken; dargestellt ist der sogenannte Rössler-Attraktor, vgl. Schuster 1994, S. 137).

Ein wichtiger Meßwert für das Verhalten benachbarter Trajektorien im Phasenraum ist der sogenannte Lyapunov-Exponent, der für jede Dimension des Phasenraums berechnet wird. Streben Trajektorien auseinander (Divergenz), liegt ein positiver Lyapunov-Exponent vor, ein negativer Lyapunov-Exponent repräsentiert das Prinzip der Konvergenz, des Zusammenlaufens von Trajektorien, das unabdingbar für eine Attraktorbildung ist (ansonsten würde der gesamte Phasenraum gefüllt). Lyapunov-Exponenten mit dem Wert null charakterisieren das Parallellaufen benachbarter Trajektorien im Phasenraum. In der Abbildung 3 sind unter den Attraktortypen jeweils die Vorzeichen der Lyapunov-Exponenten für jede der (in diesem Fall drei) Raumdimensionen angegeben. Das Besondere an den sogenannten chaotischen oder seltsamen Attraktoren ist die Kombination von Konvergenz- und Divergenzprinzip (und einem Exponenten mit dem Wert null). Das System generiert einen Attraktor (Konvergenzprinzip: Die Trajektorien verdichten sich zu einem mehr oder weniger wohlgeformten Knäuel im Phasenraum), gleichzeitig streben benachbarte Trajektorien auseinander (Divergenz) (s. Abb. 4). Letzteres zeigt sich als sensible Abhängigkeit des Systems gegenüber kleinen Abweichungen von den Ausgangsbedingungen (Schmetterlingseffekt). Solche minimalen Abweichungen können schnell zu gänzlich unterschiedlichen Entwicklungen führen, was die mittel- und langfristige Vorhersagbarkeit des Systems verunmöglicht, ganz entgegen der in der linearen Welt gültigen starken Kausalität, nach der ähnliche Ursachen ähnliche Wirkung zeigen. Wetterprognosen, sensible Reaktionen der Börse auf kleine Kursschwankungen oder das Spiel »Stille Post« (Sensibilität gegenüber kleinen phonologischen Abweichungen) illustrieren den Schmetterlingseffekt.

Davon zu unterscheiden ist das Phänomen der »kritischen Instabilität«, auch wenn in einer kritisch instabilen Phase kleinste Fluktuationen die Wirkung eines Schmetterlingseffekts haben können. Als kritische Instabilität oder kritische Fluktuation wird das irreguläre Verhalten eines Systems im Übergangsbereich zwischen

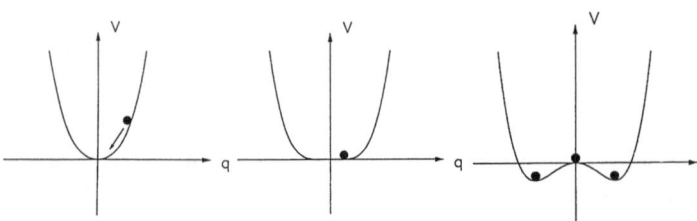

Abb. 5: Phasenübergang mit kritischer Instabilität und Symmetriebrechung. Links: Das Systemverhalten läuft bei einer Auslenkung q wieder in den stabilen dynamischen Zustand (Attraktor) zurück. Mitte: Das Potentialtal weitet sich, das Systemverhalten läuft nach einer Auslenkung q langsamer in den stabilen Zustand zurück. Kritische Fluktuationen treten auf, das Systemverhalten wird instabil. Rechts: Symmetriezustand zwischen zwei (manchmal auch mehreren) neuen Zuständen. Mikrofluktuationen können den Ausschlag dafür geben, in welches neue Potentialtal die Kugel (das Systemverhalten) läuft, mit anderen Worten: welches Verhaltensmuster realisiert wird (Symmetriebrechung).

zwei Attraktoren bezeichnet. In dieser Phase ist das System empfänglich für die Wirkung kleiner Abweichungen und schwer prognostizierbar. Mikrofluktuationen spielen die Rolle des Züngleins an der Waage und entscheiden, in welches Tal der Potentiallandschaft, in welchen Attraktor das instabile Systemverhalten kippt (Symmetriebruch, vgl. Abb. 5). Das Phänomen der sensiblen Abhängigkeit von Mikroeinflüssen dagegen kommt nicht nur im Bereich von Übergängen *zwischen* Attraktoren vor, sondern ist für die Entwicklung des Systemverhaltens *in* allen seltsamen Attraktoren typisch. Während stabiler Phasen verändern auch starke Fluktuationen kaum die Gestalt des Attraktors, beeinflussen aber sehr wohl die Entwicklung des Systems innerhalb des ausgeprägten Attraktors im Sinne des Schmetterlingseffekts.

Die Synergetik greift mit der Frage nach der Entstehung von Ordnung und dem Konzept des Phasenübergangs ein altes Thema der Gestaltpsychologie auf. So formulierte schon Metzger in den vierziger Jahren den »Grundsatz der natürlichen Ordnung«: »Es gibt – neben anderen – auch Arten des Verhaltens und des Geschehens, die, frei sich selbst überlassen, einer ihnen selbst gemäßen und aus ihnen selbst entspringenden Ordnung fähig sind« (1982, S. 662),

Abb. 6: »Alte Frau – junge Frau« (aus: Metzger 1975, S. 144)

wie am Beispiel der Wahrnehmung gut gezeigt werden kann. Viele gestalttheoretische Experimente können mühelos als Beschreibung selbstorganisierter Musterbildung interpretiert werden (Portele 1991; Stadler et al. 1996). Abbildung 6 zeigt die vielleicht berühmteste Darstellung einer sogenannten Kippfigur.

Die Wahrnehmung kippt beim Betrachten dieser zweideutigen Figur unweigerlich zwischen derjenigen einer jungen und derjenigen einer alten Frau hin und her. Der Umschlag erfolgt plötzlich als Ordnungs-Ordnungs-Übergang, in der beschriebenen Modellvorstellung also als Symmetriebrechung am Instabilitätspunkt. Nicht nur am Sonderfall der Kippbilder, sondern generell läßt sich feststellen, daß unsere Wahrnehmung am Rande der Instabilität operiert. Permanent werden Symmetrien gebrochen, Ambiguitäten desambiguiert, um zu eindeutigen, prägnanten und sinnhaften Perzepten zu gelangen.

Die Tendenz, prägnante Gestalten zu erzeugen, läßt sich sowohl an vorstrukturiertem Stimulusmaterial (wie in Abb. 6), als auch an schlecht oder gar nicht strukturiertem Material erkennen (z. B. wenn wir Figuren in den Wolken oder Gesichter im Fels sehen). In diesem Sinne folgert Haken, »daß das Gehirn bei Mustern, die instabil oder sinnlos sind, einen Sinn oder eine Ordnung hineinträgt. Es konstruiert also Ordnung, wo keine ist« (Haken 1993b, S. 92 f.).

Haken und Mitarbeiter nutzten diese Modellvorstellung, um Wahrnehmungsprozesse am Computer zu simulieren (Haken 1993a; Haken u. Wunderlin 1991; Vanger et al. 1997). Dem sogenannten synergetischen Computer gelingt es, Gesichter voneinander zu unterscheiden, selbst bei uneindeutiger Informationslage, etwa bei verrauschtem Input oder der Vorlage mehrerer teilweise übereinandergelagerter Gesichter. Das mathematische Modell, das dem synergetischen Computer zugrundeliegt, greift auf Prototypen, also vorher eingespeicherte Gesichter zu: »Bei der praktischen Durchführung dieses Programms werden z. B. die Mitarbeiter des Instituts fotografiert, dann über die Bilder ein Raster mit einzelnen Pixels gelegt, wobei jedem Pixel ein bestimmter Grauwert zugeordnet ist. Bei jedem einzelnen Gesicht entspricht der Satz der zugehörigen Grauwerte einem sogenannten Prototypvektor. Jedem Gesicht wird somit ein Prototypvektor zugeordnet« (Haken 1993a, S. 30). Für das dynamische Programm fungieren die Prototypen als Ordnungsparameter. Die Aufgabe des Computerprogramms besteht also darin, ein ihm präsentiertes Reizmuster einem durch die Prototypen vorgegebenen Ordner oder Attraktoren zuzuordnen. Im Bild der Potentiallandschaft gesprochen, muß die Kugel (der Wahrnehmungseindruck) aus dem Instabilitätsbereich in das richtige »Tal« rollen (vgl. Abb. 2). Unvollständige Bilder werden sukzessive dem Prototyp angenähert, also vom Computer vollständig rekonstruiert.

Die mathematische Herleitung des synergetischen Computers kann etwa bei Haken (1990b) oder bei Haken und Wunderlin (1991, S. 360–380) nachgelesen werden. Die Dynamik dieses Programms wird neben anderen Parametern im wesentlichen durch eine »Lernmatrix«, (das »Gedächtnis« für die Prototypen) und einen Aufmerksamkeitsparameter, der als Kontrollparameter fungiert, angetrieben. Der Computer kann komplexe, etwa übereinandergelagerte Bilder analysieren, indem der Aufmerksamkeitsparameter für die Teilszenarien des Bildes variiert wird. In neueren

Anwendungen wird von Vanger et al. (1997) daran gearbeitet, den synergetischen Computer für die Erkennung von Emotionen im Gesichtsausdruck zu sensibilisieren. Gelingt dies, so wäre ein wertvolles Instrument für die Analyse nonverbaler Kommunikation gewonnen. Die Grundlage für die Prototypen ist dabei die differenzierte Beschreibung emotionaler Gesichtsausdrücke über die zunächst inhaltlich neutrale Beschreibung der Veränderungen der Gesichtsmuskulatur bei bestimmten Emotionen (Ekman u. Friesen 1978). Allerdings erweist sich der entscheidende Schritt bei diesem Vorgehen, die Zuordnung von muskulären Veränderungen[5] zu menschlichen Emotionen, bis heute als der umstrittenste.

Das Konzept des Ungleichgewichts-Phasenübergangs richtet noch einmal das Augenmerk auf die Rolle der Kontrollparameter, die »spezifisch unspezifisch« sind. *Spezifisch* sind sie insofern, als ein System nur auf bestimmte Kontrollparameter mit Selbstorganisation reagiert, also »selektiert«, was als Kontrollparameter für das System relevant wird.[6] *Unspezifisch* sind sie, da sie lediglich den dynamischen (Un-)Gleichgewichtszustand des Systems verändern (d. h. die energetische Anregung und Dissipation) und damit kritische Fluktuationen ermöglichen. Der Prozeß der selbstorganisierten Strukturbildung erfolgt dann aber über systeminterne Prozesse der Wechselwirkung zwischen den mikroskopischen Elementen sowie zwischen Mikro- und Makroebene.

Psychiatriemitarbeiter wissen, daß einer Psychose Turbulenzen im Leben des Betroffenen vorausgehen: »Psychosen kommen gehäuft in Zeiten zum Ausdruck, die für jeden Menschen Unsicherheit bedeuten, in sogenannten Entwicklungs- und Übergangsphasen, zum Beispiel, wenn die Loslösung vom Elternhaus oder die Trennung von einem Partner ansteht, wenn der Verlust eines wichtigen Angehörigen droht, wenn die Kinder erwachsen werden, wenn eine Berentung bevorsteht usw.« (Bock 1992a, S. 86). Be-

5 Zum Beispiel: »4 (= Augenbrauen zusammengezogen) + 15 (= Mundwinkel herabgezogen) + 17 (Kinn angehoben)« (Vanger et al. 1997, S. 87).
6 Beim Laser etwa ist es die »Lichtpumpe«, also die Stromzufuhr, bei der Bénard-Instabilität (Strukturbildung in Flüssigkeitsschichten) ist es die Temperaturdifferenz zwischen oberen und unteren Flüssigkeitsschichten.

reits vor dem *Ausbruch* einer Psychose – diese Metapher weist auf die Annahme hin, daß es vorher schon irgendwo gegärt haben muß – haben die meisten betroffenen Personen Selbstregulationsversuche unternommen. Doch man kann auch das psychotische Verhalten selbst als Selbstheilungsversuch interpretieren: »Die Psychose selbst ist als eine Form der Regulation, z. B. der Flucht, anzusehen« (Bock 1992a, S. 86). Ein Gleichgewicht wird – um in Analogie zur Synergetik zu sprechen – gestört, kritische Fluktuationen machen das System instabil, gleichzeitig versucht die Person gegenzusteuern, zu stabilisieren. Dies kann unter dem Einfluß äußerer Faktoren geschehen, aber auch innerhalb der Person können destabilisierende Einflußfaktoren gesucht werden, die in verschiedenen Psy-

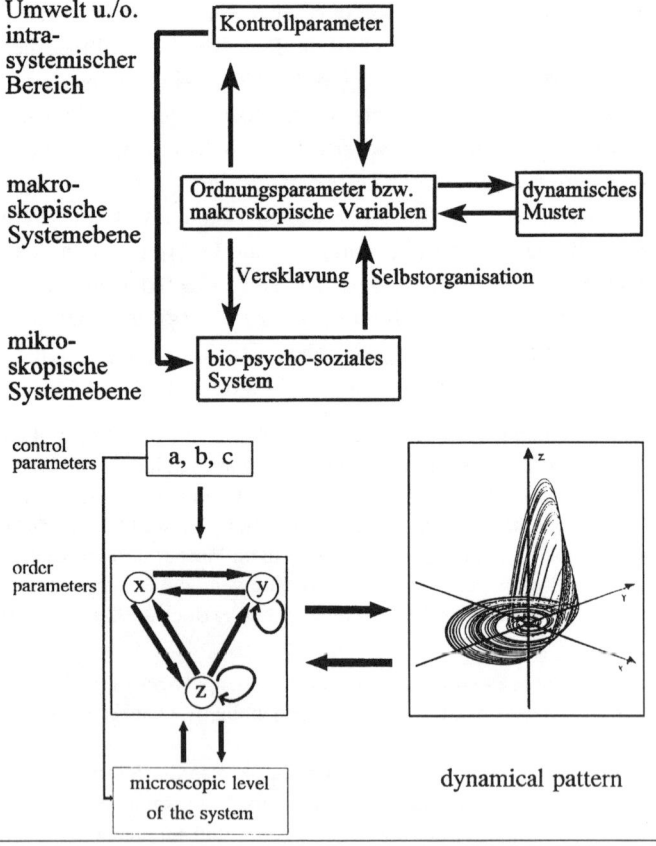

Abb. 7: Grundmodell der Synergetik

chosetheorien etwa in diffusen kognitiven Schemata, im Verlust des Selbstwerts oder in biologischen Prozessen gesehen werden. Die große Bedeutung, die Rituale und Symbole sowohl im Rahmen psychotischen Verhaltens als auch in professionellen Behandlungsansätzen haben, wird vor diesem Hintergrund verständlich, nämlich als Ausdrucksformen von Übergängen in menschlichen oder gesellschaftlichen Lebensläufen (Bock 1992b, S. 156). Wer als Betroffener, Angehöriger oder als Behandelnder einmal selbst der Macht von Zwangsritualen erlegen war, weiß um die versklavende Kraft von stabilen Ordnungsparametern, um bei der Metaphorik der Synergetik zu bleiben.

Abbildung 7 faßt das Grundmodell der Synergetik zusammen: Unter dem Einfluß spezifischer Kontrollparameter erzeugt die Wechselwirkung zwischen makroskopischen Variablen (Ordnungsparametern) das dynamische Muster des Systems (z. B. ein raum-zeitliches Muster). Ordnungsparameter entstehen unter dem Einfluß bestimmter Kontrollparameter aus komplexen Wechselwirkungen auf der Mikroebene, versklaven das Verhalten der Komponenten und reduzieren ihre Freiheitsgrade. Makroskopisch werden dadurch Phasenübergänge angeregt.

Der Begriff der *Selbstorganisation* setzt erstens voraus, daß es sich um ein offenes System handelt, das Energie umsetzt (importiert und verbraucht, sogenannte Dissipation) und sich dadurch fern vom (thermodynamischen) Gleichgewicht befindet. Im psychischen oder sozialen Bereich kann man sich dies auch als systeminterne Energetisierung (Motivationen, Emotionen), ausgelöst etwa durch sensorischen Input, vorstellen.

Ein zweites Merkmal von Selbstorganisation ist die zirkuläre Wechselbeziehung zwischen einer Mikroebene mit sehr vielen Komponenten und einer Makroebene, auf der Ordnung sichtbar wird. Für psychische Systeme können wir auf der Mikroebene etwa Wechselwirkungen zwischen Kognitions-Emotions-Einheiten, für soziale Systeme Kommunikationen annehmen.

Als drittes Merkmal setzt Selbstorganisation schließlich Nichtlinearität voraus. Dadurch entsteht Ordnung oft spontan und unerwartet. Das Augenmerk der Synergetik liegt auf der Entstehung neuer makroskopischer Ordnung über (Ungleichgewichts-)Phasenübergänge. Im Bereich des Psychischen und Sozialen geht es weniger um die Entstehung von Ordnung aus Unordnung heraus, sondern um Ordnungs-Ordnungs-Übergänge, also das qualitative Umschlagen von einer Struktur in eine andere.

Das Konzept des Kontrollparameters als wesentliche Einfluß-größe auf das Zustandekommen eines Phasenübergangs verspricht für die psychosoziale Praxis sicherlich viel, dürfte man hier doch Ansatzpunkte für Interventionen in selbstorganisierten Systemen vermuten. Doch schon das Beispiel der gesellschaftlichen Mode läßt erahnen, daß es nicht so einfach sein wird, außerhalb des Physiklabors relevante Kontrollparameter zu identifizieren. Im physikalischen Experiment können Kontrollparameter über ihre kontinuierliche Veränderung bei Beibehaltung der Randbedingungen identifiziert werden. Auf soziale Systeme läßt sich dieses experimentelle Vorgehen nicht ohne weiteres übertragen. Sollte man etwa Werbung als gezielte Einführung eines Kontrollparameters auffassen, der alte Gleichgewichtszustände aufbricht und Neustrukturierung ermöglicht, oder als Andeutung eines Ordnungsparameters, einer bevorzugten Mode, die dann ihren kleinen Vorsprung verstärkt und individuelles Verhalten mehr und mehr »versklavt«? Oder regt Werbung individuelle oder kollektive Bedürfnisse, Einstellungen oder Ängste an, die dann als Kontrollparameter für Konsumverhalten fungieren? Dann wird es notwendig, auch intrasystemische Größen als soziale Kontrollparameter zuzulassen, wie in Abbildung 7 bereits angedeutet. Für soziale Ordnungsbildungsprozesse dürften sich zudem mehrere Kontrollparameter gleichzeitig benennen lassen.

Ehrgeizige Projekte: Synergetik in der Psychologie und in den Sozialwissenschaften

Das synergetische Grundmodell der Ordnungsbildung legt viele Analogien für die Beschreibung von Dynamiken in sozialen Systemen wie Gruppen, Betrieben, Organisationen und der psychosozialen Versorgung nahe. Die wichtigsten Gründe für die Weiterentwicklung der Synergetik zu einer sozialwissenschaftlichen Synergetik sind folgende:

- Die Synergetik integriert zwei sich nur scheinbar widersprechende Annahmen über die Beziehung zwischen Individuum und sozialem System: Das Versklavungsprinzip (bzw. das Prinzip der Konsensualisierung oder Einbindung) betont einerseits den Einfluß übergeordneter Muster auf den einzelnen, das Prinzip der kohärenten Musterbildung macht umgekehrt die Verantwortung jedes einzelnen für mögliche makroskopische Ordnungen deutlich. Zwischen Allmachts- und Ohnmachtsphantasien macht die Synergetik klar: Man ist gleichzeitig »Täter« und »Opfer«.
- Instabilitäten, Fluktuationen und Turbulenzen im Systemgeschehen sind integraler Bestandteil synergetischer Theoriebildung. Nur an den Instabilitätspunkten kann spontane Ordnung entstehen. Phasenübergänge, denken wir an das Geschehen im Laser oder an die Beschreibung psychotischen Verhaltens, finden auf dem Hintergrund turbulenter Schwankungen statt. Ordnung und Unordnung werden von der Synergetik also in ihrem notwendigen Wechsel- und Zusammenspiel betrachtet.
- Im Rahmen der Synergetik werden die *Voraussetzungen* benannt, unter denen Selbstorganisation stattfindet. Sowohl die internen Bedingungen als auch der soziale Kontext selbstorganisierender Prozesse werden damit relevant.
- Die Beschreibung von Kontrollparametern verspricht praktikable Ansatzpunkte für gezielte Interventionen in selbstorganisierende Systeme. Intervention ist dabei als indirekte Gestaltung von Kontextbedingungen zu verstehen, nicht als direkte Beeinflussung nach dem Maschinenmodell des »Reparaturdienstverhaltens« (sensu Dörner).

Wir wollen aber auch die vielfach geäußerten skeptischen Gegenargumente nicht unterschlagen. So wird zu Recht vor kurzschlüssigen Analogien gewarnt und auf prinzipielle Unterschiede zwischen naturwissenschaftlichen und sozialen Systemen hingewiesen (vgl. Druwe 1988; Haken 1983b, 1990b; Haken u. Wunderlin 1990; Küppers 1987; Mayntz 1988; Weise 1990):

- Die *mikroskopische Komplexität* muß in bezug auf Menschen und
  soziale Systeme aufgrund der Vielfalt der Elemente höher ange-
  setzt werden als für viele physikalische Systeme. Doch kommt es
  weniger auf irgendeine Komplexität »an sich« an, sondern darauf,
  welches System man auf welcher Auflösungsebene unter welcher
  Perspektive mit welchen Fragestellungen untersucht. Eine sozialwissenschaftliche Synergetik wird sich zudem weniger für das
  Verhältnis von Mikroebene zu Makroebene, also die Entstehung
  von makroskopischer Ordnung aus mikroskopischer Unordnung
  interessieren, sondern für die auf der makroskopischen Ebene er-
  kennbaren Strukturen oder dynamischen Muster und deren Ver-
  änderung *(makroskopische Synergetik)*.
- Die Sozialwissenschaften stoßen immer wieder an Grenzen der
  Meßbarkeit menschlichen und sozialen Verhaltens. Dies betrifft
  seine Komplexität, aber auch das Phänomen der Reaktivität:
  Verhalten kann oft nur gemessen werden, indem man mit dem
  sich verhaltenden System in Interaktion tritt – und damit das
  System verändert. Auch in der Physik sind solche Probleme der
  Wechselwirkung zwischen Beobachtung und dem beobachteten
  System bekannt.
- Das Sozialverhalten des Menschen ist in seiner ganzen Komplexität nur bedingt formalisier- und modellierbar. Die Mikroebene menschlichen Verhaltens, sofern diese überhaupt klar definiert werden kann, ist nur durch starke Abstraktion in Modelle
  und Formalisierungen (z. B. Mastergleichungen, Differenzen-
  gleichungssysteme) übersetzbar (etwa in Anlehnung an Bewe-
  gungsgleichungen für Moleküle).
- *Empirische Untersuchungen* sind in den Sozialwissenschaften
  nur bedingt im Sinne eines naturwissenschaftlichen Experi-
  ments durchführbar. Dies würde bedeuten, daß bestimmte Variablen konstant gehalten, während andere systematisch und
  kontrolliert verändert werden. Für die experimentelle Identifizierung von Kontrollparametern wäre dies natürlich von großer
  Bedeutung. Die identische Wiederholung sozialwissenschaftli-
  cher »Experimente« wird aber unter anderem durch die Lernfä-
  higkeit und die Geschichtlichkeit sozialer Systeme verhindert
  (Mayntz 1988, S. 35).

So berechtigt diese Kritikpunkte auch sind, sie rennen gerade in den Sozialwissenschaften offene Türen ein und treffen auch auf andere sozialwissenschaftliche Forschungsansätze zu. Die empirische Erforschung synergetischer Prozesse in sozialen Systemen wird mit solchen Hinweisen nicht obsolet, es sei denn, man stellt die gesamte Tradition der experimentellen Sozialpsychologie in Frage.

Natürlich kann eine sozialwissenschaftliche Synergetik nicht die uralte Diskussion um das sozialpsychologische Experiment umgehen, von dem schon Hofstätter sagt, daß es, sobald Menschen daran teilnehmen, »sozusagen zur Harmlosigkeit verpflichtet« sei. »Die Wirkungen, die wir setzen können«, so fährt er fort, »müssen ... kurzfristig reversibel und auf längere Sicht hinaus konsequenzenlos sein. Grundsätzlich wird im psychologischen Versuch ... nur mit vermindertem Einsatz agiert« (1957, S. 43). Es fehlt also innerhalb der empirischen Psychologie keinesfalls an einer realistischen Wahrnehmung dessen, was möglich ist. Der starke Bezug auf naturwissenschaftliche Theorien weckt verständlicherweise Sorgen, diese Sensibilität könnte verloren gehen. Doch wird eine naturwissenschaftliche Erklärung sozialen Verhaltens auch nicht angestrebt. Die Synergetik impliziert keinen Physikalismus, sondern versteht sich als *allgemeines Strukturmodell*, das mit Bezug auf unterschiedliche Phänomenbereiche konkretisiert werden kann und muß. Dieser Zugang zu einer sozialwissenschaftlichen Synergetik entspricht wissenschaftstheoretisch am ehesten dem Konzept der sogenannten strukturalistischen Theorienauffassung (vgl. Schiepek 1991, S. 147; Stegmüller 1973). Die Synergetik bietet ein theoretisches Rahmenmodell, einen Theoriekern, der durch sozialwissenschaftliche oder psychologische Zusatzannahmen angereichert wird. An solchen sozialwissenschaftlichen Kriterien muß dieses Projekt dann auch gemessen werden. Für die Nutzbarmachung der sozialwissenschaftlichen Synergetik in der Sozialpsychologie bedeutet das, auf die neueren Entwicklungen – etwa in der Gruppenforschung – Bezug zu nehmen. Das fällt nicht schwer, da sich die Systemmetapher in diesem Feld bereits etabliert und entsprechende kritische Auseinandersetzungen mit der Tradition der empirischen Gruppenforschung angeregt hat.

Vom Herdentier zum sozialen System:
Metaphern und Modelle der Gruppenforschung

Um den Stellenwert der Systemmetapher innerhalb der Sozialpsychologie einzuordnen, greifen wir auf die historische Darstellung sozialpsychologischer Metaphern von Gergen (1990) zurück. Die Systemmetapher bezeichnet er als vorläufigen Höhepunkt einer Entwicklung, deren wesentliche Markierungspunkte durch folgende Sprachspiele geprägt waren:

– In der frühen Sozialpsychologie zu Beginn dieses Jahrhunderts blühten vorzugsweise *biologische Metaphern*. McDougall vertrat die Auffassung, daß der Mensch in der Gruppe einem instinktgeleiteten Tier gleiche. Menschliche Gruppen wurden als Organismen oder als homöostatische Systeme beschrieben. Die Reiz-Reaktions-Metapher, die ja aus Tierexperimenten abgeleitet wurde, erwies sich als hilfreich, um die Übertragung oder Ansteckung bestimmter Reaktionsweisen von Gruppen auf Einzelpersonen zu erklären.
– Mit *physikalischen Metaphern* wurde experimentiert, um zunächst die Stabilität sozialer Gebilde, später dann, um ihren Wandel nachvollziehbar zu machen. Das bekannteste Beispiel ist die psychologische Feldtheorie Kurt Lewins, die von der elektromagnetischen Feldtheorie Maxwells inspiriert war.
– Mit der *Computermetapher* wurde der Begriff der Informationsverarbeitung Programm. Mit der Weiterentwicklung der seriellen Computertechnologie zu parallelverarbeitenden Systemen setzten sich auch Begriffe wie »Konnektionismus« oder »neuronale Netze« durch (vgl. Gehm 1993, 1995), deren Leistungsfähigkeit vor allem auf der Fähigkeit zur parallelverteilten Informationsverarbeitung, der Toleranz gegenüber Fehlern (Funktionstüchtigkeit bei fehlerhaftem Input) und der spontanen Generalisierung und Abstraktion von Inputs (Klassenbildung) beruht (Schaub 1997; Spitzer 1996).
– Theoretiker wie Jung, Moreno, Mead oder Goffman setzten die *Bühnenmetapher* auf den Spielplan, indem sie auf Konzepte wie »Rolle«, »Selbstdarstellung«, »Theater« oder »Spiel« abhoben.

Gruppen werden dann etwa über ein gemeinsam geteiltes Zeichen-, Bedeutungs- und Sinnrepertoire definiert.

– Mit *Metaphern aus der Wirtschaft* wird in der Sozialpsychologie gehandelt, um menschliche Interaktionen in Termini von Tauschprozessen oder Kosten-Nutzen-Kalkülen zu erfassen.

– Die *Systemmetapher* setzt auf der Beschreibungsebene des sozialen Systems an, ohne daß Einigkeit darüber bestünde, was als Einheit dieses Systems anzusehen sei. Unbestreitbar ist, daß an sozialen Systemen wie Gruppen oder Teams handelnde Personen beteiligt sind. Doch entspringt es einer vordergründigen Wahl, Personen als Elemente sozialer Systeme zu betrachten, stehen doch Interaktionen im Blickpunkt des Interesses. Aber auch eine gänzlich vom Individuum abstrahierende Definition sozialer Systeme, wie über die Kategorie der Kommunikation (verstanden als Trias von Information, Mitteilung und Verstehen) bei Luhmann (1984), greift zu kurz, entzieht sie doch relevante Beobachtungen dem konzeptionellen wie empirischen Zugriff. Denn sicher spielen die intrapsychischen Realitäten im zwischenmenschlichen Geschehen, die Affekte und Erwartungen, die Hoffnungen und Befürchtungen, die Bedürfnisse und Selbstdarstellungen von Personen eine nicht unerhebliche Rolle.

Schon in den Anfängen der Gruppenforschung zeigte sich das Doppelgesicht von Chaos und Ordnung. Die ursprüngliche Wortbedeutung von »Gruppe« entspringt dem althochdeutschen Wort »kropf« (»Knoten«, ital. »groppo«; Hofstätter 1957, S. 177). Gruppe stand zunächst für eine geordnete, feste Struktur nach dem Vorbild des natürlichen Organismus, was sich in der Metapher des »sozialen Organismus« oder »sozialen Körpers« widerspiegelte. Um die Jahrhundertwende zog dann unter dem Banner der Kulturkritik die »Psychologie der Masse« (vor allem LeBon) die Sozialforschung in ihren Bann, wohl auf dem Hintergrund einschlägiger gesellschaftlicher Erfahrungen mit großstädtischen Massenbewegungen. Hier wurde das Unberechenbare, das Chaotische der Gruppe heraufbeschworen und in Analogie zur bakteriellen Ansteckung und zur Hypnose (Massensuggestion) gesetzt. Die Vernunft der Individuen sah man in der Masse untergehen: »Jeder, sieht man ihn einzeln, ist leidlich klug und verständig, sind sie in corpore, gleich wird euch ein Dummkopf daraus«, orakelte schon Schiller (zitiert in Hofstätter 1957, S. 9). Später sprach man dann wissenschaftlich anspruchsvoller von Prozessen der »De-Individuation«.

Zur Gegenkritik der Massenpsychologie, vor allem ihres kulturpessimistischen Pathos, holte in den fünfziger Jahren Hofstätter aus. Ihm ging es darum, dem diffusen Konzept der undefinierten Masse, aber auch dem einsamen (und, so Hofstätters Befürchtung, potentiell anarchistischen) Individuum die Gruppe als geordnete und Ordnung vermittelnde Struktur entgegenzustellen: »Im Spannungsfeld dieser beiden Konzeptionen ist die empirische Gruppenforschung entstanden« (Hofstätter 1957, S. 179). Was geschieht überhaupt, so wurde jetzt gefragt, wenn aus einer Ansammlung von Personen eine Gruppe wird? Inhaltliche Schwerpunkte der Gruppenforschung wurden zunehmend organisations- und betriebspsychologische Fragestellungen, etwa im Bereich der Leistungsfähigkeit von Gruppen im Gegensatz zu individueller Leistung, aber auch klinische Aspekte. So verstand sich die Gruppendynamik – der Begriff entstammt der Schule um Kurt Lewin – nicht nur als theoretisches Modell zur Beschreibung von Gruppenstrukturen (z. B. mit Hilfe des Soziogramms), sondern entwickelte mit dem Psycho- und Soziodrama (nach Moreno) auch Methoden, um die Eigendynamik von Gruppen in Ausbildungs- oder Therapiekontexten zu nutzen. Synchronisiertes und kollektives Gruppenverhalten, zirkuläre Prozesse und qualitative Übergänge zwischen bestimmten Phasen der Gruppenentwicklung sind der Gruppendynamik, liest man beispielsweise eine ältere Arbeit von Krege (1976), bereits lange bekannt.

Die Gruppenforschung entwickelte sich mehr und mehr in Richtung Kleingruppenforschung, damit aber auch in Richtung künstlicher Laborsituationen, etwa im sogenannten »minimal group paradigm«, das im Rahmen der Theorie der sozialen Identität entwickelt wurde.[7] Hier setzt in den letzten Jahren innerhalb der

---

7 Menschen bilden dann eine Gruppe, so postuliert dieser theoretische Ansatz, wenn sie gleiche soziale Identitäten, also gleiche soziale Kategorisierungen vornehmen (vgl. Reicher 1982; Tajfel 1982).

Kleingruppenforschung eine breite Kritik an (Doll et al. 1994; Fisch et al. 1991; Langthaler u. Schiepek 1995; Sader 1991; Witte u. Scholl 1992). Sader faßt die Mängel kleingruppenbezogener Untersuchungsdesigns folgendermaßen zusammen: »Wenig echte Gruppen, kurze Untersuchungsphasen, Beschränkung auf Studenten« (1991, S. 264). Die *Anforderungen an eine moderne Kleingruppenforschung*, wie sie auch von den erwähnten Kritikern aufgeführt werden, sind folgende:

– Stärkere Theoriebezogenheit der Forschung statt reine Deskription;
– innovative theoretische Modelle (integrativ, interdisziplinär, Komplexität und Dynamik fokussierend);
– Abbildung von Gruppenprozessen möglichst im natürlichen sozialen Kontext statt künstliche Interaktionen im Labor;
– persönliche (face-to-face) Interaktionen statt anonyme Interaktionen »per Knopfdruck«;
– Ermöglichung von Pausen und Reflexionsphasen statt künstlicher Handlungsdruck;
– möglichst lange zeitliche Erstreckung zulassen, damit sich natürliche Gruppenprozesse überhaupt einstellen können (statt künstlicher Zeitdruck);
– Verhalten von Gruppen als »Problemlöser« untersuchen (nicht nur von Einzelpersonen).
– Offenheit gegenüber quantitativen und qualitativen Auswertungsmethoden;
– Prozeßanalysen zur Identifizierung dynamischer Muster;
– Verzahnung von Intra- und Intergruppenforschung, also Dynamiken innerhalb und zwischen Gruppen betrachten;
– stärkeres Gewicht auf Einzelfallforschung statt auf den statistischen Durchschnitt legen;
– Beachtung der ökologischen Validität: dialogischer Forschungsprozeß (statt unterstellte Beobachterobjektivität) mit praktischem Anwendungsbezug;
– Nutzen, also praxisnahe Fragestellungen, Alltagsrelevanz, Kompetenzvermittlung.

Hier werden Aspekte eingefordert, die die Theorie dynamischer Systeme zu ihrem Generalthema gemacht hat: Komplexität, Dynamik, Kontextbetrachtung. An solche Forderungen kann sich die sozialwissenschaftliche Selbstorganisationsforschung daher gut anschließen.

Umsetzung der Synergetik in sozialwissenschaftliche Forschungsprogramme

Wir wollen nun einige Beispiele für empirische Annäherungen an eine sozialwissenschaftliche Synergetik aufführen. In den letzten Jahren hat in diesem Feld eine sehr intensive Forschungtätigkeit eingesetzt, so daß wir in den folgenden Abschnitten nur eine kleine Auswahl treffen können. Viele Untersuchungen beschreiben soziale Dynamiken in Analogie als synergetischen Prozeß, andere bemühen lineare und nichtlineare statistische Auswertungsverfahren, um Dynamiken der Selbstorganisation in empirischen Zeitreihen aufzudecken. Als Königsweg einer sozialwissenschaftlichen Synergetik wird oft die Computersimulation angesehen. Auch im Bereich der empirischen Gruppenforschung hat die Synergetik bereits eine Reihe innovativer Projekte hervorgebracht. Auf diese Entwicklungen wollen wir etwas ausführlicher eingehen.

Analogiebildungen

Eine Organisationsentwicklungs-Fallstudie in synergetischer Terminologie legte Beisel (1994) vor. Sie rekonstruiert die Einführung teilautonomer Gruppenarbeit in einem Automobilunternehmen, an der sie als teilnehmende Beobachterin und zeitweise als Mitarbeiterin selbst beteiligt war. In der Sprache der Synergetik fragt sie nach Makro- und Mikroübergängen des Veränderungsprozesses, nach der Identifizierung von Prozessen der Selbst- und Fremdorganisation (und Mischtypen) und beschreibt in Analogiebildung Ordnungs- und Kontrollparameter, kritische Fluktuationen und Versklavungsprozesse. Beisels Studie ist als ein Beitrag zur Einführung der

Selbstorganisationsmetapher in die Welt der Organisationsentwick-
lung und -beratung zu sehen (vgl. auch Kruse 1997; Malik 1990;
Probst 1987; Schiepek et al. 1998). Es scheint, daß die Sprache der
Synergetik viele typische Veränderungsprozesse in Unternehmen
anschaulich und präzise beschreiben und sich insbesondere für die
Praxis der Unternehmensberatung als fruchtbar erweisen kann.

Auch in der Klinischen Psychologie wird das Modell der Selbstorganisation zur Beschreibung von Veränderungsprozessen herangezogen. Brunner und Lenz (1993) schildern anhand der Mikroanalyse einer Paartherapie den Übergang problematischer Beziehungsmuster in einen neuen Ordnungszustand im Sinne eines
Phasenübergangs: »Aus unserer Sicht durchlebte das Paar zwischen der vierten und der fünften Sitzung eine Phase der Instabilität, in der die alten Muster nicht mehr aufrechtzuerhalten waren,
das Paar in seiner Kreativität herausgefordert war und eine Neuor-
ganisation schaffen mußte« (Brunner u. Lenz 1993, S. 4).

Für die Organisationsberatung und die Psychotherapie gilt, daß
die Beschreibung von Veränderungsprozessen mit Hilfe des synergetischen Modells nicht primär Neues entdeckt, sondern bekannte
Dynamiken innovativ konzipiert und theoretisch plausibel erklärt.
In weiteren Untersuchungen, vor allem in einem intensiven Austausch zwischen Modellbildung und Praxis, wird sich die praktische Relevanz dieser Mühen erweisen müssen. Es stimmt jedoch
hoffnungsvoll, daß sich die Metaphern der Synergetik für so unterschiedliche psychotherapeutische Vorgehensweisen wie die lösungsorientierte systemische Kurzzeittherapie einerseits (Schiepek
et al. 1992) und das langfristig angelegte Verfahren der Psychoanalyse andererseits (Schneider et al. 1997) als tauglich erweisen.

*Empirische Prozeßanalysen in der Paar- und
Einzelpsychotherapie*

Versucht man, über Analogiebildungen hinauszugehen und auch
quantitative Aussagen über psychische und soziale Selbstorganisationsprozesse zu machen, so gilt es, die Dynamik eines Systems in
empirischen Zeitreihen abzubilden. Da insbesondere für nichtli-

neare Auswertungsmethoden sehr lange Zeitreihen von Signalen, die in möglichst regelmäßigen Abständen erhoben werden müssen, gefordert sind, bieten sich physiologische Meßreihen zur Auswertung an. Mittlerweile liegen eine Reihe von klinisch-psychologisch bedeutsamen Befunden zu physiologischen Selbstorganisationsprozessen vor: für hormonelle Veränderungen bei Osteoporose (Prank u. Hesch 1993) und pathologierelevante Dynamiken in EEG-Mustern (Elbert et al. 1994; Elbert u. Rockstroh 1993; Schmid u. Koukkou 1997) und EKG-Mustern (Skinner et al. 1990). Dennoch zeigt sich, daß die Analyse derartiger Datensätze aufgrund von durchführungstechnischen und methodischen Problemen noch keineswegs zu eindeutigen Ergebnissen führt und die rasante Methodenentwicklung in diesem Feld noch eine Reihe von Fragen offen läßt.[8]

Noch selten sind bislang Untersuchungen, die psychologische Zeitreihen zur mathematischen Auswertung aufbereiten. Ciompi (1997) berichtet über Zeitreihenanalysen von täglich erhobenen Befindlichkeitsratings schizophrener Patienten. Die längste der erhobenen Zeitreihen beträgt 751 Meßpunkte (Tage). Die siebenstufige Ratingskala weist allerdings bestenfalls, und auch das ist fraglich, Ordinalskalenniveau auf. Die Skala enthält folgende Kategorien: 1. Normal entspannt; 2. Gespannt, nervös, ängstlich; 3. Erregt, aggressiv oder depressiv; 4. Konfusion, Desorientierung; 5. Depersonalisations- oder Derealisationsphänomene; 6. Wahn; 7. Halluzinationen. Ciompi weist selbst auf die Problematik der nichtlinearen Auswertung der strenggenommen zu kurzen Zeitreihen hin (1997, S. 205). Immerhin konnte für eine der Zeitreihen die Hypothese, daß ihnen eine deterministisch chaotische Dynamik zugrunde liegt, durch die Anwendung des nichtlinearen Vorhersagealgorithmus von Sugihara und May (1990) gestützt werden.

8 Ausführlich werden die Entwicklungen im Bereich der nichtlinearen Methoden und ihrer Probleme z. B. von Elbert et al. (1994), Kowalik und Schiepek (1997), Kowalik et al. (1994), Scheier und Tschacher (1994), Schmid und Koukkou (1997), Tschacher und Schiepek (1997) diskutiert. Einen verständlichen Zugang zu nichtlinearen Methoden mit zahlreichen für Psychologen und Mediziner relevanten Beispielen geben Schiepek und Strunk (1994).

Die erwähnte von Brunner und Lenz (1993) aus der Beobachtung abgeleitete These qualitativer Sprünge in der Paardynamik während einer Paartherapie wurde von Brunner et al. (1997) einer quantitativen Überprüfung unterzogen. Die Variablen »Spannung«, »Stimmung« und »Aktivität« der beiden Ehepartner wurden ebenso im dreiminütigen Takt geratet wie die »Empathie« und die »Direktivität« des Therapeuten. Grundlage der Einschätzung war die Videodokumentation des gesamten therapeutischen Prozesses. Während sowohl das Paar als auch das Therapeutenteam von einer sprunghaften Veränderung zwischen der vierten und fünften Sitzung berichteten (Brunner u. Lenz 1993), zeigt die quantitative Auswertung, also der Vergleich der Mittelwerte aller gerateten Skalenwerte zwischen den aufeinanderfolgenden Sitzungen, ein differenzierteres Bild:

»Zwischen der 4. und 5. Sitzung lassen sich bei der Frau bezüglich aller Variablen keine Veränderungen feststellen, hingegen steigen beim Mann Stimmung und Aktivität, die Spannung verringert sich. . . . Der Vergleich zwischen 5. und 6. Sitzung legt die Interpretation einer Zustandsänderung (eines Phasenübergangs) nahe, da sich alle Variablen bei Frau und Mann ändern, Stimmung und Aktivität steigen, die Spannung abnimmt« (Brunner et al. 1997, S. 230).

Die Zeitreihenanalyse wird so interpretiert, daß »die als wirksam angenommene Intervention, die am Ende der 4. Sitzung stattfand, erst mit einer deutliche Latenz zu wirken begann (am Ende der 5. Sitzung)« (Tschacher u. Scheier 1995, S. 163).

Ein weiteres Beispiel aus der Psychotherapieforschung ist die nichtlineare Analyse der Veränderungsdynamik in einem psychotherapeutischen Prozeß von Schiepek et al. (1995c, d; Schiepek et al. 1997; Kowalik et al. 1997). Sie berichten über die Entwicklung der Klientin-Therapeut-Beziehung in einer auf Video dokumentierten Therapie, die nach dem Konzept der lösungsorientierten Kurztherapie (de Shazer 1989) durchgeführt wurde. Die Zeitreihen wurden mit der Methode der »Sequentiellen Plananalyse« (Schiepek et al. 1995) erhoben, einer prozeßorientierten Weiterentwicklung der hierarchischen Plananalyse von Caspar (1989). Anhand der Videoanalyse wurden von zwei unabhängigen Ratern sowohl für die Klientin als auch für den Therapeuten interaktionell relevante Operatoren[9] identifiziert und Plänen höherer Ordnung zugeordnet. Nach mehrmaligem Überprüfen und Absichern der Zuordnungen (Induktions-Deduktions-Zirkel) wurden folgende grundlegende Selbstdarstellungskategorien (höchste Hierarchieebene der Plananalyse) formuliert: »Vertrauen, Sicherheit vermitteln«, »Konfrontation, Verunsicherung«, »Eigenverantwortlichkeit der Klientin fördern«, »aktive, strukturierende therapeutische Arbeit« auf seiten des Therapeuten und »Suche nach Zuwendung, Anerkennung, guter Beziehung«, »Externalisation, Hilflosigkeit demonstrieren«, »Problembearbeitung (Selbstöffnung) vs. Vermeidung« auf seiten der Klientin. Die Ausprägungen dieser Kategorien im Zehn-Sekunden-Takt liegen sowohl nominal (»vorhanden-nicht vorhanden«) als auch in Form von Zeitreihen vor. Basis der quantifizierten Zeitreihen sind Intensitätsratings der beobachteten Operatoren auf einer Skala von 1 bis 5. Die feine zeitliche Auflösung der Analyse erlaubte die Generierung von Zeitreihen von fast 4000 Meßpunkten, wobei alle dreizehn Therapiestunden aneinandergereiht, also als ein durchlaufender Prozeß betrachtet wurden. Die jede Stunde abschließende Rückmeldephase – der Therapeut gibt der Klientin Komplimente und Empfehlungen mit auf den Weg – wurde nicht in die Auswertung einbezogen, da sie gegenüber dem therapeutischen Gespräch besondere Kommunikationsmerkmale aufweist. Dadurch reduzierten sich die Zeitreihen auf eine Länge von 3450 Meßpunkten.

Mit Hilfe des Algorithmus des Largest Local Lyapunov Exponent[10] (LLLE; Kowalik u. Elbert 1994) konnten sprunghafte Veränderungen der Chaotizität (Grad der Vorhersehbarkeit) festge-

9 Konkrete verbale und nonverbale Verhaltensweisen in Beobachtungsintervallen von 10 Sekunden.
10 Dieser Algorithmus beruht auf der Möglichkeit, über die Lyapunov-Exponenten Aussagen über das Ausmaß des Auseinanderstrebens von Trajektorien im Phasenraum zu machen. Die exponentielle Divergenz von Trajektorien bei kleinsten Unterschieden in den Anfangsbedingungen ist ein Merkmal chaotischer Dynamik.

stellt werden. Es handelt sich dabei häufig um synchrone Entwicklungssprünge, die auf kritische Phasen im therapeutischen Prozeß hindeuten (Ordnungs-Ordnungs-Übergänge). Das Therapiesystem scheint an diesen Stellen qualitative Sprünge durchzumachen. Zudem zeigen die Zeitreihen der Selbstdarstellungskategorien der Klientin mehr sprunghafte Veränderungen in Richtung höherer (chaotischer) Komplexität als diejenigen des Therapeuten. Überhaupt weisen ihre Zeitreihen im Mittel eine höhere Chaotizität (Lyapunov-Exponenten) und dimensionale Komplexität (berechnet über den PD_2-Algorithmus, Skinner 1992) auf als diejenigen des Therapeuten.

Dies ist zu erwarten: Einerseits erweisen sich die Verhaltenszeitreihen beider Interaktionspartner als chaotisch, das heißt als flexibel und adaptiv, aber dennoch als global strukturiert und nicht zufällig. Andererseits bemüht sich der Therapeut in der Beziehungsgestaltung, der Klientin einen zuverlässigen, vertrauten Rahmen anzubieten, in dem sie sich verändern kann, zeigt also in diesem Sinne weniger Chaotizität als die Klientin. Das Aneinanderreihen der dreizehn Sitzungen wird auch durch folgende Beobachtung gerechtfertigt: In bezug auf beide Analysemethoden (LLLE und PD_2) konnte an den Schnittstellen zwischen Therapiesitzungen, die zu einer großen Zeitreihe zusammengeklebt wurden, keine Häufung diskontinuierlicher Übergänge festgestellt werden. Diskontinuierliche Sprünge fanden relativ häufiger *innerhalb* der Sitzungen statt. Die Untersuchung ergab – so läßt sich zusammenfassen – wesentliche Hinweise darauf, daß soziale Prozesse (in diesem Fall das Interaktionsgeschehen in einer Psychotherapie) sowohl als *nichtlinear* als auch als *nichtstationär* , das heißt von qualitativen Veränderungen der Dynamik geprägt zu betrachten sind.

Computersimulationen

Sozialwissenschaftliche Simulationsmodelle vor einem explizit synergetischen Hintergrund erstellten Weidlich und Haag (1983) zu Prozessen der Meinungsbildung in der Bevölkerung und Saam (1995) zu makropolitischen Veränderungsprozessen. Sie simulierte die Abfolge militärischer Staatsstreiche und Regierungsformen in Thailand über einen Zeitraum von mehreren Jahrzehnten. Viele Autoren sehen in der Computersimulation den Königsweg einer sozialwissenschaftlichen Synergetik. Die Vorteile liegen auf der Hand: Es kann mit nichtlinearen Modellen experimentiert werden, die Entwicklung eines Modellsystems kann über beliebig viele Zeitpunkte hinweg nachvollzogen werden, Manipulationen am Modell oder an den Eingangswerten können hinsichtlich ihrer Wirkung verfolgt werden. Beispielsweise lassen sich anhand der Schizophrenie-Simulation von Schiepek und Schoppek (1991) die Wirkungen kleiner Unterschiede der Eingangswerte oder der Kontrollparameter studieren. Sowohl der typische Schmetterlingseffekt, also die große Wirkung kleiner Unterschiede, als auch die Trägheit bestimmter Konstellationen trotz größerer Unterschiede der Startwerte konnten nachvollzogen werden. Interessanterweise produziert diese Simulation Verläufe, die als typische schizophrene Krankheitsverläufe (z. B. von Ciompi u. Müller 1976) beschrieben wurden. Eine andere Simulation auf der Basis nichtlinearer Differenzengleichungen liegt zur Suchtentwicklung und Paardynamik bei alkoholabhängigen Personen vor (Droste et al. 1998).

Über verschiedene simulationstechnische Konstruktionsmöglichkeiten nichtlinearer Dynamiken informieren Schaub und Schiepek (1992). In Frage kommen Produktionssysteme, zelluläre Automaten, Differenzen- oder Differentialgleichungen, neuronale Netzwerke beziehungsweise konnektionistische Modelle (vgl. auch Schaub 1997).

Den Vorteilen der »deduktiven Modellierung« (Simulation) stehen natürlich auch mögliche Nachteile gegenüber: Eine Simulation kann nur so gut sein, wie das zugrundeliegende Modell über die Wirklichkeit. Die Wahl einer angemessenen Analogie- oder Metaphernbildung reicht also ganz entscheidend in die Erzeugung und Untersuchung simulierter Verläufe hinein. Die Simulationsergebnisse müssen mit empirischen Beobachtungen immer wieder abgeglichen und damit auf ihre Angemessenheit hin überprüft werden. Doch ist dies im Fall chaotischer Prozesse per definitionem nicht bis ins Detail, sondern nur hinsichtlich globaler Merkmale möglich.

Computersimulationen können – wie alle Modelle – immer nur Realitätsausschnitte unter bestimmten Perspektiven und Selektionskriterien abbilden. Verhalten muß operationalisiert und quantifiziert, also auf bestimmte numerische Ausprägungen reduziert werden. Der Wert von Computersimulationen sollte dennoch nicht primär in quantitativen, sondern in qualitativen Aussagen, also in einem verbesserten Verständnis der betrachteten Realitätsausschnitte gesehen werden. Hypothesen über dynamische Regeln eines Systems können ebenso auf ihre Plausibilität hin überprüft werden, wie Annahmen über die Beeinflußbarkeit eines Systemgeschehens. Nicht zuletzt dadurch dienen Computersimulation als anschauliche didaktische Hilfsmittel.

Die Unterteilung zwischen Analogiebildung, Computersimulation und empirischen Prozeßstudien ist natürlich nicht streng durchzuhalten. Mathematische Computermodelle haben auch metaphernbildende Funktion, wie Droste und Schiepek (1997) am Beispiel von Modellen der Chaossteuerung aufzeigen. Schon die Metapher der »Potentiallandschaft« (vgl. Abb. 2) lädt zu psychologischen Deutungen ein. Aus der Auseinandersetzung mit Möglichkeiten der Chaossteuerung, also der Beeinflussung nichtlinearer Entwicklungen über die Veränderung von Prozessen und systemrelevanten Parametern, leiten Droste und Schiepek (1997, S. 266) Analogien zu psychotherapeutischen Interventionsmöglichkeiten ab: »mit der Motivation des Klienten gehen (Jiu-Jitsu-Prinzip), hinter der Entwicklung des Klienten bleiben, minimale Interventionen setzen, die eigenen Ressourcen des Klienten aktivieren und sich für die Eigendynamik von Veränderungsprozessen sensibilisieren.«

Empirische Gruppenforschung

Zunehmend ist die Kleingruppenforschung an den Eigenschaften nichtlinearer Prozesse, an den dynamischen Vernetzungen innerhalb und zwischen Gruppen und an ökologisch validen Szenarien, sprich an komplexen Problemstellungen in Gesellschaft, Ökonomie und Politik interessiert. Die Alltagserfahrung spricht für diesen

Trend, denn typische Eigenschaften von Gruppen sind etwa spontane und doch hochorganisierte Strukturen, die bindende, »versklavende« Kraft einer hohen Gruppenkohäsion oder bestimmter Rollenerwartungen und die kritisch instabilen Phasen, in denen kleine Ereignisse zum Zünglein an der Waage avancieren, also soziale Schmetterlingseffekte auslösen können. So ist bekannt, wie durch kleine Störmanöver in einer sensiblen Phase (z. B. einer Phase der Umstrukturierung) eine stabile Gruppenordnung gesprengt werden kann. Gruppen können in dreierlei Hinsicht als selbstorganisierende Systeme betrachtet werden (vgl. Brunner u. Tschacher 1991; Langthaler u. Schiepek 1995; Schiepek et al. 1995; Tschacher 1990; Tschacher et al. 1992; Weise 1990):

– makroskopische soziale Muster entstehen aus bio-psycho-sozialen Mikroprozessen;
– Gruppenprozesse verlaufen über Instabilitäten, Symmetriebrüche und Phasenübergänge;
– Gruppen können als operational geschlossene Systeme, die gemäß ihrer Eigenlogik funktionieren und zugleich als zu ihrer Umwelt hin offene Systeme verstanden werden.

Methodisch gibt es viele Zugangswege zu einer dynamischen Analyse von Gruppenprozessen unter der Selbstorganisations-Perspektive. Sofern quantifizierte Zeitreihen über Gruppenprozesse vorliegen, können diese auf qualitative Sprünge hin untersucht werden. Brunner et al. (1994) erhielten solche Zeitreihen beispielsweise über die SYMLOG-Methode (Bales u. Cohen 1982), einer Ratingsskala zur wechselseitigen Fremdbeurteilung von Gruppenmitgliedern.

Eine Feinanalyse des Mikroprozesses in Arbeitsgruppen stellen Schiepek et al. (1995a, b) vor. Sie werteten Kleingruppensitzungen mit der bereits erwähnten Methode der Sequentiellen Plananalyse aus, die allerdings im Gegensatz zur Anwendung auf dyadische Interaktionen in einer Einzel-Psychotherapie modifiziert wurde. Einer Gruppe von fünf Studenten wurde die Aufgabe erteilt, mit Hilfe unterschiedlichen Schreib-, Mal- und Bastelmaterials ein neues, marktfähiges Brettspiel zu erfinden und herzustellen. Im Anschluß an das über zweistündige Gruppengeschehen wurden die

Teilnehmer um eine subjektive Phaseneinteilung des Gesamtprozesses sowie ihre Einschätzung der emotionalen Qualität der einzelnen Abschnitte gebeten.

Die Studie greift auf einen Vorschlag von Krohn und Küppers (1989) zurück, wissenschaftliche Erkenntnisproduktion als Selbstorganisationsprozeß zu beschreiben. Da jedoch die Arbeitsprozesse von Forschergruppen »im Feld« schwieriger zu beobachten sind, wurde hier auf eine Analogsituation, nämlich die Produktion eines Brettspiels durch eine fünfköpfige studentische Arbeitsgruppe zurückgegriffen (Dauer des Prozesses: ca. 2 ½ Stunden). Das Brettspiel wurde als Äquivalent zu einem wissenschaftlichen »Produkt« (Befund, Ergebnis) betrachtet: in beiden Fällen sind Ideen, Annahmen, Entscheidungen, Versuchs- und Irrtumsprozesse sowie materielle Herstellungsschritte erforderlich.

Die Autoren sehen die Entstehung wissenschaftlicher Erkenntnis als »Eigenwert« oder »Eigenlösung« des selbstreferenten kommunikativen Systems »Wissenschaft«. In Anlehnung an ihre Theorie wurde in dieser Studie die Entwicklung der Arbeitsgruppe hin zu einer stabilen Lösung – dem wissenschaftlichen Befund wie dem Produkt des Spiels – als selbstorganisierter kollektiver Problemlöseprozeß verstanden.[11] Das eigentliche Moment der Selbstorganisation wird darin gesehen, wie die Gruppe über unterschiedlichste Vorschläge zu Entscheidungen gelangt: »Bei der Analyse der Videoaufzeichnungen konnte gezeigt werden, daß alle Entscheidungen mit Verweis auf bereits getroffene Entscheidungen gefällt wurden. Der Konstruktionsprozeß erscheint somit operational geschlossen« (Schiepek et al. 1995b, S. 249).

11 Im Sinne der Theorie sozialer Systeme ist der gesamte Kleingruppenprozeß als System zu betrachten, in dessen Verlauf 1. das Spielmaterial, 2. die Spielregeln, 3. die Spielzüge (als Realisierung der Regeln), 4. verschiedene Spielstrategien (als Variationsbreite der Spielzüge) und 5. die Spielidee (Thema, Spieltyp etc.) als Komponenten des Systems selbstreferentiell aufeinander Bezug nehmen. Randbedingungen des Systems sind externe Vorgaben wie »Gebrauchsmusterschutz« (Kriterium der Neuheit) und »Marktfähigkeit« (Kriterium der Originalität).

Darüber hinaus wurde die Dynamik des Gruppengeschehens auch quantitativ ausgewertet, wobei die Autoren den Versuch unternehmen, verschiedene Ausprägungsgrade eines zwischen Individuum und Gruppe gedachten Kontinuums, die sogenannte *Groupness*, zu identifizieren. Das als abgestuft variabel und nicht nur als binäre Größe eingeführte Konstrukt der Groupness wird auf vier Dimensionen operationalisiert: »produktiv vs. unproduktiv«, »angenehm vs. unangenehm«, »entspannt vs. konflikthaft« und »aktiv vs. passiv«. Maximale Groupness liegt dann vor, wenn alle Gruppenteilnehmer die soziale Situation in bezug auf diese Dimensionen gleich einschätzen (Schiepek et al. 1995b, S. 242). Nach Auswertung der subjektiven Einschätzung der Teilnehmer über das Ausmaß dieser Groupness ergab sich folgendes Bild:

»Die vorliegenden Daten sprechen gegen eine Dichotomisierung zwischen Individuum und Gruppe ... Die Teilnehmer dieser ›ad-hoc-Arbeitsgemeinschaft‹ aggregierten sich nicht in einem einmaligen, unwiderruflichen Konsolidierungsprozeß zu einer Gruppe. Es zeigt sich vielmehr, daß die Gruppe immer wieder in Individuen zerfällt, die sich wieder und wieder zu mehr oder weniger ›Gruppe‹ aufbauen. Im Gesamtverlauf überwiegt dabei sogar ›wenig Gruppe‹. Bei dem wiederholten Wiederaufbau der Gruppen kommt es dann zu Wechseln in der Zusammensetzung« (Schiepek et al. 1995b, S. 246). Diese wechselnden Kohärenzmuster sind vielleicht eine Voraussetzung für die Kreativität von Gruppen, da sich so die individuellen Beiträge in immer wieder neuen Kombinationen zu überindividuellen Gruppenleistungen zusammenfinden. Dies würde in Einklang stehen mit dem Hinweis von Endres und Putz-Osterloh (1994), daß sich hohe Gruppenkohärenz nicht unbedingt positiv auf die Gruppenleistung auswirken muß. Unter bestimmten Voraussetzungen kann sie auch zu Fehlentscheidungen führen, die in der Literatur als »Gruppendenken« diskutiert werden, so etwa das »Ausblenden von Kritik durch kollektive Rationalisierung, die Selbstüberschätzung der Gruppe und eine Illusion der Unverwundbarkeit« (Endres u. Putz-Osterloh 1994, S. 57). Die Auflockerung einer hohen Gruppenkohärenz könnte also durchaus positive Effekte auf die Kreativität einer Gruppe haben.

Mit der Frage nach der Leistungsfähigkeit von Gruppen gegenüber einzelnen ist ein altes Thema der Gruppenforschung angesprochen. Beschwor noch Hofstätter (1957) die Überlegenheit der Gruppe, so zeigte sich in vielen Studien, daß bei sehr komplexen Anforderungen Gruppen den besten individuellen Problemlösern zumeist unterlegen sind. Badke-Schaub (1993) untersuchte Unterschiede zwischen einzelnen und Gruppen im Umgang mit dem computersimulierten Szenario einer fiktiven Aids-Ausbreitung in einer Großstadt: Während die erfolgreichsten und die erfolglosesten Regulationsversuche von einzelnen unternommen wurden, tendierten Gruppen zu einem mittleren Leistungsniveau. Sie versagten nicht völlig, konnten die Leistung der erfolgreichsten Einzelkämpfer aber nicht erreichen.

Die Tatsache, daß in der Praxis solche komplexen Entscheidungen nicht einzelnen, sondern Gruppen oder Teams übertragen werden, hat politische, sicherlich auch psychohygienische Gründe: die Verantwortung für besonders schwierige Entscheidungen wird auf mehrere Schultern verteilt und trägt sich damit leichter. Um so relevanter werden dabei Fragen nach Einflüssen der Gruppenstruktur und der Gruppendynamik auf die Problemlösekompetenz solcher Gruppen. Ein Forschungsansatz besteht in der Beobachtung von Gruppenprozessen im Life-Planspiel. In mehreren Studien einer Konstanzer Arbeitsgruppe (Beck 1992; Beck u. Orth 1995; Boos 1996; Boos u. Meier 1993; Boos et al. 1990) wurden umweltpolitische Verwaltungsprobleme simuliert, an denen unterschiedliche Interessenvertreter beteiligt waren. Für die Lösungsfindung wurden den Planspielgruppen unterschiedliche Vorgaben gemacht:
– in der integrativ arbeitenden Gruppe sollten alle Beteiligten zu einer gemeinsamen, von allen getragenen Lösung kommen;
– in der hierarchisch oder ressortspezifisch arbeitenden Gruppe sollte jeder nach Maßgabe seines Interessen- beziehungsweise Zuständigkeitsbereichs entscheiden;
– die Vorgesetztenlösung setzte die klare Entscheidungsbefugnis des ranghöchsten Vorgesetzten voraus.

Boos und Mitarbeiter berichten von Vorteilen der integrativ arbeitenden gegenüber den nach Ressortinteressen handelnden Gruppen. Integrative Gruppen, die zur Kooperation angehalten waren, zeigten eine breitere Lösungssuche und vernetzten ihre Aktivitäten stärker. Endres und Putz-Osterloh (1994) beobachteten Gruppen im Umgang mit computersimulierten Entscheidungsprozessen unter ähnlichen Vorgaben. Sie machten deutlich, daß es für eine erfolgreiche Lösungsfindung in der Gruppe darauf ankomme, »daß eine Person über ein breites Verhaltensrepertoire verfügt und weiß, wann z. B. kooperatives Verhalten und wann der Einsatz von Machtstrategien sinnvoll ist« (1994, S. 69).

Natürlich ist die Frage nach der Generalisierbarkeit der referierten Ergebnisse zu stellen. Der Nachteil computersimulierter Planspiele besteht vor allem darin, daß die Teilnehmer solcher Untersuchungen nicht mit realen Kommunikationspartnern und Ereignissen konfrontiert werden. Die Life-Planspieluntersuchungen von Boos und Mitarbeitern erlauben zwar persönliche Interaktionen, sind allerdings auf ein- bis zweistündige Gruppendiskussionen aufgrund vorgegebener Informationen beschränkt.

Den Aspekt der *Intergruppen*dynamik, also der Abgrenzung und Kooperation zwischen Arbeitsgruppen, untersuchte Beck (1992) unter dem Einfluß der Variablen »Bedeutsamkeit der Gruppenzugehörigkeit für die Teilnehmer (soziale Identität)«, »Unterscheidbarkeit der Gruppen (soziale Abgrenzung)« und »Gruppenzugehörigkeit des Empfängers einer Interaktion (Intergruppendynamik)«.

Einen großen regulierenden Einfluß hatte die Variable »Streben nach positiver sozialer Identität«, was an die Rolle eines Kontrollparameters denken läßt. Mit steigendem Streben nach sozialer Identität beobachteten Beck und Orth (1995) in den Gruppen einen strukturbildenden Prozeß, nämlich eine »Rollendifferenzierung zwischen aufgabenorientierten und freundlichen Verhaltensweisen« (1995, S. 103). Aber auch ihre Planspieluntersuchungen sind zeitlich sehr begrenzt und finden vor dem Hintergrund stark eingeschränkter, vorgegebener Kontexte statt. Dadurch wird zwar die quasi-experimentelle Variierbarkeit von Variablen gewährleistet, doch geht dies zu Lasten der externen Validität, also der Realitätsnähe der Untersuchungen. Längere und komplexere Interaktionen oder informelle persönliche Kontakte, die für Entscheidungsprozesse in Verwaltungssystemen bekanntlich sehr wichtig sind, entstehen dabei nicht. Dafür wären längere und ungestörtere Planspielszenarien notwendig, wie sie etwa Langosch (1991) realisierte. Er kann von einem hohen Gewinn an praxisbezogener Erfahrung der teilnehmenden Studenten und Führungskräfte berichten. Allerdings verzichtete er auf eine detaillierte wissenschaftliche Auswertung der Spiele.

Hier setzt unser eigener Ansatz an, mit Hilfe der Methode des Systemspiels natürliche, komplexe soziale Systeme möglichst realitätsnah zu simulieren und einer dynamischen Feinanalyse zu unterziehen.

Systeme spielen: Grundlagen, Konstruktion und Durchführung von Systemspielen

In diesem Kapitel wenden wir uns nun dem kreativen und spielerischen Umgang mit dynamischen Systemen im Systemspiel zu. Die Systemspielmethode greift unmittelbar auf das klassische Planspiel zurück, wurde aber im Hinblick auf die Theorie dynamischer Systeme modifiziert. Um diese Veränderungen verständlich zu machen, wollen wir zunächst den Zusammenhang zwischen dem Phänomen des Spiels und unseren systemtheoretischen Praxis- und Forschungsinteressen erläutern, ehe wir die konkrete Gestaltung und Durchführung von Systemspielszenarien beschreiben.

Spielen als Simulation und Lernfeld sozialer Komplexität

Daß sich der Mensch in sozialen Beziehungen tummelt und damit oft genug seine Schwierigkeiten hat, ist eine Grunderfahrung, und dies nicht erst, seit sich die Psychologie als Expertin für solche Fragen ausgibt. Wie lernt man, sich in solchen Beziehungsgeflechten zurechtzufinden? Eine Antwort ist phylogenetisch wie ontogenetisch im Spiel, vor allem im Rollenspiel zu finden. In dieser Grundform menschlichen Handelns experimentiert der Mensch mit reduzierter sozialer Komplexität. Das Spiel grenzt mit seinen definierten Regeln einen »Schonraum« ein, innerhalb dessen soziale Realität vorweggenommen oder nachgestaltet werden kann.

Kinder experimentieren mit Erwachsenenrollen, Erwachsene schlüpfen in die Haut eines Kindes. Schon im kindlichen Spiel werden in diesem Schonraum soziale Fertigkeiten erworben. Nichts liegt also näher, als das Spiel auch für die gezielte professionelle Kompetenzvermittlung zu nutzen. Zwei Funktionen des Spiels begründen also unsere Wahl: (a) Das Spiel als Simulation sozialer Realität; (b) das Spiel als Lernfeld für Selbsterfahrung und Kompetenzerwerb.

Spielen ist Simulation von Realität (»Als-ob«-Realität). Dabei intendiert es keine Widerspiegelung von Realität, sondern schafft eine eigene, neue Realität, einerseits mit den Merkmalen des realen Vorbilds, andererseits aber auch mit Variationen. Wie beim Prototyp eines neu zu konstruierenden Fahrzeugs im (computersimulierten) Windkanal werden auch beim Spiel immer wieder die Konstruktions- oder Erzeugungsregeln der Simulation mit der angezielten Realität verglichen. Erscheinen einem diese Regeln einigermaßen übereinzustimmen, so werden aus der Simulation Konsequenzen für die Realität außerhalb der Simulation abgeleitet, sei es dafür, wie man windschnittige Fahrzeuge, sei es, wie man funktionstüchtige Beziehungskisten baut (Portele 1977). Simuliert ein Spiel soziale Systeme, so muß es also auch die Merkmale solcher Systeme tragen.

Heckhausens (1964) Analyse des spontanen kindlichen Spiels kann als Beschreibung eines selbstorganisierenden Systems gelesen werden. Die kindliche Neugierde betrachtet er als den inneren Motor, das Energiereservoire für das Spielverhalten. In synergetischer Terminologie könnten wir sie als Kontrollparameter verstehen. Sie hält einen eigendynamischen, zyklischen Ablauf aufrecht, den Heckhausen »Aktivierungszirkel« nennt: »Spannung, Lösung, Erleichterung«. Der Bezug zwischen Kind und Umwelt ist dynamisch und verändert sich stets, indem das Kind etwa Umwelterfahrungen neu bewertet und Ziele revidiert, denn Ziele dienen dazu, »die um ihrer selbst willen intendierte Handlung in Gang zu halten« (Heckhausen 1964, S. 227).

Über die Realität des Kinderspiels gibt es zahlreiche wissenschaftliche Abhandlungen (z. B. Flitner 1996; Mogel 1994; Oerter 1982), die wir hier nur sehr selektiv aufgreifen wollen. Für unsere

Fragestellung interessant ist vor allem das Spiel mit sozialen Rollen, wie es spontan bereits bei Kindern im Vorschulalter als strukturiertes Vater-Mutter-Kind-Spiel gespielt wird, später in Form verschiedener Sand- und Bauspiele, typischer Mädchen- und Jungenspiele, Kampfspiele oder dem Nachspielen von Schule. Jeder, der Kindern beim intensiven Spielen zuschaut, weiß: Das Spiel ist eine ernste Sache und folgt seinen eigenen Regeln (von Uslar 1996). Gerade das Rollenspiel ist als Simulation dadurch so realitätsnah, daß es ein eigenes dynamisches System ausbildet, das den Gesetzen realer Systeme folgt. So erscheinen den Spielern Gefühle, Rollenerwartungen oder typische Verhaltensmuster manchmal erschreckend echt. Der Unterschied zu echten Erfahrungen kann in einem intensiven Rollenspiel bis zur Unkenntlichkeit verschwinden.

Um den Schonraum des Spiels zu wahren, muß es daher gewissen Regeln folgen, die es von der »Realität« abgrenzen. So müssen Anfang und Ende des Spiels klar definiert werden, gewisse Ernstfälle (Gewalt, Strafen) ausgeschlossen werden und die Teilnehmer hinterher gemeinsam in Distanz zum Spiel treten können.

Als zweiten Aspekt des Spielens haben wir die Möglichkeit von Selbsterfahrung und Kompetenzerwerb genannt. Beim spielerischen Umgang mit sozialen Rollen lernen Menschen nicht einfach nur soziale Spiel-Regeln kennen. Sie erfahren zugleich, wie sie sich als Person in bestimmten sozialen Situationen verhalten und wie ihr Verhalten auf andere Personen und auf Handlungsabläufe wirkt. Dem Rollenspiel kommt also eine doppelte Funktion zu: Erstens erfährt der Spielende, wie Rollen und Beziehungsformen entstehen, aufrechterhalten werden oder sich verändern. Er ist *Beobachter* des Systems. Gleichzeitig ist er aber auch *Teilnehmer,* Mitglied des Systems. Er greift in die Spieldynamik ein – und sei es durch Nichtstun – und erfährt die Wirkungen seines Handelns im System darüber, wie sich andere ihm gegenüber verhalten. Diese Rückmeldungen über seine Wirkung auf die Umwelt ermöglichen einem Menschen die Erfahrung von Identität. Der Mensch geht keineswegs im System auf, er entwickelt vielmehr seine Identität erst in der Auseinandersetzung mit seiner sozialen Umwelt. In diesem Sinne ermöglichen Rollen-, Plan- und Systemspiele *kontextbezogene Selbsterfahrung.*

Wir stoßen also im Spiel auf zwei Antinomien oder Paradoxien. Erstens: Das Spiel simuliert Realität und erzeugt dadurch seine *eigene* Realität. Zweitens: Der Spieler ist gleichzeitig Beobachter und Mitglied des Systems. Es sei daran erinnert, daß Antinomien und Paradoxien in komplexen Systemen nichts Ungewöhnliches sind. Sie entstehen aus der logischen Figur der Selbstreferenz. Diese doppelte Funktion des Spiels legt es nahe, daß es als Probehandeln in geschützten (Spiel-)Räumen für gezielte therapeutische oder pädagogische Inszenierungen genutzt wird, denken wir an Iljines Therapeutisches Theater (Petzold 1982), an Kellys »Fixed Role Therapy« (Bannister u. Fransella 1981) oder an das Psychodrama nach Moreno (1924, 1959).[12] Rollenspiele in dieser Funktion sollen Menschen daran erinnern, daß die soziale Welt »behandelbar« ist, eine Grundhaltung, die auch Berthold Brechts episches Theater anzielt, wenn es versucht, den Zuschauer »zum *Begreifen* für das *Eingreifen* zu befähigen« (Portele u. Schmidt 1976, S. 458). Als Lerneffekt soll ein pädagogisch oder therapeutisch inszeniertes Spiel also gerade nicht die Ohnmacht des einzelnen gegenüber den Mächten des Systems propagieren. Einsicht in soziale Zusammenhänge soll gepaart werden mit dem Erleben eigener Einflußmöglichkeiten. Wer eine dieser beiden Seiten vernachlässigt, kann sich nur entweder als Opfer oder allmächtig fühlen.

Möglichkeiten, das Wechselverhältnis zwischen Person und Umwelt verstehbar zu machen, bietet die Synergetik: Soziale Muster (Ordner) werden von Menschen und Gruppen kollektiv geschaffen und verändert, nehmen aber, sind sie einmal etabliert, Einfluß auf deren Verhalten, ziehen es in ihren Bann. Indem wir unsere sozialen Bewegungsfreiheiten einsetzen, schaffen wir die für Veränderung notwendigen Variationen. Manchmal reichen für größere Veränderungen kleine Fluktuationen aus, die sich kaskadenartig

---

12 Die Bandbreite therapeutisch oder pädagogisch genutzter Rollenspielvarianten liegt zwischen frei improvisiertem Stegreiftheater und höchst strukturierten, geradezu programmierten Rollenspielanleitungen, wie sie vielen Selbstsicherheitstrainings zugrunde liegen (wie etwa dem Assertiveness Training Program von Ullrich und Ullrich de Muynck 1976).

ausweiten und neue Ordner ins Spiel bringen können. Natürlich ist
die persönliche Bewegungsfreiheit durch äußere Bedingungen immer mehr oder weniger eingeschränkt.

Die Bedeutung des Spielens in und mit sozialen Systemen sollte
damit hinreichend deutlich geworden sein: Das Spiel simuliert
nicht nur realitätsnah soziale Systeme, es ist selbst ein dynamisches
System, das spontan eigene soziale Muster entwickelt. Dadurch
erfahren sich Menschen im Spiel selbst: Sie erfahren sich selbst
über die Wirkungen ihrer Handlungen, und sie erleben die dialek-
tische Spannung zwischen »Mitgliedschaft« (Eingebundensein in
das System) und »Täterschaft« (Handlungsfreiheit und Gestal-
tungsmöglichkeiten). Damit ist das Spiel das prädestinierte Lernfeld für die Ausbildung sozialer Kompetenzen im Umgang mit
komplexen Systemen (Systemkompetenz).

Vom Planspiel zum Systemspiel

All dies legt es nahe, sich einer komplexen Form des Rollenspiels,
nämlich des Planspiels, zu bedienen, um die Charakteristika dynamischer Systeme auf der Ebene des Handelns und Erlebens erfahr-
bar zu machen. Die so intendierte Durchführung von Planspielen
hat eine lange Tradition, sowohl in therapeutischen Kontexten, als
auch in der Sozialpsychologie. Planspiele erlauben die Beobachtung längerdauernder Beziehungsdynamiken zwischen Personen,
Gruppen und Institutionen innerhalb eines relativ strukturierten
und kontrollierten organisatorischen Rahmens. Dies begründet die
Bedeutung des Planspiels in der empirischen Kleingruppenforschung.

Die Tradition des Planspiels reicht zurück auf militärische Sand-
kastenspiele. In der Wirtschaft wurde die Idee des Planspiels aufgegriffen, um mit Hilfe von Unternehmensplanspielen komplexe
Organisationsprozesse zu simulieren. Im schulischen und pädagogischen Anwendungsbereich werden Planspiele zur Realisierung
emanzipatorischer Bildungsideale durchgeführt (vgl. Kaiser 1976,
S. 102 ff.; Lehmann 1977; Schwäbisch u. Siems 1974, S. 322–

326). Im Mittelpunkt stehen zum einen das spielerische Erproben von Planungs- und Entscheidungsprozessen und zum anderen der Umgang mit zwischenmenschlichen Konflikten, die bei solchen Prozessen zu bewältigen sind (Fuchs 1978; Lehmann u. Höns 1978; Reinisch 1975).

Planspiele sind Life-Simulationen der Beziehungsdynamik mehrerer Personen, Gruppen und Institutionen. Der Zweck von Planspielen ist es,

– Verständnis für den Ablauf von Planungs- und Entscheidungsprozessen in größeren Systemen zu erzeugen;
– innovative Entwicklungen anzuregen, etwa neue Kooperationsformen oder organisatorische Veränderungen in Institutionen zu erproben;
– Kompetenzen im Umgang mit Planung und Entscheidung sowie im Umgang mit den dabei auftretenden Konflikten zu vermitteln (vgl. Schiepek 1991, S. 202).

Planspiele, die primär auf das faktische Ergebnis, das die Teilnehmer erzielen, abheben, nennen wir *ziel-* oder *ergebnisorientiert*. Sie haben oft Wettbewerbscharakter und es gibt klare Erfolgs- und Mißerfolgskriterien. Ein Planspiel, bei dem die Erfahrung und Auswertung des gesamten Interaktionsprozesses im Vordergrund steht, nennen wir *prozeßorientiert*. Hier werden individuelle Spielstrategien sowie der Umgang mit Konflikten zum Thema gemacht. Das Spiel gewinnt einen pädagogischen oder Trainingscharakter.

Unter der Perspektive der Selbstorganisation gilt es nun, darauf zu achten, daß der Spielfluß weitgehend dem System selbst überlassen wird. Hierin liegt der entscheidende Unterschied zwischen dem Systemspiel und dem Planspiel. Unser Beobachtungsinteresse richtet sich stärker auf die gesamte Beziehungsdramaturgie als auf das faktische Ergebnis von Planungs- oder Entscheidungsprozessen. Das Spiel soll reale Dynamiken möglichst wirklichkeitsgetreu simulieren. Es soll sich selbst zu einem System entwickeln, das zur spontanen Ausbildung sozialer Regeln und Muster fähig ist. Fragen, die das Interesse beim Systemspiel leiten, sind etwa: Wie entstehen Ziele? Wie gelangt das System zu Entscheidungen? Welchen Wegen folgt es, bis es zu stabilen Lösungen gelangt? Was erleben die beteiligten Personen auf diesen Wegen? Welchen Beitrag leistet der einzelne dabei für das Gesamtsystem? Wo machen sich die Möglichkeiten und Grenzen individueller Gestaltungs- und Planungsabsichten bemerkbar?

Schon bei den ersten Planspieldurchführungen mit Studenten an der Universität Bamberg 1987 wurde deutlich, daß die gängigen theoretischen Modelle zielgerichteten, geplanten Handelns für das Geschehen in Planspielen kaum angemessen sind. Die idealisierte Vorstellung eines sequentiellen Ablaufs von Planungsprozessen vom Plan zur Ausführung, von der Erfolgskontrolle und Ergebnisrückmeldung zur Zielerreichung läßt sich in Planspielen kaum beobachten. Das Schicksal von Plänen – sofern Spielbeobachter ernsthafte Planung überhaupt erkennen (»Pläne tauchen als geschlossenes Ganzes bei keiner der analysierten Spielgruppen auf«, Cumpelik 1985, S. 150) – ist es oft, im Sande zu verlaufen oder als Absichtsbekundungen perpetuiert, aber nicht in Handeln umgesetzt zu werden. Diese Beobachtungen überraschen nicht länger, wenn man sich klarmacht, daß auch Planspiele den Gesetzen komplexer, dynamischer Systeme folgen und damit dieselben Erfahrungen unvorhersehbarer, kontraintuitiver Wirkungen erzeugen, über die wir im ersten Kapitel berichtet haben. Für uns hatte das zwei Konsequenzen: erstens die Abkehr von der Begrifflichkeit des Planspiels hin zum Systemspiel, zweitens die Einführung einiger Varianten hinsichtlich der Konstruktion und Durchführung von Systemspielen.

Das Spielszenario »Psychosoziale Versorgung«

Gisi und Schiepek (1989) entwarfen ein Systemspielszenario, das Ausschnitte aus typischen psychosozialen Helferstrukturen simuliert. Dieses Spiel wurde in den vergangenen Jahren insgesamt siebenmal in vergleichbarer Form durchgeführt: Vorstudien fanden an den Universitäten Bamberg und Bern statt, weitere Realisationen einmal an der Universität Fribourg/Schweiz, dreimal an der Universität Münster (vgl. ausführlich Manteufel 1996; Rott u. Wewers

1996), einmal an der Universität Oldenburg. Die Ergebnisse, über die wir im folgenden berichten, beziehen sich auf die Systemspieldurchführungen in Münster und Fribourg.[13]

Das Systemspiel »Psychosoziale Versorgung«, in das Erfahrungen des an der Universität Bamberg von Ruschig und Schiepek (1987) entworfenen Planspiels »Mehrgenerationenfamilie und psychosoziale Versorgung« eingingen, kreist um ein Erziehungsheim. Innerhalb des Heims sieht das Szenario vier jugendliche Heimbewohner und ein Team von Mitarbeitern vor, außerhalb des Heims das Elternpaar eines der Jugendlichen sowie Vertreter der Institutionen Jugendamt und Kinder- und Jugendpsychiatrie. Der Teilnehmerkreis kann somit in fünf Teilgruppen (Heimjugendliche,

Klientensystem	Professionellensystem
Jugendliche Heimbewohner der Gruppe »Rolling Stones«:	*Heimmitarbeiter:*
Peter Köhler	Franz Rupprecht (Leiter)
Freddi Müller	Monika Seibold (Erziehungs-
Astrid Berger	leiterin)
Sabine Sauer	Karin Huber (Heimpsychologin)
	Veronika Maier (Gruppenleiterin der »Rolling Stones«)
	Manuela Probst (Praktikantin im Anerkennungsjahr)
	Otto Kaltenegger (Leiter der Werkstatt)
Eltern:	*Jugendamtsmitarbeiterinnen:*
Helga Köhler	Julia Jelloncek
Manfred Köhler	Marion Neumann
	Kinder- und Jugendpsychiatrie: Dr. Hermine Weinberger

Abb. 8: Teilsysteme des Systemspiels »Psychosoziale Versorgung« mit den beteiligten fiktiven Personen

13 An der Universität Salzburg fand das Spiel jüngst unter der Federführung von Dr. Elisabeth Ardelt mit einer wesentlich größeren Teilnehmergruppe und daher in erheblich abgewandelter Form statt.

Heimmitarbeiter, Eltern, Jugendamt, Kinder- und Jugendpsychiatrie) oder in zwei Teilgruppen (Betreute oder Klienten und Professionelle) unterteilt werden. Die Rollen werden auf fünfzehn Teilnehmer verteilt. Abbildung 8 stellt die Teilsysteme des Szenarios
zusammen und gibt gleichzeitig einen Überblick über die am Spiel
beteiligten fiktiven Personen und ihre (frei erfundenen) Spielna-
men.

Jeder Teilnehmer erhält eine Rollenbeschreibung von einer
DIN-A4-Seite. Sie enthält knappe Angaben über die fiktive Person
und deren berufliche Rolle. Außerdem wird in der Beschreibung
mitgeteilt, welche anderen Personen des Szenarios ihr zu Beginn
des Spiels bereits bekannt sind. In den Rollenbeschreibungen sind
einige persönliche oder rollenbezogene Konflikte angelegt, um die

Das Ausgangsszenario des Systemspiels »Psychosoziale
Versorgung«

Der 16jährige Peter Köhler lebt seit drei Jahren zur Fürsorgeerziehung im »Martin-Luther-Heim«. Zu Beginn des Spiels befindet er
sich zur Beobachtung und Gutachtenerstellung bezüglich seines weiteren Verbleibs in der kinder- und jugendpsychiatrischen Abteilung
des Bezirkskrankenhauses. Die Eltern, vor allem der arbeitslose Vater, drängen darauf, ihren Sohn wieder nach Hause zu holen. Im Heim
lebt Peter zusammen mit drei anderen Jugendlichen (Freddi Müller,
Sabine Sauer, Astrid Berger) in einer Gruppe, die sich »Rolling Stones« nennt. Sie wird von der Erzieherin Veronika Maier zusammen
mit der Erziehungspraktikantin im Anerkennungsjahr, Manuela
Probst, geleitet. Deren Vorgesetzte ist die Erziehungsleiterin Monika
Seibold. Die Heimpsychologin Karin Huber betreut die Jugendliche
Sabine Sauer in Einzeltherapie, kennt aber auch die anderen Jugendlichen der Gruppe »Rolling Stones«. Sabine und Freddi arbeiten in
der heimeigenen Werkstatt, die von Otto Kaltenegger geleitet wird.
Heimleiter schließlich ist Franz Rupprecht, der die diakonische Einrichtung nach christlichen Grundsätzen zu leiten versucht.

Die Vertreter des Jugendamts, Herr Jelloncek und Frau Neumann,
benötigen von den Erzieherinnen der Gruppe Erziehungsberichte
über die Jugendlichen, um über die Verlängerung der Kostenübernahme ihrer Heimaufenthalte zu entscheiden. Außerdem stehen sie
mit den Jugendlichen wegen ihrer beruflichen Zukunft in Kontakt.

Spieldynamik in Gang zu setzen. Zur inhaltlichen Orientierung geben wir eine geraffte Zusammenfassung der Ausgangssituation des Spielgeschehens.

Zu Beginn des Spiels erhält das Ehepaar Köhler einen Raum als »Wohnung«, die Jugendlichengruppe bekommt einen Gruppenraum zugewiesen, ein eigenes Büro erhalten die Heimpsychologin und die Erziehungsleiterin. Natürlich residiert auch der Heimleiter in einem eigenen Raum, ebenso die Mitarbeiter des Jugendamts. Der Werkstattleiter beginnt das Spiel in seiner »Werkstatt«, in der auch Jugendliche mitarbeiten sollen. Peter und die Kinder- und Jugendpsychiaterin beginnen das Spiel in der psychiatrischen Klinik.

Die Rollenbeschreibungen sind bewußt knapp gehalten, um die persönliche Ausgestaltung und Weiterentwicklung der Rollen im Spielverlauf zu ermöglichen. Die Spieldynamik soll zwar angeregt, andererseits so wenig wie möglich durch die Rollenvorgaben

---

Name: Peter Köhler   Alter: 16 Jahre

Situation:
Ich bin seit drei Jahren in der Gruppe »Rolling Stones« hier im »Martin-Luther-Heim« und habe mich gut eingelebt. Mit meinem Zimmerkollegen Freddi bin ich gut befreundet. In meiner Gruppe gibt es noch zwei Mädchen, die Sabine und die Astrid.
Seit einer Woche bin ich in der Kinder- und Jugendpsychiatrie zur Beobachtung, weil unklar ist, ob ich weiter im Heim bleiben oder wieder bei meinen Eltern leben soll. Ich selbst bin mir nicht sicher, was mir besser gefallen würde.
Ich darf zwar hier auch am Wochenende nicht wegfahren, kann aber besucht werden.

Sachinformation:
Ich weiß von der Existenz folgender Personen:
– Jugendliche der Gruppe »Rolling Stones«: Freddi Müller, Sabine Sauer, Astrid Berger
– Gruppenleiterin: Veronika Maier
– Berufspraktikantin: Manuela Probst
– Meine Eltern: Papa Manfred und Mama Helga Köhler
– Mitarbeiterin der Psychiatrie: Dr. Hermine Weinberger

eingeengt werden, da es ja gerade um die Beobachtung der unge-
steuerten Beziehungsdramaturgie im Spiel geht. Zur Erleichterung
der Identifizierung sind die Rollen als positive Selbstbeschreibung
in der Ich-Form gehalten. Beispielhaft geben wir hier die Rollenbeschreibung für den Jugendlichen Peter Köhler wieder, der im
Ausgangsszenario eine zentrale Position einnimmt.

Es geht nun im Spiel nicht um ein besseres oder schlechteres, erfolgreiches oder erfolgloses Abschneiden. Das Szenario läßt bewußt offen, welche Ziele, Konflikte oder Erfolgskriterien im Spiel
entstehen. Trotz des konstanten Ausgangsszenarios variiert daher
der inhaltliche Ablauf eines jeden Systemspiels in Abhängigkeit
von der Teilnehmergruppe. Eines ist also bereits klar: Es handelt
sich *nicht* um ein Vorgehen im Sinne eines naturwissenschaftlichen
Laborexperiments. Jedes Systemspiel ist ein neues Ereignis, ein
»Systemeinzelfall«.

Die Konstruktion des Szenarios zielt darauf ab, Rollen und Be-
ziehungskonstellationen zu formulieren, wie sie für psychosoziale
Helfersysteme typisch sind. Es treffen hilfesuchende Klienten auf
professionelle Helfer aus unterschiedlichen Institutionen, in denen
Rollenzuteilungen und berufliche Hierarchien vorgegeben sind.
Bewußt sind in den Rollenbeschreibungen Diskrepanzen zwischen
der Selbstbeschreibung und der Fremdwahrnehmung durch andere
Personen angelegt. Damit enthält das Szenario die wesentlichen
Ingredienzien, um Dynamiken der Konkurrenz und der Kooperation, Konflikte und Koalitionen anzustoßen, sowohl innerhalb von
Teilsystemen als auch zwischen diesen. Es kommt in den Spielen
sowohl zu Begegnungen von Person zu Person, als auch zu Begegnungen zwischen Gruppen und Teilsystemen. Damit sind die typischen Voraussetzungen komplexer, dynamischer, vielschichtiger
und im Ausgang unvorhersehbarer Systeme gegeben.

Organisation und Durchführung von Systemspielen

Im folgenden beschreiben wir die Organisation und Durchführung der Systemspiele, die dieser Arbeit zugrunde liegen. Es wurde darauf geachtet, die räumlichen und zeitlichen Ausführungsbedingungen der Spiele möglichst übereinstimmend zu gestalten.

Spielorte und Teilnehmer

Die Spieldurchgänge, über die wir berichten, fanden in Fribourg (Schweiz) vom 31.1.–1.2.1992 und in Münster/Westfalen vom 18.–20.6.1992, vom 19.–21.1.1995 und vom 4.–6.7.1996 an den Psychologischen Instituten der jeweiligen Universitäten statt. Teilnehmer waren überwiegend Studentinnen und Studenten der Psychologie in fortgeschrittenen Semestern. Für sie wurde das Spiel als Bestandteil eines Schwerpunktseminars zur Systemtheorie oder zur lösungsorientierten Kurzzeittherapie nach de Shazer (1989)[14] angeboten.

Spielort war jeweils ein Gebäudetrakt des Universitätsinstituts. Ein Raum blieb für die Spielleitung sowie die Vor- und Nachbesprechungen reserviert. Die Teilnehmer erhielten einzeln oder in Gruppen ihre Räume zugewiesen, die per Telefon miteinander verbunden waren. Jeder konnte jeden anrufen. Es sei allerdings daran erinnert, daß die Teilnehmer zu Beginn des Spiels nicht von der Existenz aller anderen besetzten Rollen wissen. Natürlich können sich im Spiel schnell alle miteinander bekannt machen. Manche Teilnehmer lernen sich zu ihrer Überraschung erst in der Nachbesprechung kennen. Das Geschehen spielte sich nicht nur in den Räumen, sondern ebenso auf den Gängen und in anderen Teilen des Gebäudes, teilweise sogar außerhalb des Instituts ab. So wur-

---

14 Der lösungsorientierte Ansatz vermittelt ein konstruktives, wohlwollendes und Kooperation förderndes Interaktionsverhalten, das sich auf die konkreten Anliegen der Interaktionspartner konzentriert. Es zeigte sich im anschließenden Systemspiel, wie wertvoll diese Voraussetzungen für die Kooperation im Spiel sind.

den von den Teilnehmern etwa reale Einkäufe oder ein Museums-
besuch als Gruppenaktivität der »Rolling Stones« in das Spielgeschehen integriert.

Die Jugendlichengruppe des Münsteraner Systemspiels vom Januar 1995
büchste aus dem Heim aus, um außerhalb des Instituts in den Straßen
Münsters tätig zu werden. Im Heim debattierten währenddessen die Betreuungspersonen über das weitere Schicksal ihrer Zöglinge. Rott und Wewers beschreiben in ihrer Diplomarbeit diese Episode folgendermaßen:
»Während der Sitzung inszenieren die Jugendlichen einen Ladendiebstahl
und kommen mit der Inhaberin des Geschäftes in das Heim. Diese be-
schwert sich beim Heimleiter. Der Diebstahl (Peter stiehlt einen Teddy für
Sabine) bietet den Jugendlichen untereinander Gesprächsstoff und ein
größeres Gefühl der Solidarität. Sie bekommen dadurch mehr Zuwendung
von den Betreuern und bereden den Vorfall mit Frau Maier und Frau
Probst. Nach dieser gemeinsamen Aktion kommt es zu mehreren informellen Kontakten zwischen den Jugendlichen. Sie planen, in die ›Rocky
Horror Picture Show‹ zu gehen« (Rott u. Wewers 1996, S. 54). Die echte
Ladeninhaberin wurde von den studentischen »Jugendlichen« natürlich
für ihren Auftritt beim »Heimleiter« instruiert.

Der zeitliche Ablauf der Systemspiele

Vor Spielbeginn wird die Teilnehmergruppe in das Szenario und
die Organisation des Spiels eingeführt. Es ist günstig, bereits im
weiteren zeitlichen Vorfeld des Spiels eine Vorbesprechung durchzuführen, bei der die Aktions- und Belastungsprotokolle besprochen und ausgeteilt werden. Die Spieler können dann die Dokumentation von Interaktionen im Alltag erproben. Die unmittelbare
Vorbesprechung kann dadurch verkürzt werden und sich auf die
Klärung letzter Unsicherheiten anhand dieser Vorerfahrungen be-
schränken. Nach der Ausgabe der Rollenbeschreibungen verteilen
sich die Teilnehmer in die für sie vorgesehenen Räume, in denen
sie bereits Blanko-Protokolle (Aktions- und Belastungsprotokolle)
vorfinden. Das Spiel beginnt.
    Der Zeitplan des Systemspiels sieht vor, daß die Teilnehmer in
einer Realzeit von zehn Spielstunden eine fiktive Arbeitswoche mit
fünf Tagen simulieren. Nach jeweils zwei Spielstunden (einem fik-

Zeitplan Systemspiel »Psychosoziale Versorgung«,
Münster 18.–20.6.1992

Donnerstag:
09.00–10.30 h: Allgemeine Einführung, Spiel- und
Rolleninstruktionen
10.30–12.30 h: 1. fiktiver Spieltag (Montag)
12.30–13.45 h: Mittagspause
13.45–15.45 h: 2. fiktiver Spieltag (Dienstag)
15.45–16.00 h: Kaffeepause
16.00–18.00 h: 3. fiktiver Spieltag (Mittwoch)

Freitag:
09.00–11.00 h: 4. fiktiver Spieltag (Donnerstag)
11.00–11.15 h: Pause
11.15–13.15 h: 5. fiktiver Spieltag (Freitag)
13.15–14.45 h: Mittagspause
14.45–18.00 h: Nachbesprechung

Samstag:
09.00–15.00 h: Fortsetzung der Nachbesprechung (open end)

tiven Tag) wird eine Pause eingelegt, die nicht nur der Erholung, sondern auch der Fortführung der Interaktionsdokumentation über Aktions- und Belastungsprotokolle (s. u.) dient. In den kurzen und längeren Spielpausen sorgt die Spielleitung dafür, daß alle Teilnehmer ausreichend mit Blanko-Protokollen versorgt sind. Nach Abschluß des gesamten Spiels findet im Anschluß an eine kurze Pause die ausführliche Nachbesprechung mit allen Teilnehmern statt.

Bei der Konstruktion von Systemspielen ist das Verhältnis zwischen Realzeit und Fiktivzeit sorgfältig zu bedenken. Für Forschungszwecke ist es von besonderem Interesse, längere Sequenzen zu simulieren. Die Diskrepanz zwischen Real- und Fiktivzeit darf aber nicht zu groß sein, da sonst keine natürlichen persönlichen Begegnungen zustandekommen. Die Spieler müssen zwar in den zehn Spielstunden eine fiktive Woche spielen, einzelne Gespräche und Sitzungen können allerdings nur in Echtzeit stattfinden.

Der Heimleiter des Fribourger Systemspiels beschrieb seine Zeitprobleme zu Beginn des Spiels, ehe er sich daran gewöhnt habe, innerhalb der »fik-

tiven« Tage in »echten« Minuten und Stunden zu spielen. Gerade für den
Beginn des Spiels konstatierte sein Kollege eines anderen Systemspiels
(Juli 1996): »Der Zeitdruck durch das Stauchen eines Arbeitstages auf
zwei Stunden war enorm.« Während insbesondere die Heimleiter diesen
Druck verspürten, verbrachten andere Rolleninhaber manchmal die ersten
Spielstunden abseits vom Spielgeschehen und warteten sehnsüchtig auf
Kontakte, so der »Werkstattleiter« des ersten Münsteraner Systemspiels,
der später feststellen mußte: »Ich bin nicht ins Spiel gekommen«. Er war
der einzige Teilnehmer, der mit dieser Begründung das Spiel vorzeitig beendete, was von den meisten seiner Mitspieler gar nicht zur Kenntnis genommen wurde. Auch wenn vermutet werden kann, daß eine relativ isolierte Position innerhalb des Szenarios den Teilnehmern solche »Start-
schwierigkeiten« beschert, kann sie auch ganz anders genutzt werden. So
entwickelte ein Hausarzt in einem früheren Systemspiel »Schulpsychologischer Dienst« aus einer ähnlich isolierten Ausgangsposition heraus im
Spielverlauf eine zentrale Stellung als Ansprechpartner für die anderen
Beteiligten.

Die Vor- und Nachbesprechungen

In der Vorbesprechung erhalten die Teilnehmer Einblick in die Forschungsinteressen und in den organisatorischen Ablauf und bekommen dann ihre Rolle einzeln zugeteilt. Inwieweit die Rollenzuwei-
sung zufällig, gesteuert oder nach Wünschen der Teilnehmer erfolgt, liegt im Ermessen der Spielleitung. Vorher muß die
Geschlechterverteilung der Rollen festgelegt werden. Sie ergibt sich
aus der Zusammensetzung des Teilnehmerkreises. Manchmal mußten einzelne Rollen transferiert werden; so konnte aus Peter Köhler
problemlos eine Petra Köhler werden. Die Teilnehmer werden dann
in das Ausfüllen der Aktionsprotokolle und Belastungsbögen eingeführt und um sorgfältiges Bearbeiten dieser Bögen gebeten.
Wichtig ist das exakte Einhalten der Spiel- und Pausenzeiten. Zur
Sicherstellung exakter und übereinstimmender Zeitangaben auf den
Bögen wird vor Spielbeginn ein Uhrenvergleich vorgenommen.
   Die Nachbesprechung ist ein wesentlicher Bestandteil des Systemspiels, zunächst einmal nicht aus Forschungsinteressen heraus, sondern als Auffangbecken der Emotionen, die in einem derart
intensiven Rollenspiel entstehen. Zu Beginn der Nachbesprechung

Struktur der Nachbesprechung von Systemspielen

1. Ausstieg aus dem Spiel, Einstieg in die Rekonstruktion

Ritualisierte Rollenentlassung; erste spontane Eindrücke der Teilnehmer, erstes Luftablassen nach dem Spiel, Vorlesen aller Rolleninstruktionen.

- Leitfragen: Was machten Sie aus Ihrer Rolle? Was wurde zu dem, was in den Rollenvorgaben stand, ergänzt oder verändert, was war vorgegeben, was inszeniert? Wie stark identifizierten Sie sich mit ihrer Rolle?

2. Rekonstruktion des Spielgeschehens, sowohl auf der Inhalts- als auch auf der Beziehungsebene

Die Schilderungen des Spielablaufs können zunächst von den Teilgruppen erfragt werden. Die Äußerungen der Teilnehmer werden zu einem Gesamtbild, zu einem Drehbuch des Spiels zusammengeführt und ergänzt. Dann können Fragen nach der Beziehungsdynamik im Spiel gestellt werden.

- Leitfragen: Zu welchen anderen Personen entwickelte sich im Spiel eine größere Nähe oder Distanz (dies kann z. B. mittels Beziehungsskulpturen veranschaulicht werden, die Teilnehmer können die erlebte Nähe und Distanz durch eine Aufstellung im Raum nachvollziehen)? Welche Ziele und Perspektiven entwickelten Sie (als Person oder als Teilgruppe) im Spiel? Wurden diese erreicht, blieben sie offen, entstanden neue Ziele und Perspektiven? Gab es eine Professionellen- bzw. Klienten-Identität? Inwieweit gab es gleiche oder unterschiedliche Ziele von Helfern? Wie gestaltete sich die Interaktion innerhalb und zwischen den Teilgruppen (Koalitionen, Konkurrenz, Kooperation)?

Fragen nach der Dynamik, der Rhythmik, der Taktung des Spiels:
- Leitfragen: Wie erlebten Sie den Ablauf des Spiels bezüglich seiner Rhythmik? An welchen Punkten im Spiel gab es wichtige Entscheidungen, sprunghafte oder allmähliche Veränderungen? Was hätte in einer bestimmten Sequenz zu einer anderen Entwicklung führen können? Wo erlebten Sie Unsicherheit, Instabilität, wo Sicherheit und klare Strukturen?

3. Biographische und berufliche Bezüge der Teilnehmer

Wo erkennen die Teilnehmer im Spiel eigene Anteile, etwa bezüglich persönlicher Ressourcen oder typischer Beziehungskonstellationen?

Die Spielleitung kann hier variieren, inwieweit sie im Rahmen der Nachbesprechung bei der Rolle bleibt und die Schutzfunktion der Rolle für die Person bewahrt oder mehr auf die eigenen, persönlichen Verhaltensmuster eines Teilnehmers eingeht.

– Leitfragen: Lassen sich im Spiel bei Ihnen wiederkehrende, persönlich bekannte Muster erkennen? Wie verhalten Sie sich in vergleichbaren Situationen in ihrem beruflichen oder privaten Alltag? Wie haben Sie die anderen Teilnehmer im Spiel erlebt? Entspricht das der Wahrnehmung anderer Personen in Ihrem beruflichen oder privaten Leben, wo gibt es Abweichungen? Haben Sie im Spiel Ihnen bekannte Beziehungskonstellationen oder Verhaltensmuster erlebt, bei denen Sie einen Veränderungsbedarf bezüglich Ihres Verhaltens sehen?

4. Persönliche Ressourcen und Kompetenzen der Teilnehmer

Wie erleben die Teilnehmer ihr eigenes Verhalten im System? Herausarbeiten individueller Kompetenzen im Umgang mit Komplexität, Intransparenz und unvorhergesehenen Entwicklungen. Dabei werden Bezüge zwischen konkretem Verhalten und systemtheoretischen Konzepten hergestellt.

– Leitfragen: Wo konnten Sie im Spiel persönliche Kompetenzen wirkungsvoll einsetzen, wo würden Sie sich mehr oder andere Kompetenzen wünschen? Hat Sie ihr Verhalten an einer oder an mehreren Stellen im Spiel selbst überrascht? Wo konnten Sie ihre Absichten und Interessen im Spiel durchsetzen, wo nicht? Entsprechen die Rückmeldungen der anderen Teilnehmer bezüglich Ihrer Kompetenzen Ihrer Selbstwahrnehmung? Wie schätzen Sie die Kompetenz Ihrer Bezugsgruppe oder Ihres Teilsystems ein, etwa als »Heim«, als »professionelle Helfer«, als »Jugendlichengruppe« oder als »Familie Köhler«? Wo haben die Teilsysteme sich behindert? Wo gelang Kooperation, wo scheiterte sie?

5. Einzelinterviews

Gegebenenfalls werden Einzelinterviews mit den Teilnehmern geführt. Dabei können etwa die persönlichen Beiträge zu erfolgreichem professionellem Handeln analysiert werden. Die Spieldynamik aus der Sicht eines einzelnen Teilnehmers kann mit Hilfe idiographischer Systemmodelle rekonstruiert werden. Mit den Teilnehmern können Konsequenzen aus ihren Systemspielerfahrungen für die tägliche Praxis besprochen werden.

6. Rückmeldung an die Teilnehmer und Erfahrungsberichte

Nach vollständiger Auswertung der Systemspielaufzeichnungen haben die Teilnehmer ein Recht darauf, über die Ergebnisse informiert zu werden. Die Teilnehmergruppe wird gebeten, ihrerseits Erfahrungsberichte zu schreiben. Solche Berichte aus einer größeren zeitlichen Distanz sind vor allem für Überlegungen über eventuelle Veränderungen oder Variationen bei weiteren Systemspielen wertvoll.

werden die Teilnehmer in ritualisierter Form aus ihren Rollen entlassen, indem der Sitzungsleiter jeden einzelnen anspricht: »Du bist jetzt nicht mehr der Heimleiter Franz Rupprecht, sondern Du bist jetzt wieder der/die ...«. Reihum wird nach den ersten spontanen Eindrücken des Spielgeschehens gefragt. Im Verlauf der Nachbesprechung wird dann versucht, mit den Teilnehmern zusammen den Ablauf des Spiels zu rekonstruieren, typische Verhaltensmuster zu identifizieren und persönliche Eindrücke auszutauschen. Mit solchen Fragen hat die Nachbesprechung auch einen hohen Selbsterfahrungsanteil. Ihre Gestaltung weist viele Merkmale gruppendynamischer Sitzungen auf und verlangt von den Sitzungsleitern entsprechende Kompetenzen.

»Aus den Plenumsgesprächen nach dem Spiel lernte ich, wie unterschiedlich die Wahrnehmungen verschiedener Personen sein können, wie sehr man an die eigene Perspektive gebunden ist und wie daraus, sowie aus dem Bedarf nach sofortiger Handlung, Konflikte entstehen.« (Zitat aus der schriftlichen Rückmeldung der Teilnehmerin, die im Münsteraner Systemspiel im Juli 1996 die Rolle der Erziehungspraktikantin Manuela Probst innehatte).

Für die Strukturierung einer Nachbesprechung schlagen wir einen Ablauf vor, der sich für uns bewährt hat.[15] Dabei spiegeln sich unsere besonderen Forschungsinteressen und die Vorliebe für bestimmte Gruppenmethoden wider.

15 Die Struktur der Nachbesprechung wurde in Zusammenarbeit mit Frau Dipl.-Psych. S. Vogeley (Münster) entwickelt.

Die Funktionen der Spielleitung

Die Spielleitung erfüllt mehrere Funktionen. Während in früheren Planspielen alle Spielaktionen bei der Spielleitung angemeldet werden mußten, werden beim Systemspiel das Geschehen und die Dokumentation den Teilnehmern überlassen. Die Spielleitung ist ständig ansprechbar, um eventuelle Unklarheiten zu beseitigen, die meist zu Beginn des Spiels auftreten. So bitten manche Teilnehmer um eine Konkretisierung der Rollenangabe, wenn sie sich etwa über die Aufgaben einer Erziehungsleiterin oder einer Jugendamtsmitarbeiterin im unklaren sind. Während eines Spiels kann es immer zu persönlichen Krisen kommen. Wenngleich den Teilnehmern nahegelegt wird, Schwierigkeiten zunächst mit den Möglichkeiten des sozialen Netzes *innerhalb* des Spiels zu bewältigen, muß die Spielleitung als Gesprächspartner zur Verfügung stehen.

So wandte sich im ersten Münsteraner Systemspiel der Protagonist des Werkstattleiters an die Spielleitung und sprach seine Probleme an, sich in das Spiel einzufinden. Nach einem kurzen Krisengespräch mit der Spielleitung beendete er vorzeitig seine Teilnahme. Kurz vor dem Systemspiel hatte er an einem für ihn belastenden Selbsterfahrungswochenende teilgenommen. Dieses Beispiel zeigt, daß es wichtig ist, ein Systemspiel psychisch und physisch ausgeruht zu beginnen, da auch das Spiel intensive Selbsterfahrungsaspekte beinhaltet.

Schließlich ist die Spielleitung mit der Organisation des reibungslosen Ablaufs des Spiels beschäftigt. Sie weist den Teilnehmern ihre Räume zu, versorgt sie fortlaufend mit Protokollbögen und achtet auf das Einhalten der Spiel- und Pausenzeiten. Bereits während des Spiels können eingehende Protokollbögen sortiert werden. Die Spielleitung erhält so zwar bereits einen ausschnitthaften Einblick in das Spielgeschehen, im wesentlichen aber ist sie bis zu Beginn der Nachbesprechung kaum in die Spieldynamik eingeweiht. Mit der Durchführung der Nachbesprechung ist schließlich die schwierigste Aufgabe der Spielleitung verbunden. Um sowohl das Spielgeschehen inhaltlich auszuwerten, als auch die Selbsterfahrungsanteile der Teilnehmer angemessen zu behandeln, sind ausreichende gruppendynamische Kompetenzen erforderlich. Eine entsprechende Rollenaufteilung zwischen den Mitgliedern der Spielleitung erwies sich hierfür als außerordentlich hilfreich.

Methoden zur Erfassung des Spielgeschehens

Beim klassischen Planspiel werden alle Spielschritte über die Spielleitung vermittelt. Dafür stehen Spielschrittankündigungen in Form von vorgedruckten Zetteln zur Verfügung, auf denen eine Person oder Gruppe ihre Handlungsabsicht notiert und der Spielleitung vorlegt. Für das Systemspiel haben wir diese Vorgabe fallengelassen, da der Spielfluß dadurch erheblich gestört wird. Die Spieler halten nun selbst in sogenannten Aktionsprotokollen jeden Spielschritt genau fest. Das Spiel kann so ohne Einbezug der Spielleitung flüssig durchgeführt werden. Die Aktionsprotokolle dienen zunächst der Rekonstruktion des Spielgeschehens. Es muß im Anschluß an das Spiel nachvollzogen werden können, wer wann was mit wem gemacht hat. Da auch die genaue Uhrzeit jeder Aktion von den Teilnehmern protokolliert wird, kann aus der Abfolge der Protokolle im nachhinein eine Art Drehbuch des Spielgeschehens erstellt werden. Um nähere inhaltliche Informationen über das Spielgeschehen zu erhalten, vor allem darüber, wie die Teilnehmer das Spiel erlebten, wurden neben dem Aktionsprotokoll weitere Dokumentationsinstrumente entwickelt: der Belastungsbogen, der Phasenbogen sowie die Nachbesprechung und die Nachinterviews mit den Teilnehmern.

Angestrebt wird die Erhebung detaillierter Informationen über den Spielablauf bei möglichst geringer Störung des Handlungsflusses.

Die Dokumentation des Spielgeschehens: das Aktionsprotokoll

Das Aktionsprotokoll beinhaltet die meisten Informationen über das Spielgeschehen und setzt eine sorgfältige Bearbeitung durch die Teilnehmer voraus. Im direkten Anschluß an jede Aktion sollen sie auf dem Protokollbogen auf jeden Fall die genauen Uhrzeiten des

Aktionsprotokoll   Name:

Beginn der Aktion: ....Uhr   Ende der Aktion: ....Uhr

Von wem ging die Aktion aus? ....

An welche Person(en) war die Aktion gerichtet? ....

Worum ging es (um welche Person(en), Institution(en), Sachthemen)?

....

Die Aktion wurde   0 nur versucht   0 durchgeführt

Art der Aktion:

0 selbstbezogene Aktivität (arbeiten, entspannen, spielen)
0 informeller Kontakt (gemeinsame Unternehmung, Tratsch)
0 Information erhalten (sich erkundigen, nachfragen)
0 Informationen geben (mitteilen)
0 persönliche Hilfestellung geben/nehmen (sich aussprechen, Therapie)
0 Planen und Entscheiden (Aktivitäten vorbereiten, Konzeptarbeit)
0 Veranlassen, Durchsetzen, Beeinflussen (etwas zu tun, zu unterlassen)
0 Konflikte ansprechen oder bearbeiten

anderes/zusätzliches: ....

Ich habe mich dabei mit meiner Rolle identifiziert:
überhaupt nicht   sehr stark
              0   1   2   3   4   5   6   7   8   9   10

In bezug auf meine eigenen Ziele war die Aktion

      erfolglos   1 2 3 4 5 6 7   erfolgreich

Ich habe diese Aktion folgendermaßen erlebt:

      unangenehm   1 2 3 4 5 6 7   angenehm

      entspannt   1 2 3 4 5 6 7   konflikthaft

      aktiv/offensiv   1 2 3 4 5 6 7   passiv/defensiv

....
Intimität:
      sehr niedrig   1 2 3 4 5 6 7   sehr hoch
eigene Offenheit:
      sehr niedrig   1 2 3 4 5 6 7   sehr hoch
Offenheit andere:
      sehr niedrig   1 2 3 4 5 6 7   sehr hoch
Einfluß:
      selbst beeinfl.   1 2 3 4 5 6 7   andere beeinfl.

Abb. 9: Aktionsprotokoll

Beginns und des Endes der jeweiligen Aktion angeben. Dies gilt für selbstinitiierte Aktionen genauso wie für die von anderen initiierten. Die weiteren Angaben können dann in den offiziellen oder spontanen Spielpausen ergänzt werden, damit der Spielfluß durch das Ausfüllen der Protokolle nicht zu sehr unterbrochen wird. Nach der

Kategorien zur Charakterisierung von Aktionen
1. *Selbstbezogene Aktivität:* Tätigkeiten, die allein durchgeführt werden, sei es beruflicher Art (Bsp.: Gutachtenerstellung, Sitzungsvorbereitung), sei es eine Freizeitaktivität (Bsp.: Zigarettenpause, Lesen, Ausruhen).

Alle weiteren Kategorien beziehen sich auf Interaktionen mit anderen Personen:
2. *Informeller Kontakt:* Kontakte, die nicht beruflicher Art sind, z. B. gemeinsame Zigarettenpausen, ein Plausch über Politik oder Sport, Kennenlernen auf dem Gang, etc.
3. *Information erhalten:* Sowohl ungefragt informiert werden, als auch sich eine Erkundigung über etwas einholen (z. B. »Wann ist der Termin für die Besprechung?«)
4. *Information geben:* Jemanden informieren, ob gefragt oder ungefragt (Informationsaustausch wird also durch mehrere Protokolle dokumentiert, zumindest in einem Protokoll wird das Weitergeben, in einem anderen das Erhalten von Information angegeben).
5. *Persönliche Hilfestellung geben/nehmen:* Hilfe, Therapie, Beratung, persönliche Ratschläge etc., alles, was in irgendeiner Weise zur Hilfestellung bei einem Problem eines anderen beitragen soll.
6. *Planen und Entscheiden:* Konzepte erarbeiten, einen Plan entwickeln. Beispiele: Der Heimleiter bereitet eine Strategie für eine Sitzung vor, die Jugendlichen hecken einen Fluchtplan aus, die Eltern überlegen, wann sie ihren Sohn nach Hause holen.
7. *Veranlassen, Durchsetzen, Beeinflussen:* Typisches Chefverhalten, d. h. für andere Termine ansetzen, den Jugendlichen Ausgang verbieten, die Entlassung aus der Psychiatrie anordnen etc. Auch Klienten können etwas durchsetzen, z. B. können die Eltern Köhler ihrem Sohn etwas verbieten oder gewähren, der stärkere Jugendliche für die anderen bestimmen, was die Gruppe als nächstes anstellen wird und ein Klient kann durchaus das Gefühl haben, seinen Therapeuten zu etwas veranlaßt zu haben.
8. *Konflikt ansprechen oder bearbeiten:* Der Protokollant muß entscheiden, was für ihn ein Konflikt ist.

Uhrzeit werden im Aktionsprotokoll die Namen der an der Interaktion beteiligten Personen, also des Akteurs (Von wem ging die Aktion aus?) und des Angespielten (An welche Person(en) war die Aktion gerichtet?) eingetragen. Auch soll protokolliert werden, wenn
eine Interaktion nur versucht, aber nicht durchgeführt wurde, da
dies wichtige Informationen über die Handlungsabsichten einer
Person beinhaltet. Auf einer Ratingskala von 0 bis 10 wird auf jedem Aktionsprotokoll die Identifikation mit der Rolle während dieser Aktion angegeben.

Zur näheren Charakterisierung der Aktionen stehen acht Kategorien zur Auswahl. Selten wurde in den bisher durchgeführten
Systemspielen die Möglichkeit wahrgenommen, »anderes/zusätz-
liches« anzugeben. Mehrfachnennungen sollen vermieden werden.
Darauf muß in der Vorbesprechung hingewiesen werden. Vor Beginn des Spiels muß auch anhand von Referenzbeispielen Einigung
darüber hergestellt werden, was als Aktion, also als sinnhaft abge-
schlossene Handlungseinheit zu verstehen ist, um etwa zu vermeiden, daß eine einzelne Äußerung oder ein kurzer Dialog innerhalb
eines größeren Handlungsrahmens (z. B. einer Teamsitzung, eines
Beratungsgesprächs) von einzelnen Teilnehmern als Einzelaktion
gewertet wird, von anderen nicht.

Die durchschnittlichen Rollenidentifikationen liegen für die
drei ausgewerteten Spiele bei 7.8 (SD = 1.8, Systemspiel in Fribourg, 1992), 7.3 (SD = 2.0, Systemspiel Münster, 1992) und 7.7
(Systemspiel Münster 1995). Schwankungen in der Ausprägung
der Rollenidentifikation im Spielverlauf haben verschiedene Gründe, wie etwa das Wiedereinsteigen in das Spiel nach Pausen. Ein-
stiegsschwierigkeiten der Teilnehmer in das Spiel, die sich in geringen Identifikationswerten zu Spielbeginn niederschlagen würden, konnten nicht beobachtet werden.

Die Rollenidentifikation dient zunächst einmal der Validierung
der Spiele. Als Aussage über die persönliche Involviertheit der
Teilnehmer in bestimmten Spielaktionen kann auch die Differenzierung der Rollenidentifikation nach den acht Aktionskategorien[16]

---

16 Rott und Wewers (1996) faßten in ihrer Analyse die Kategorien 3 und
   4 zu einer Kategorie »Informationsaustausch« zusammen.

Tab. 1: Rangreihe der mittleren Ausprägung der Rollenidentifikation bei verschiedenen Handlungskategorien über alle Teilnehmer der System-spiele in Fribourg 1992, Münster 1992 und Münster 1995

Fribourg 1992	Münster 1992	Münster 1995
1. Pers. Hilfestellung	1. Pers. Hilfestellung	1. Pers. Hilfestellung
2. Inform. Kontakt	2. Konflikte	2. Konflikte
3. Information erhalten	3. Planen, Entscheiden	3. Planen, Entscheiden
4. Planen, Entscheiden	4. Inform. Kontakt	4. Informationsaustausch
5. Information geben	5. Information erhalten	5. Inform. Kontakt
6. Veranlassen	6. Information geben	6. Veranlassen
7. Selbstbezug	7. Selbstbezug	7. Selbstbezug
8. Konflikte	8. Veranlassen	

interessante Informationen liefern (vgl. Tab. 1). In allen drei Systemspielen war jeweils die größte Ausprägung der Rollenidentifikation bei Interaktionen der Kategorie »persönliche Hilfestellung« zu beobachten. Stets besonders gering ausgeprägt war die Rollenidentifikation bei »selbstbezogener Aktivität«. Hier, so kann vermutet werden, ist die Versuchung, aus der Rolle und aus dem Spiel für kurze Momente gedanklich herauszutreten, größer als bei Interaktionen mit anderen Personen. Während im Fribourger Spiel die Kategorie »Konflikte« die geringsten Identifikationswerte aufwies, zeigten sich für diese Kategorie in den beiden anderen Spielen die zweithöchsten Mittelwerte für die Rollenidentifikation. Aufgrund der hohen emotionalen Involviertheit, die für Konfliktsituationen angenommen werden kann, entspricht diese hohe Ausprägung der Erwartung. Im Fribourger Systemspiel dagegen schienen Konflikte entweder anders verarbeitet oder bereits anders erlebt zu werden. In den Münsteraner Spielen war neben den selbstbezogenen Aktivitäten die Rollenidentifikation bei Interaktionen der Kategorie »Veranlassen, Durchsetzen« am geringsten ausgeprägt.

Solche Unterschiede zwischen den Spielen sind natürlich auch bezüglich des emotionalen Erlebens einer Situation zu erwarten. Die »emotionale Qualität«, mit der jede einzelne Interaktion erlebt wird, wird im unteren Teil des Aktionsprotokolls in Form von acht Variablen erhoben. Die Interaktion soll eingeschätzt werden hinsichtlich der Dimensionen

– unangenehm – angenehm,
– entspannt – konflikthaft,
– aktiv/offensiv – passiv/defensiv,
– niedrige Intimität – hohe Intimität,
– niedrige eigene Offenheit – hohe eigene Offenheit,
– niedrige Offenheit des (der) Interaktionspartner(s) – hohe Offenheit des (der) Interaktionspartner(s),
– Einflußnahme auf die Situation durch mich möglich – Einfluß durch die anderen.

Bei den statistischen Auswertungen der Systemspiele in Fribourg und Münster 1992 konnten diese acht Skalen zu drei Faktoren zusammengefaßt werden:[17]

– *Valenz*: Eine Interaktion wird bei hoher Valenz als erfolgreich in Hinblick auf die eigenen Ziele erlebt, als emotional angenehm und entspannt.
– *Offenheit*: Die Interaktion wird bei hoher Ausprägung dieses Faktors als intim und offen erlebt, sowohl, was die eigene Offenheit als auch die des Interaktionspartners angeht.
– *Aktivität*: Das Zutrauen in die eigenen Einflußmöglichkeiten ist bei hoher Ausprägung dieses Faktors groß, der Protokollant erlebt sich in der Interaktion als aktiv und offensiv.

Tabelle 2 zeigt die jeweiligen Faktorladungen der acht Variablen. In beiden Fällen klären die Faktoren 69,1 % der Varianz auf.

17 Der Vorteil bzw. Nachteil ist eine reduzierte Datenstruktur. Inhaltlich benachbarte Variablen werden zu einem Faktor zusammengefaßt, Detailinformation geht verloren, die weitere Arbeit aber wird handlicher und übersichtlicher.

Tab. 2: Rotierte Faktorenmatrix (Varimax-Rotation) der Faktoren-
analyse der acht Variablen zur emotionalen Qualifizierung der
Aktionen in den Systemspielen Fribourg (1992) und Münster (1992)

	Faktor 1 (Valenz)	Faktor 2 (Offenheit)	Faktor 3 (Aktivität)
Fribourg			
Erfolg	**.72**	.08	–.15
Positive Valenz	**.87**	.23	–.08
Konflikt	**–.81**	–.12	–.04
Passivität	–.22	–.03	**–.72**
Intimität	.05	**.87**	–.12
Eigene Offenheit	.23	**.87**	–.11
Offenheit anderer	.17	**.86**	.03
eigener Einfluß	.07	–.10	**.76**
Münster			
Erfolg	**.74**	.14	.13
Positive Valenz	**.78**	.42	–.05
Konflikt	**–.76**	–.30	.16
Passivität	–.50	.12	**–.60**
Intimität	.34	**.73**	–.15
Eigene Offenheit	.39	**.73**	.08
Offenheit anderer	.04	**.85**	.19
eigener Einfluß	–.15	.16	**.83**

Die Erhebung des Streßerlebens: der Belastungsbogen

Der Belastungsbogen ist nur für solche Situationen auszufüllen,
die der Teilnehmer als ausgeprägt belastend erlebt. Für diese Situationen müssen ihre zeitliche Erstreckung und die momentane
Rollenidentifikation angegeben werden. Der Bogen erfragt auf einer sechsstufigen Skala, wie hoch der Protokollant selbst und/oder
seiner Einschätzung nach der Interaktionspartner das Ausmaß der
Belastung einschätzt und wem er die Auslösung für die aufgetre-
tene Belastung zuschreibt (sich selbst oder einem Mitspieler).
Schließlich erfaßt der Bogen den individuellen Umgang mit der
Streßsituation nach dem Vorbild des UBV (Fragebogen zum »Umgang mit belastenden Situationen im Verlauf«, Reicherts u. Perrez
1993), einem in der Streßforschung bewährten Instrument.

Das dem UBV zugrundeliegende theoretische Modell (Reicherts 1988) beschreibt Belastungsverabeitung als Situations-Reaktions-Sequenz, die »mit einem inneren oder äußeren Ereignis (beginnt), das wahrgenommen und interpretiert wird, worauf mit einer Belastungsemotion, eventuell mit der Generierung eines Zieles reagiert wird. Darauf folgt eine Bewältigungsreaktion, deren Ergebnis eine neue Bewertung erfährt. Derartige Situations-Reaktions-Sequenzen bezeichnen wir als Episoden« (Reicherts u. Perrez 1994, S. 232). Objektive (äußere) Merkmale einer Situation (z. B. Häufigkeit, objektive Dauer) sind von subjektiven Merkmalen der Wahrnehmung durch die Person (subjektives Kontrollierbarkeitsgefühl, erlebte Dauer etc.) zu unterscheiden. Beide Aspekte können sich im Verlauf einer Belastungsepisode natürlich verändern. Der UBV gibt prototypische Belastungssituationen vor und erfragt auf mehreren Dimensionen die Einschätzung, das emotionale Erleben, die Zielsetzung, den Umgang mit der Situation und die Erfolgseinschätzung. Seine Differenziertheit und Prozeßorientierung prädestiniert den UBV für die Erfassung von Streßsituationen in Systemspielen.

Der Belastungsbogen erfragt in Form von fünf- beziehungsweise sechsstufigen Ratingsskalen:

- *die Belastungsemotion:* Unruhe, Trauer, Wut vs. Ausgeglichenheit, Heiterkeit, Friedfertigkeit;
- *die Zielsetzung:* etwa ruhig und gelassen bleiben; das Problem direkt angehen;
- die subjektive *Einschätzung* der Situation: Klarheit/Eindeutigkeit der Situation; Vertrautheit mit dieser oder ähnlichen Situation(en); Glaube an die eigene Einflußmöglichkeit; Hoffnung, daß sich die Situation auch von alleine ändert;
- *das individuelle Bewältigungsverhalten*: sich ablenken; sich Klarheit über die Situation verschaffen; sich Klarheit über seinen inneren Zustand verschaffen; sich beruhigen; relativieren; sich der Situation entziehen (Evasion); passiv abwarten; fremde Hilfe annehmen; versuchen, die Situation aktiv zu beeinflussen; offene Antwortmöglichkeit.
- *die Erfolgseinschätzung* in bezug auf die Aspekte Problemlösung, Beruhigung und Adäquatheit des Bewältigungsverhaltens.

Auftretende Belastungen   **Name:**

Uhrzeit (genau): ....   Dauer (Minuten): ....

Kurze Beschreibung der Belastungssituation (Stichworte):

....

Das Ausmaß der Belastung ist *für mich*
sehr klein	klein	eher klein	eher groß	groß	sehr groß
0	1	2	3	4	5

Angesichts dieser Belastung ist *für mich* das Ziel:
ruhig und gelassen
zu bleiben: völlig unwichtig   eher unwichtig   eher wichtig sehr wichtig

                    0   1   2   3

das Belastungsproblem direkt
anzugehen: völlig unwichtig   eher unwichtig   eher wichtig sehr wichtig

                    0   1   2   3

Ich habe mich dabei mit meiner Rolle identifziert:
überhaupt nicht   sehr stark
0	1	2	3	4	5	6	7	8	9	10

Wenn die Situation mit einer konkreten Interaktion zu tun hat(te)

Die Belastungssituation hatte (vor allem) mit folgender Person zu tun: ....

Für diese andere Person war das Ausmaß der Belastung:
sehr klein	klein	eher klein	eher groß	groß	sehr groß
0	1	2	3	4	5

Sie versuchte, folgendes zu tun:

	gar nicht	kaum	etwas	ziemlich	sehr
sich der Situation entziehen (zurückziehen, meiden):	0	1	2	3	4
(zunächst) passiv bleiben oder abwarten	0	1	2	3	4
Unterstützung von anderen in Anspruch nehmen	0	1	2	3	4
die Situation aktiv beeinflussen (inkl. Aggressivität),	0	1	2	3	4

indem sie: ....

Abb. 10: Belastungsbogen

In der Belastungssituation fühl(t)e ich mich:

	sehr	ziemlich	eher	eher	ziemlich	sehr	
unruhig/nervös	0	1	2	3	4	5	ruhig/ausgeglichen
traurig/deprimiert	0	1	2	3	4	5	fröhlich/heiter
wütend/zornig	0	1	2	3	4	5	sanft/friedfertig

Ich schätz(t)e die Situation <u>bei ihrer Entstehung</u> folgendermaßen ein:

	sehr klein	klein	eher klein	eher groß	groß	sehr groß
die Chance, daß sich die Situation ohne mein Zutun bessert(e)	0	1	2	3	4	5
die Chance, daß ich die Situation zum Guten beeinflussen kann	0	1	2	3	4	5

	gar nicht	kaum	etwas	ziemlich	sehr	
diese Situation ist/war für mich klar/eindeutig	0	1	2	3	4	

	noch nie	einmal	selten	gelegentlich	öfter	sehr häufig
eine ähnliche Situation erleb(t)e ich	0	1	2	3	4	5

Ich <u>versuchte</u>, folgendes zu tun:

	gar nicht	kaum	etwas	ziemlich	sehr
abschalten, mich ablenken, es nicht heranlassen	0	1	2	3	4
mir Klarheit über das Problem verschaffen (überlegen)	0	1	2	3	4
meine Gefühle beruhigen (entspannen, gut zureden, rauchen)	0	1	2	3	4
mir Klarheit über meinen inneren Zustand verschaffen	0	1	2	3	4
mir klarmachen, daß es Schlimmeres/ Wichtigeres gibt	0	1	2	3	4
mich der Situation entziehen (zurück- ziehen, meiden)	0	1	2	3	4
(zunächst) passiv bleiben oder abwarten	0	1	2	3	4
Unterstützung von anderen in Anspruch nehmen	0	1	2	3	4
die Situation aktiv beeinflussen,	0	1	2	3	4

indem ich: ....

Mit dem, was ich tat, konnte ich (bisher):

	gar nicht	kaum	etwas	ziemlich	sehr
das Problem lösen	0	1	2	3	4
mich innerlich beruhigen	0	1	2	3	4
mit solch einer Situation möchte ich anders umgehen können	0	1	2	3	4

Die Erhebung erlebter Phasenübergänge: der Phasenbogen

Die Auswertung der Fribourger Nachbesprechung, die viele aufschlußreiche Informationen über die Spieldynamik erbrachte, gab den Anstoß für die Entwicklung des Phasenbogens. Mit Hilfe des Phasenbogens werden in standardisierter Form, schnell und einfach handhabbar, die Eindrücke der Teilnehmer über den phasischen Verlauf des Spiels unmittelbar nach dessen Ende erhoben. Erwartet wird eine Einschätzung über den gesamten Spielverlauf in der Rückschau. Die Teilnehmer werden gebeten, auf dem Phasenbogen diejenigen (Zeit-)Stellen im Spiel zu markieren, an denen sie Übergänge zwischen zwei voneinander abgrenzbaren Spielphasen wahrgenommen haben. Der Terminus »Phasenübergang« wird hierbei zunächst alltagssprachlich, ohne näheren Bezug auf seine Bedeutung innerhalb der Synergetik verwendet.

Übergänge können in bezug auf vier Dimensionen angegeben werden:

- *Stimmung:* Gemeint ist die emotionale Stimmung, die man im System erlebt; so kann ein Jugendlicher das Gefühl haben, daß sich im Heim Langeweile breitmacht, oder ein Heimmitarbeiter spürt nach Krisenzeiten eine Entspannung in der eigenen Institution und bei der Zusammenarbeit mit anderen Institutionen.
- *Thema:* Gemeint ist, inwiefern ein allgemein im Vordergrund stehendes Thema entweder von der Tagesordnung verschwindet oder durch ein anderes abgelöst wird, etwa dann, wenn ein Problem gelöst, eine lange schwelende Frage geklärt worden oder auch einfach in den Hintergrund gerückt ist.
- *Beziehungsstruktur:* Gemeint sind entscheidende Veränderungen, die ein Teilnehmer in der Beziehungskonstellation der gesamten Teilnehmergruppe wahrnimmt.
- *Bezugsgruppe, persönliches Netzwerk:* Gemeint ist, ob sich die Zusammensetzung des für den Protokollanten wichtigen persönlichen sozialen Netzes, also seine eigene Bezugsgruppe verändert.

Um die Handhabung zu demonstrieren, zeigt Abbildung 11 einen ausgefüllten Phasenbogen. Auf Zeitleisten werden die erlebten

Rollenname:

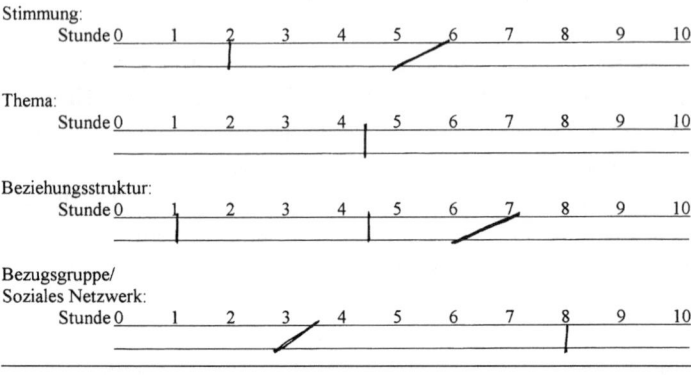

Abb. 11: Phasenbogen

Übergänge durch Striche markiert, die von Teilnehmer zu Teilnehmer je nach persönlichem Erleben durchaus unterschiedlich eingetragen werden können. Dabei besteht die Möglichkeit, abrupte
Übergänge durch einen senkrechten Strich und langsamere, kontinuierliche Übergänge durch Schrägstriche zu kennzeichnen, die
den gemeinten Zeitraum füllen.

Die Nachbesprechung und das Nachinterview

Nach einer kurzen Erholungspause findet im Anschluß an ein Systemspiel eine ausführliche Nachbesprechung mit allen Teilnehmern statt, die sich über mehrere Stunden erstreckt. Die Sichtweisen und individuellen Rekonstruktionen der Teilnehmer(gruppen)
werden hier zusammengeführt. Dabei ergeben sich oft überraschende Einsichten in die Dynamik des Gesamtsystems. Erst in der
Nachbesprechung werden Details über Pläne, Absichten und Hin-
dernisse mancher Aktionen bekannt. Die Nachbesprechung ist zusammen mit den Nachinterviews die wesentliche Informations-
quelle, wenn es darum geht, die quantitativen Daten mit dem inhaltlichen Geschehen zu verbinden. Daher werden sie entweder auf
Video- oder Audiocassette aufgezeichnet.

Bisher wurden nur in Einzelfällen Einzelgespräche mit Teilnehmern durchgeführt, teilweise auf ihren, teilweise auf unseren Wunsch hin. Für die Auswertung ergibt sich im Einzelinterview die Möglichkeit, noch intensivere Einblicke in die Binnenperspektive des Spiels zu erhalten. So wurden mit sechs Teilnehmern des ersten Münsteraner Systemspiels einige Wochen nach dem Spiel etwa zweistündige Interviews durchgeführt. Der besondere Wert der Interviews als Forschungsinstrument liegt im dialogischen Charakter dieser Art von Befragung. Da es sich bei den Interviewpartnern um fortgeschrittene Psychologiestudenten handelte, können die gemeinsam erstellten Rekonstruktionen des Spielgeschehens in Form von idiographischen Systemmodellen als Austausch zwischen zwei Experten betrachtet werden, die das Spiel aus der Binnen- und Außenperspektive beurteilen und so für eine »kommunikative Validierung« (Fisseni 1990, S. 184) sorgen.

Turbulenter Heimalltag: selbstorganisierte Beziehungsdramaturgie

Im folgenden betrachten wir die teilweise turbulenten Geschehnisse in unseren Erziehungsheim-Systemspielen. Über die beschriebenen Methoden der Datengewinnung und die Eigenreflexion der Teilnehmer erhalten wir Einblick in ihr Handeln und Erleben, ihre Absichten und Interaktionen und rekonstruieren typische Beziehungsmuster und -dynamiken. In der realen Praxis kommt es zu solchen außergewöhnlichen Reflexionsprozessen nur in Ausnahmefällen, am ehesten in der Supervision, doch fehlt dort meist die Stimme einer wesentlichen Systemgröße: die der Klienten.

Es sollen folgende Fragen beantwortet werden:

1. Hält die Analogiebildung »Psychosoziale Praxis als dynamisches System« einer empirischen Betrachtung stand?
2. Können über typische Systemdynamiken, vor allem solche der Ordnungsbildung und des Ordnungswandels, detailliertere Aussagen gemacht werden als nur die, daß sie überhaupt stattfinden?

Klienten, Professionelle und darüber hinaus: Was geschah in den Systemspielen?

Alle Systemspiele begannen mit einer Phase großer Unsicherheit. Die Teilnehmer berichten von ausgeprägter Anfangshektik, vor allem innerhalb der Gruppe der Professionellen. Sie stehen vor der

Aufgabe, die anderen professionellen Helfer und die Klienten kennenzulernen sowie die verschiedenen Kompetenzen und Aufgabenstellungen zu strukturieren. Typischerweise geschieht dies über ein bald überlastetes Telefonnetz und das Vereinbaren zahlreicher Sitzungen und Besprechungen in verschiedenen Besetzungen. Einen anschaulichen Einblick in den Spielbeginn gewährt die Darstellerin der Kinder- und Jugendpsychiaterin des Münsteraner Systemspiels vom Juli 1996:

In ihrer schriftlichen Rückmeldung berichtet sie, »daß gleich zu Beginn des Spiels alle etwas von mir wollten. Herr Köhler, Peters Vater, rief an, und bat um ein klärendes Gespräch. Noch während ich mit ihm einen Gesprächstermin ausmachte, legte der Jugendamtsleiter, Herr Jelloncek, mir eine Notiz auf den Tisch, mit der er mein Einverständnis zu einem Gespräch mit ihm und dem Ehepaar Köhler einholen wollte. Kaum konnte ich mein o.k. dazu signalisieren, erschienen auch schon der Heimleiter und die Psychologin, Frau Huber, um gleich mit mir zu reden. Fast gleichzeitig kamen dann Herr Jelloncek und Peter. . . . Da alle Betroffenen plötzlich auch anwesend waren, ließ ich mich von den Umständen überrollen und willigte ein, obwohl mir Einzelgespräche mit den jeweiligen Parteien (so wie ich sie bereits mit Herrn Köhler vereinbart hatte), wegen des besseren Überblicks lieber gewesen wären. Das anschließende Gespräch gestaltete sich auch ziemlich chaotisch. Ich verlor den Über- und Durchblick und reagierte nur noch anstatt zu agieren.«

Natürlich gab es auch Teilnehmer, die sich in ihrer Rolle von Beginn an wenig in das Geschehen integriert fühlten. Oft war dieser Eindruck von den Darstellern des Werkstattleiters zu hören, dem vom Szenario eine relativ isolierte Position im Heim zugewiesen wird. Die Jugendlichen ärgerten sich zumeist über die Abwesenheit der Erwachsenen. Gerade sie, die als orientierungslose Heimjugendliche nach festen Strukturen suchten, fanden ihre erwachsenen Betreuer größtenteils einfach nicht vor: »Die Leute aus dem Heim verschwanden ständig in Besprechungen«, notiert ein Darsteller des Jugendlichen Freddi.

Eine interessante Entwicklung resultierte aus dieser Konstellation im Fribourger Systemspiel. Die Heimjugendliche Astrid klapperte die Erwachsenenwelt nach Betreuern ab. Die einzige Erwachsene, auf die sie stieß, war die Praktikantin, die Astrid prompt für ihre Erzieherin hielt. Sofort entstand eine enge Beziehung, die den gesamten Spielverlauf überlebte. Die echte Erzieherin in diesem Systemspiel beklagte in der Nachbesprechung, daß sie von Beginn an keinen guten Kontakt zu den Jugendlichen habe aufbauen können. Zu Beginn des Spiels entstanden, teilweise aus kleinen Anlässen heraus, Beziehungskonstellationen, die sich lange als stabil erwiesen. In diesem Beispiel spielte ein einzelner zufälliger Kontakt in einem bestimmten Kontext die Rolle eines sozialen Schmetterlingseffekts. Ähnliche Erfahrungen sind auch Gruppenleitern oder Familientherapeuten bekannt. Boos (1995) berichtet unter der Überschrift »Jedem Anfang wohnt ein Zauber inne« über die Bedeutung der ersten zehn Minuten für das Geschehen in Planspielgruppen. »Oft werden hier schon inhaltliche Positionen deutlich, Konflikt- und Koalitionslinien tun sich auf und Verfahrensvorstellungen werden entwickelt, die im weiteren Verlauf nur noch schwer veränderbar sind« (1995, S. 212).

Die Jugendlichen beklagten in den Nachbesprechungen ihre Hilflosigkeit gegenüber einer für sie undurchschaubaren Erwachsenenwelt. So habe man »von dem Geschehen auf den oberen Ebenen nichts mitbekommen«, mußte feststellen, daß »in Heim und Ämtern Informationen steckenblieben« und »über unseren Kopf hinweg gesprochen wurde«, denn »informiert wurden die Jugendlichen nie«. Manchen Jugendlichen erging es wie einer Darstellerin von Sabine, sie »konnte fast weinen vor Hilflosigkeit«.

Die Orientierungslosigkeit, von der die Jugendlichen berichteten, prägte auch zu Beginn des Spiels das Erleben der Professionellen, galt es doch, angesichts spärlicher Rollenvorgaben seine Position innerhalb der institutionellen Struktur zu finden beziehungsweise diese Strukturen überhaupt erst zu entwickeln. Dies geschah in einer weitestgehend als hektisch und streßreich erlebten Atmosphäre. Das Heim wurde als strukturlos erlebt. Die Konsequenz: Die Jugendlichen bekamen ihre Heimbetreuer zunächst kaum zu Gesicht. Sitzungen und Besprechungen prägten als Versuche der Strukturfindung die ersten Stunden aller Spiele.

Daß die intensiven Strukturierungs- und Orientierungsversuche der Professionellen zu Beginn des Spiels zumeist nicht von Erfolg gekrönt waren, demonstriert die Auswertung der »nicht zustande gekommenen Interaktionen« im zweiten Münsteraner Systemspiel

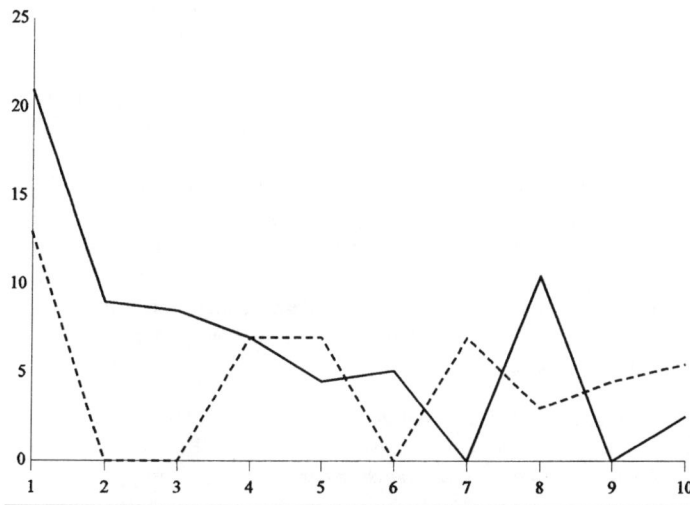

Abb. 12: Stundenverläufe der nicht zustande gekommenen Interaktionen im Systemspiel Münster 1995, aufgeschlüsselt für Klienten (—)
und Professionelle (- -) (aus Rott u. Wewers 1996, S. 72).

durch Rott und Wewers. Sie entnahmen den Aktionsprotokollen,
daß vor allem in der ersten Spielstunde viele Aktionen nur versucht
wurden, aber nicht zustande kamen. In noch stärkerem Ausmaß gilt
dies allerdings für die Klienten. Sie scheinen ihre Professionellen
einfach nicht zu finden. Aber auch die Helfer finden sich gegenseitig oft nicht: »Häufig wird wohl einfach die Telefonleitung
belegt gewesen sein«, vermuten Rott und Wewers (1996, S. 72).
Abbildung 12 zeigt die Schwankungen der nicht zustande gekommenen Interaktionen über die zehn Stunden dieses Spiels, aufgeschlüsselt für Klienten und Professionelle.

Nach diesen ersten Orientierungs- und Strukturierungsversu-
chen kam es in den Systemspielen an den Spieltagen 2, 3 und 4
dann zu einer Fülle von teilweise dramatischen Höhepunkten. Die
Frage nach Peters Behandlung und Verbleib rückt in den Mittelpunkt. Die in der ersten Spielphase angelegten Koalitionen konso-
lidieren sich oder wechseln. Erst jetzt kommt es zum intensiveren
Austausch zwischen Klienten und Professionellen, der sich manchmal als konflikthaft erweist.

Der Heimleiter des ersten Münsteraner Systemspiels wird mit der Frage bedrängt, aus welchem Anlaß sich der Jugendliche Peter in der Kinder- und Jugendpsychiatrie befindet. Seine Rollenbeschreibung gibt ihm dazu keine plausible Erklärung. Daraufhin teilt er in einer Sitzung den Anwesenden mit, Peter sei im Anschluß an einen Suizidversuch in die Kinder- und Jugendpsychiatrie eingewiesen worden. Als die Mitarbeiter nachfragen, bricht diese erfundene Erklärung in sich zusammen, und bald ist der Heimleiter einem schwerwiegenden Vorwurf von seiten der Erzieherin ausgesetzt: Im Heim herrschten »faschistoide« Strukturen, auf dem Rücken der Kinder werde Pathologie erfunden. Die Dynamik dieses Spiels war fortan von einer schweren Krise im Heim geprägt, ehe es im weiteren Verlauf dann doch noch zu einem Wandel in Richtung einer kooperativen Umgangsweise kommen konnte.

Im Fribourger Systemspiel wurde innerhalb des Professionellensystems intensiv über eine Wohnperspektive für die Jugendlichen diskutiert. Im Heim und im Jugendamt, aber auch in der Jugendlichengruppe wurde die Idee geboren, eine betreute Wohngemeinschaft außerhalb des Heims für sie ins Leben zu rufen, ohne daß sich diese Gruppen darüber aber austauschten. Als der Vorschlag dann in einer Vollversammlung zum ersten Mal geäußert wurde, entbrannte ein heißer Kampf um die Urheberschaft. »Jeder wollte die Idee gehabt haben«, stellte eine Teilnehmerin in der Nachbesprechung treffend fest. Es kam, wie es kommen mußte: Obgleich fast jeder einen Plan für die Einrichtung einer WG in die Sitzung mitbrachte, scheiterte das Vorhaben. Es war die Heimpsychologin, die ihr Veto einlegte, weil ihr bestimmte Durchführungsbedingungen unangemessen erschienen. Grund für das Scheitern waren aber offensichtlich die fehlende Koordination im Vorfeld und das Beharren aller Beteiligten, als erste auf diesen innovativen Gedanken gekommen zu sein.

Eine Krise anderer Art erlebte das Ehepaar Köhler im Münsteraner Systemspiel vom Januar 1995. Nach erheblichen Spannungen, die am zweiten Spieltag begannen, schlug Frau Köhler am vierten Spieltag ihrem Mann eine Paartherapie vor. Dieser verstand dieses Ansinnen überhaupt nicht (»Hauptsache, Peter ist zu Hause«). Frau Köhler beschloß am fünften Spieltag, sich von ihm zu trennen.

Typische Probleme entstanden in der Kommunikation zwischen dem Elternpaar und den Professionellen. Während die Fribourger Mutter das Gefühl hatte, daß ihr die Jugendamtsmitarbeiter ihre Mutterrolle abnehmen wollten, was diese allerdings in der Nachbesprechung vehement bestritten, konnte eine Münsteraner Mutter, wie sie in der Rückmeldung beschrieb, »unter der Prämisse, Lösungen zu Peters Bestem zu finden, mit den professionellen Helfern kooperieren, da mir diese meine Verantwortung und Kompetenz als Mutter nicht absprachen.«

Auch die Beziehung zwischen den Heimjugendlichen und den professionellen Heimmitarbeitern erlebte in der Regel in der Spielmitte eine krisenhafte Zuspitzung. Im Münsteraner Systemspiel vom Januar 1995 wird an den Spieltagen 3 und 4 der Vorwurf der sexuellen Belästigung Sabines durch den Werkstattleiter laut. Vorher treffen sich die Jugendlichen zu einer »Kummerrunde«, zunächst mit ihrer Erzieherin und der Praktikantin, dann auch mit dem großen Heimteam, und verleihen ihrer Unzufriedenheit Ausdruck. Sie wünschen mehr Kontakt mit den Heimmitarbeitern und bestehen beispielsweise darauf, wenigstens gegrüßt zu werden. Später reißen die Jugendlichen spektakulär aus dem Heim aus und inszenieren einen Ladendiebstahl. Auch die Jugendlichen des ersten Münsteraner Systemspiels entwichen aus dem Heim. Ihre Flucht deckte sich zeitlich exakt mit der Zuspitzung der Heimkrise (dem Heimleiter werden »faschistoide Strukturen« vorgeworfen), ohne daß sie davon wissen konnten. Ihnen ging es mit dieser Aktion wie vielen anderen Systemspiel-Jugendlichen einerseits um die Abgrenzung vom Heimteam, andererseits aber auch darum, Aufmerksamkeit zu erhalten.

Die Mitarbeiter des Jugendamts und der Kinder- und Jugendpsychiatrie verbrachten die mittleren Spieltage zumeist mit Gesprächen und Gutachtenerstellungen. Teilweise wandten sich aber auch Heimmitarbeiter und Eltern hilfesuchend an sie. Nach vielen konfliktreichen Ereignissen innerhalb des Helfersystems wandte sich der Heimleiter des 1992er Münsteraner Systemspiels an die Kinder- und Jugendpsychiaterin, um zu deren großem Erstaunen ihr zuvor geäußertes Therapieangebot tatsächlich anzunehmen. Sie aber, die ihn, wie sie später erklärt, lediglich habe provozieren wollen, nahm ihr Angebot zurück und hinterließ einen enttäuschten Heimleiter.

In den letzten Spielstunden war oft eine gewisse Beruhigung des Spielgeschehens zu beobachten. Die im Spiel entwickelten Koalitionen konsolidierten sich, die Fronten waren weitgehend geklärt. Die Jugendlichen haben bis dahin zumeist eine hohe Ingroup-Identität ausgebildet, die Frage nach Peters Verbleib wird zumindest bezüglich des Psychiatrie-Aufenthalts geklärt, manchmal auch bezüglich weitergehender Pläne. Im Mitarbeiterteam sind die Kom-

petenzen und die persönlichen Nähe- und Distanzverhältnisse
weitgehend definiert. Am letzten Spieltag kommt es sowohl im
Heim als auch in der Jugendlichengruppe zu Treffen, bei denen
eine fiktive kommende Woche geplant wird.

In diesen Beispielen aus den Systemspielen finden sich sicherlich Erfahrungen aus dem beruflichen Alltag vieler Professioneller
wieder, so vielleicht auch im Fall des Heimleiters in einem der
Münsteraner Systemspiele, der vor dem Problem stand, den Psychiatrieaufenthalt des Jugendlichen Peter Köhler erklären zu müssen.
Er erfindet einen Suizidversuch. Als die erschrockenen Mitarbeiter
nachforschen und dies herausfinden, gerät das Team in eine Führungskrise, der Heimleiter verspielt mit seiner Glaubwürdigkeit
auch seine Autorität. Auch in anderen Systemspielen wurden kleine und große Ereignisse erfunden. So sieht sich der Werkstattleiter
eines anderen Spiels dem Vorwurf ausgesetzt, er habe eine Jugendliche sexuell belästigt. Eine Kinder- und Jugendpsychiaterin erfindet eine Notaufnahme, um sich den drängenden Terminwünschen
lästiger Heimmitarbeiter zu entziehen. Anders als der inszenierte
Ladendiebstahl einer Jugendlichengruppe, der über den Auftritt der
echten Ladenbesitzerin als Handlung in das Spielgeschehen integriert wurde, handelt es sich bei diesen Beispielen um fiktive Wirk-
lichkeiten innerhalb der Spielrealität. In den Rückmeldungen der
Teilnehmer erhielten wir Aufschluß über die Logik solcher Kon-
struktionen. So schreibt der Heimleiter des Münsteraner Spiels
vom Juli 1996: »Ich sah mich veranlaßt, zusätzliche Fakten zu erfinden. Diese Erweiterung des Kontextes war wichtig für die Echtheit des Spiels und damit für die glaubwürdige Auseinandersetzung der Teilnehmer mit den Spielinhalten.« Erfindungen garantieren die Echtheit, eine zunächst paradox anmutende Erklärung.
Doch ist aus der Praxis bekannt, daß es sich am leichtesten im Rahmen des Erwartbaren lebt, des für alle Glaubwürdigen. Dies führt
zwar zu Gedächtnis- und Wahrnehmungsverzerrungen und manchmal zu bewußten und unbewußten Täuschungen, verhindert aber
lästiges Nachfragen und unangenehme Widersprüchlichkeiten.

In den folgenden Kapiteln stellen wir ausgewählte Ergebnisse
der Systemspielauswertungen vor. Wir richten das Augenmerk auf
Prozeßgestalten, die sich in spontaner Weise entwickeln. Wir fra-

gen nach Mustern der Interaktion zwischen Professionellen und Klienten: Wo kommt es zum Austausch zwischen den Teilsystemen, wo schmoren beide im eigenen Saft? Welche Rolle kommt bestimmten (Inter-)Aktionsklassen zu? Wann entsteht Streß, welche Formen und Dynamiken nimmt der Streß zwischen Klienten und Professionellen an? Schließlich interessiert uns unter Praxisgesichtspunkten ganz besonders die Kooperationsdynamik in den Systemspielen.

Offizielle und inoffizielle Hierarchien

In der Nachbesprechung des Münsteraner Systemspiels vom Juni 1992 schilderten die Teilnehmer, wie die offizielle hierarchische Struktur im Heimteam sehr bald von einer inoffiziellen Gegenhierarchie abgelöst wurde. Dabei wurde die vorgegebene Ordnung, nach der der Heimleiter an der Spitze steht und die Praktikantin auf rangniedrigster Stufe, geradezu auf den Kopf gestellt. Das entscheidende Moment in dieser Gegenhierarchie war die räumliche, zeitliche und emotionale Nähe zu den Jugendlichen. Bekanntermaßen nimmt in Institutionen der direkte Klientenkontakt mit der Höhe der offiziellen Hierarchie ab. So war es in diesem Fall die Praktikantin, die den direktesten Draht zu den Jugendlichen hatte und auch auszuspielen wußte. In der Nachbesprechung wurde sie von den übrigen Heimmitarbeitern als »das Tor zur Gruppe« tituliert, weil man keinen Kontakt zur Gruppe »an ihr vorbei« habe aufnehmen können.

Die inoffizielle Gegenhierarchie schlich sich während des Spiels fast unbemerkt und heimlich ein, so daß es naheliegt, sie als einen Prozeß selbstorganisierter Musterbildung näher zu betrachten. Nährboden war zunächst einmal eine große Unsicherheit innerhalb der offiziellen Hierarchie. Dort wurde in verschiedenen Koalitionen um Kompetenzen gerangelt, jeder suchte nach seiner eigenen Stellung im System. Konkurrenz bestimmte den Umgangston, Orientierungslosigkeit das individuelle Erleben. In dieser Situation ist ein System sensibel für Störungen, haben Variationen eine Chance, die Entstehung neuer Ordnung anzustiften. Die offizielle Heimhierarchie erweist sich, um die Sprache der Synergetik aufzugreifen, als ein schwacher Ordner, während die Gegenhierarchie als Ordner erstarkt. Damit wird die Nähe zu den Jugendlichen zur bestimmenden Größe, ein in Helferinstitutionen hoher Wert, da er dem eigentlichen Auftrag der Institution entspricht.

Bis hierhin fällt es nicht schwer, das Modell der Synergetik zu bemühen. Komplexes wechselwirkendes Verhalten auf der Mikroebene des Systems erzeugt eine neue Ordnung, die, hat sie sich einmal etabliert, das Verhalten der Beteiligten in ihren Bann zieht. Für eine lange Zeit des Spiels wird die inoffizielle Hierarchie stärker respektiert als die offizielle Heimhierarchie, auch wenn diese weiterhin bestehen bleibt.

Die Entstehung einer neuen Mode im physikalischen Sinn entspricht durchaus der Entstehung einer Bekleidungsmode oder eines Musikgeschmacks: Eine bestimmte Anzahl von Personen bevorzugt eine Mode zunächst ein wenig, unter bestimmten Voraussetzungen (etwa Werbung) immer mehr. Im Gegensatz zu physikalischen Systemen kann bei solchen Beispielen natürlich nicht von einer totalen Versklavung ausgegangen werden. Zwingt beispielsweise beim Laser eine einzige Schwingungsfrequenz als Ordner alle lichtaktiven Atome in ihren Bann, können Menschen sich einer Mode verweigern. Selbst im Karneval schunkeln nicht alle mit. Zu sehr ist menschliches Verhalten in vielfältige Reflexions- und Bewußtseinsbezüge eingespannt, zu groß sind die individuellen Freiheitsgrade im Gegensatz zu physikalischen Elementen. Gerade in sozialen Systemen gibt es oft eine Koexistenz von oder ein Oszillieren zwischen Ordnern wie im Beispiel der Heimhierarchie des Systemspiels.

Welcher Einflußgröße, so ist zu fragen, sollen wir die Rolle eines Kontrollparameters zubilligen, jener Größe also, deren Veränderung einen Wandel makroskopischer Ordnung auszulösen in der Lage ist? Beim Laserbeispiel übernimmt die Stärke der Energie, also der am laseraktiven Material angelegten Spannung, diese Rolle. Ihre kontinuierliche Erhöhung führt das System an den Umschlagspunkt von einer Ordnung in eine andere. In unserem Systemspielbeispiel kämen viele Faktoren als Kontrollparameter in Betracht, etwa die Identifikation der Mitarbeiter mit der offiziellen Hierarchie, erlebter Zeit- und Handlungsdruck, möglicherweise auch Konfigurationen aus solchen Variablen oder das Zusammenwirken mehrerer Kontrollparameter. Für die Entwicklung der Hierarchieumkehr im Heim waren sicher auch Randbedingungen wie die unklare Rollenstrukturierung innerhalb des Heimteams, der erlebte Handlungs- und Entscheidungsdruck des ersten Spieltages und andere sozialpsychologische Faktoren, wie etwa die Rolle von persönlichen Sympathien unter den Mitgliedern des Heimteams, wesentlich.

Wollten wir die Frage nach den relevanten Kontrollparametern experimentell beantworten, müßten wir von seiten der Spielleitung auf entsprechende Aspekte systematisch Einfluß nehmen, also gezielt Zeitdruck erzeugen oder gemeinsame, kooperationsfördernde Aufgaben einführen, die die Identifikation mit der Institution erhöhen. Hypothesen darüber, welche Größen auf ihre Wirkung als Kontrollparameter hin zu untersuchen sind, können wir zwar anbieten, ihre empirische Überprüfung bleibt aber künftigen Studien vorbehalten.

Für die Beschreibung sozialer Ordnungs- und Kontrollparameter ist nach den bisherigen Erkenntnissen folgendes zu berücksichtigen:

- Der Grad der Konsensualisierung zwischen den Elementen von Systemen ist unterschiedlich, eine absolute Gleichtaktung bei menschlichem Verhalten gibt es nicht.
- Statt des absoluten Dominierens eines einzigen Ordners sind oft komplexe Wechselwirkungen (z. B. Oszillation, Koexistenz) zwischen mehreren Ordnern zu beobachten.
- In sozialen wie in vielen natürlichen Systemen sind komplexe Wechselwirkungen zwischen verschiedenen Kontrollparametern eher die Regel als die Ausnahme, so auch in Klimamodellen oder in Modellen der Strömungsdynamik.
- Ordnungs- und Kontrollparameter sind oft, insbesondere in sozialen Systemen, komplexe Größen und stellen sich im subjektiven Erleben ganz unterschiedlich dar. Sie können kaum über eine experimentelle Versuchsanordnung identifiziert werden.

Die Aktionskategorien: Art und Verlauf
in den Systemspielen

Betrachten wir nun die Auswertung der Aktionsprotokolle. Noch
während des Spielgeschehens ist die Spielleitung damit beschäftigt, die eingehenden Protokolle chronologisch zu ordnen und zu-
sammengehörende Protokolle zu bündeln. Eine Interaktion zwischen zwei Personen muß beispielsweise mit zwei Protokollen dokumentiert sein: einem Protokoll des Initiators der Interaktion und
einem des Angespielten. Bei größeren Interaktionen, etwa Sitzungen im Heim, liegen dann entsprechend viele Protokolle vor, zumal
es innerhalb solcher größeren Kontexte auch noch zu Einzelereignissen kommt, die ebenfalls protokolliert werden. Sinnvoll zusam-
mengehörige Einzelinteraktionen fassen wir zu Episoden zusammen. Solche Episoden sind neben Sitzungen oder Besprechungen
im Heim beispielsweise gemeinschaftliche Ausflüge, längere Gespräche, Besuche der Eltern oder der anderen Jugendlichen bei Peter. Im Anschluß an ein zweitägiges Systemspiel erhalten wir zwischen 600 und 700 Aktionsprotokolle, die zu 300 bis 400 kleineren
und größeren Episoden des Spielgeschehens zusammengefaßt
werden können. Die innere Konsistenz der Beurteilung dieser Episoden durch die beteiligten Personen kann übrigens einerseits als
Reliabilitätshinweis, andererseits aber auch – und vielleicht vor allem – als interaktionell relevante Aussage über Wahrnehmungsdi-
vergenzen betrachtet werden. Somit mag die intraepisodische Va-
riabilität der Protokollierungen Indikatorfunktion für (latente oder
manifeste) Konflikte bzw. für soziale Destabilisierungsprozesse
übernehmen.

Die *Häufigkeiten abgegebener Aktionsprotokolle über den
Spielverlauf* können als ein erster Indikator für die Dynamik eines
Spiels betrachtet werden. Die Häufigkeit abgegebener Aktionsprotokolle (Abb. 13) ist zumeist in den ersten Spielstunden sehr hoch
und in der Spielmitte gering. Während die beiden Systemspiele in
Fribourg und Münster (1992) eine gegen Spielende stark fallende
Häufigkeitskurve aufweisen, stieg die Anzahl der Aktionsprotokolle im zweiten Münsteraner Systemspiel (1995) am letzten Spieltag
noch einmal an. Diese Beobachtung korrespondiert durchaus mit

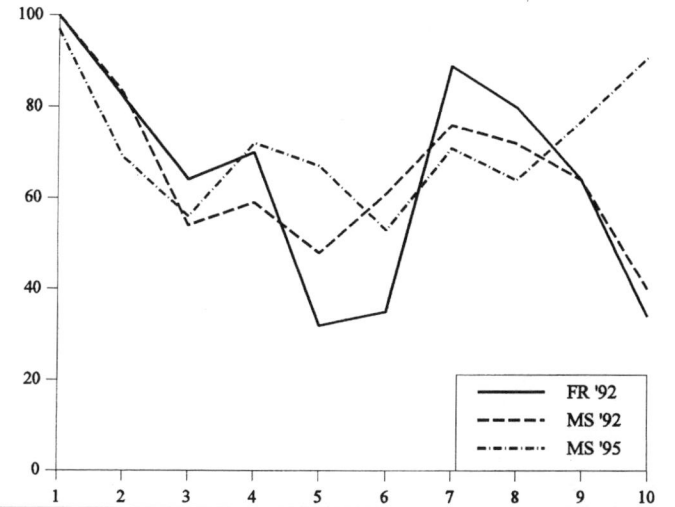

Abb. 13: Anzahl abgegebener Aktionsprotokolle im Verlauf von drei
untersuchten Systemspielen (FR = Fribourg; MS = Münster).
Auf der Abszisse sind die 10 Spielstunden aufgetragen.

der bereits geschilderten Anfangshektik der Spiele. Doch Vorsicht:
Eine große Anzahl von Protokollen muß nicht zwingend eine hohe
Interaktionsdichte widerspiegeln. So beobachten wir, daß Teilnehmer in Zeiten intensiverer Aktivität bisweilen weniger Protokolle
ausfüllen, weil sie schlicht und einfach keine Zeit dafür haben,
während relativ passive Teilnehmer ihre geringe Aktivität äußerst
sorgfältig und differenziert protokollieren. Lange Sitzungen erzeugen weniger Protokolle als eine Abfolge kürzerer Interaktionen,
doch finden in ihnen oft die entscheidenden Ereignisse statt.

   Betrachten wir für zwei Systemspiele die *Häufigkeiten der Aktionskategorien* über den Spielverlauf (Abb. 14). In den beiden Systemspielen in Fribourg (1992) und Münster (1992) beeindruckte
die hohe Frequenz der Kategorien »Planen und Entscheiden« und
»Veranlassen, Durchsetzen« bereits in der ersten Spielstunde. Informelle Treffen ohne Entscheidungszwang fanden in diesen Spielen in der Anfangsphase dagegen kaum statt. Aus der psychosozialen Praxis ist dieses Muster bekannt: Abwarten, Informationen austauschen, die anderen erst einmal kennenlernen, dies erlauben sich

Selbstbezogene Aktionen

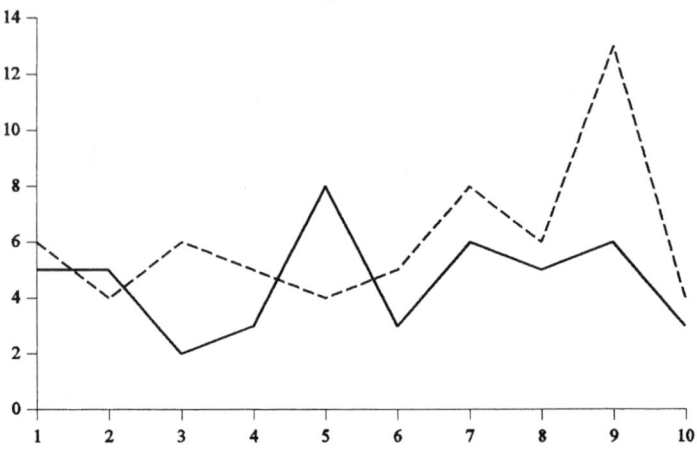

Abb. 14: Häufigkeitsverläufe der acht Aktionskategorien in den Systemspielen Fribourg (—) und Münster 1992 (- -) im Stundentakt

Informelle Kontakte

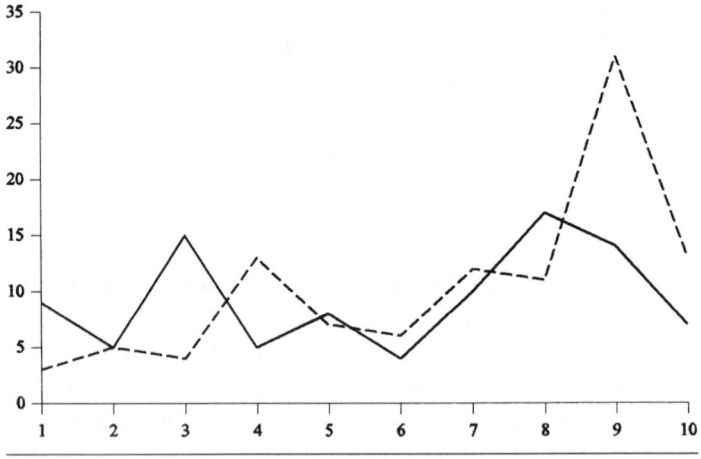

Abb. 14 (Fortsetzung)

Information erhalten

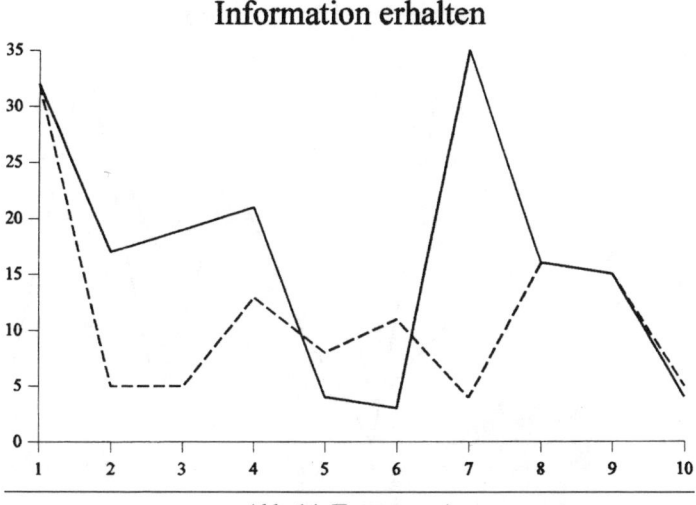

Abb. 14 (Fortsetzung)

Information geben

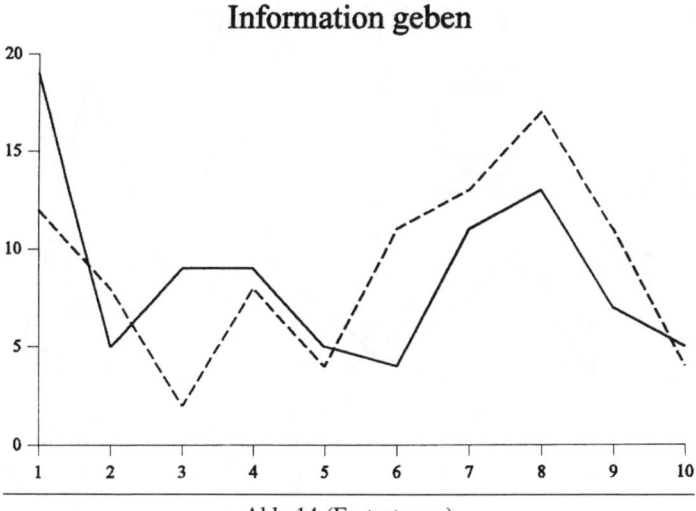

Abb. 14 (Fortsetzung)

Persönliche Hilfestellung

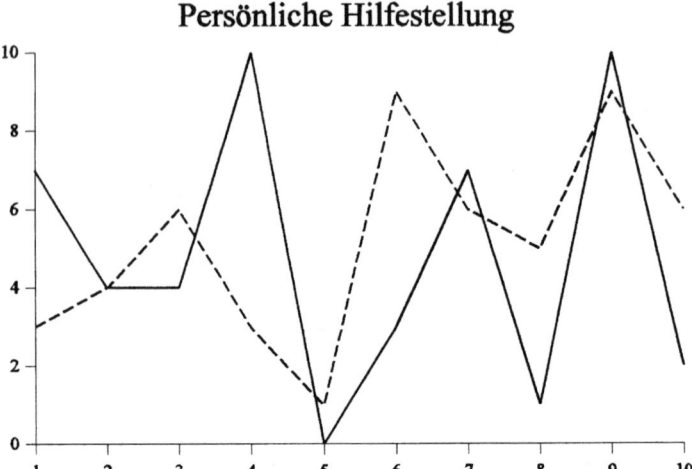

Abb. 14 (Fortsetzung)

Planen und Entscheiden

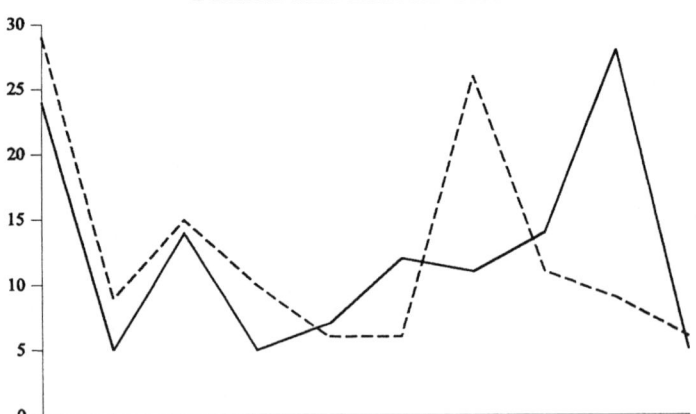

Abb. 14 (Fortsetzung)

Veranlassen, Durchsetzen, Beeinflussen

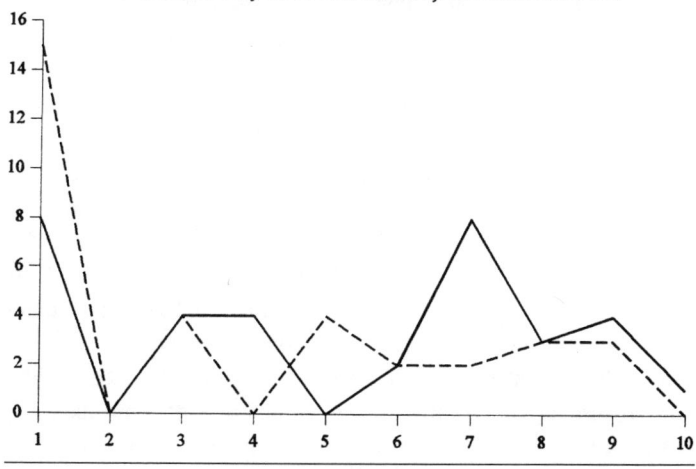

Abb. 14 (Fortsetzung)

Konflikte bearbeiten oder ansprechen

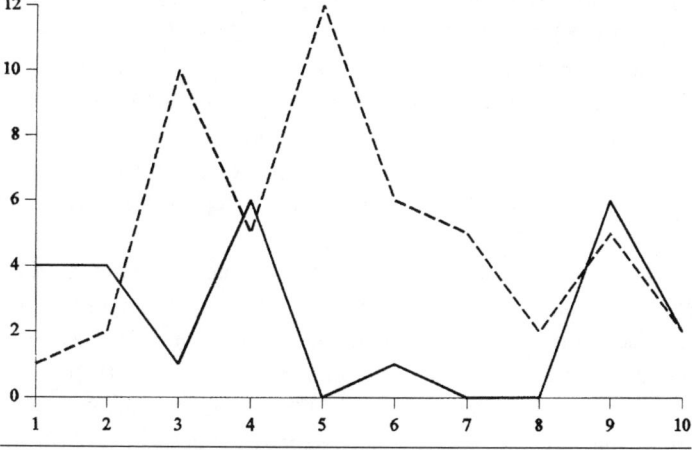

Abb. 14 (Fortsetzung)

Mitarbeiter gerade in größeren Helferkontexten oft nicht. Und dies, obwohl Institutionen mit zunehmender Größe und damit zunehmender Komplexität ein sorgfältiges Sich-Orientieren ohne Entscheidungszwang sinnvoll erscheinen lassen. Doch in großen Institutionen wie Krankenhäusern wird trotzdem schnelles Handeln unter scheinbar übermächtigen äußeren Bedingungen (z. B. Kosten- oder Bettendruck) gefordert. Auch in anderen Untersuchungen wurde beobachtet, daß bei Gruppenprozessen eine entscheidungsfreie Orientierungsphase psychohygienische Bedeutung für den weiteren Verlauf des Geschehens hat. Fehlt sie, so sind oft Konflikte und Belastungen die Folge (Gehm 1993, S. 545). Genau dies kann in unseren Systemspielen beobachtet werden.

Sowohl die Kategorie »Hilfestellung« als auch das Ansprechen oder Austragen von Konflikten zeigen einen stark schwankenden Verlauf. Zu typischen Spitzen kommt es erst ab dem zweiten Spieltag. Für das Münsteraner Spiel (1992) springt in der fünften Spielstunde eine absolute Konflikthäufigkeit bei minimal ausgeprägter Hilfestellung ins Auge. Auch der Informationsaustausch versiegt in dieser Spielstunde sichtbar. Beide Informationskategorien weisen eine negative Verlaufskorrelation zur Kategorie »Konflikte« auf ($r = -.38$ bezüglich des Erhaltens und $r = -.57$ bezüglich des Weitergebens von Information). Im Fribourger Spiel verlaufen die Konflikthäufigkeit und das Ausmaß an erlebter Hilfestellung anders als in Münster relativ synchron, die Verlaufskorrelation beträgt $r = .79$ ($p < .01$). Hier scheinen, so eine erste Hypothese, Konflikte produktiver abgearbeitet zu werden als im Münsteraner Spiel. Auffällig ist weiterhin die in beiden Spielen teilweise sehr hohe positive Verlaufskorrelation zwischen den Informationskategorien und der Kategorie »Veranlassen, Durchsetzen, Beeinflussen«. Für das Fribourger Spiel korrelieren das Erhalten von Information mit $r = .87$ ($p < .01$), das Weitergeben von Information mit $r = .81$ ($p < .01$) mit der Aktionskategorie »Veranlassen, . . .«. Für das Münsteraner Spiel liegen die entsprechenden Korrelationskoeffizienten bei $r = .84$ ($p < .01$) und $r = .22$.

Eine nähere Charakterisierung der Aktionsarten ist über die drei *Faktoren*, die aus den entsprechenden Skalen des Aktionsprotokolls extrahiert wurden, möglich. Zur Erinnerung: Das positive Erleben einer Interaktion wird durch einen hoch ausgeprägten Faktor »Valenz« angezeigt, der Faktor »Aktivität« gibt das Ausmaß der erlebten Eigenaktivität in einer Interaktion an, der Faktor »Offenheit« die erlebte Offenheit zwischen den Interaktionspartnern. Für das Münsteraner Systemspiel vom Juni 1992 fiel eine durchgehend inverse Beziehung zwischen dem Erleben eigener Aktivität und dem emotionalen Wohlbefinden (Valenz) in der Situation auf (r = −.81, p < .01). Die Teilnehmer mochten es offensichtlich nicht so sehr, sich als aktiv zu erleben. Abbildung 15 zeigt für das Münsteraner Systemspiel (1992) die Stundenverläufe der drei Faktoren für die Gesamtteilnehmergruppe, Abbildung 16 differenziert die Verläufe der drei Faktoren nach den Binneninteraktionen innerhalb der »Klienten«, nach den Binneninteraktionen innerhalb der »Professionellen« und nach »Interaktionen« zwischen Vertretern dieser beiden Gruppierungen. Berechnet wurden die mittleren Einschätzungen auf den Aktionsprotokollen, die zu einer Spielepisode zusammengefaßt wurden. Dabei fällt auf, daß das Ausmaß erlebter Offenheit in Interaktionen, die zwischen Klienten stattfanden, deutlich größer ausgeprägt war als in Binnenkontakten zwischen Professionellen. Die Valenz der Binneninteraktionen von Professionellen verläuft bis zur sechsten Stunde auf einem niedrigen Niveau, um dann kontinuierlich anzusteigen.

Korreliert man die Verläufe der Aktionskategorien und der drei Faktoren, kann man Hypothesen über die emotionale Gewichtung einzelner Aktionsarten aufstellen. So weist im ersten Münsteraner, aber auch im Fribourger Spiel (beide 1992) der Faktor »erlebte eigene Aktivität« überraschenderweise eine höhere Positivkorrelation mit dem *Erhalten* von Information auf (r = .52 in Fribourg, r = .47 in Münster) als mit dem *Weitergeben* von Information (r = .26 in Fribourg, r = .18 in Münster), ein bedeutsamer Befund, bedenkt man die wichtige Rolle des *wechselseitigen* Informationsaustausches in Helfersystemen.

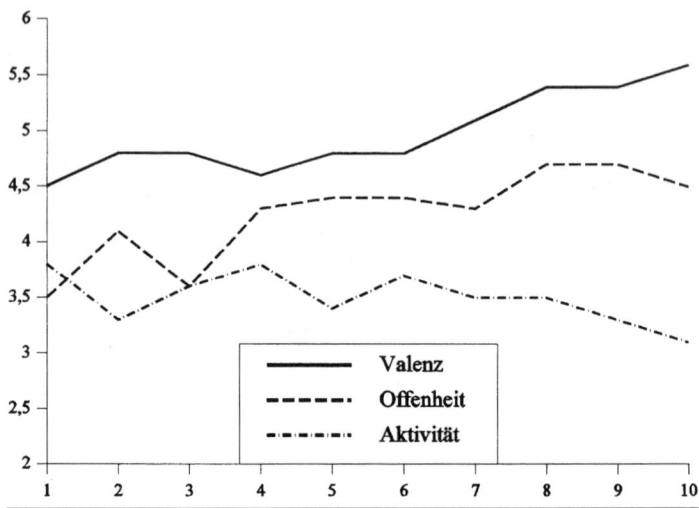

Abb. 15: Stundenverläufe der Faktorenmittelwerte für das Systemspiel
Münster 1992

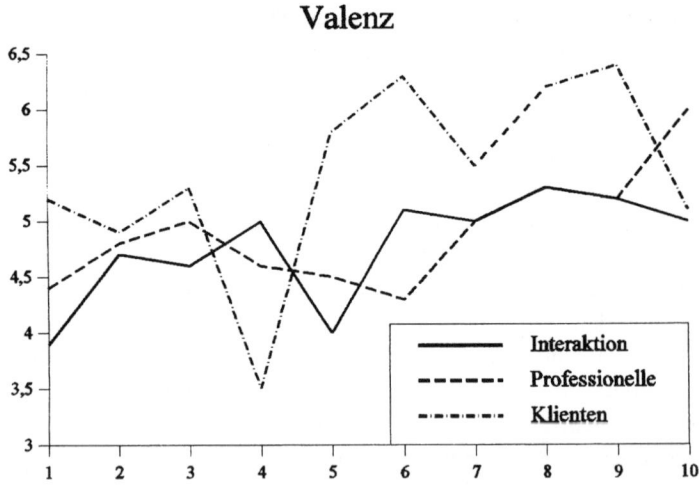

Abb. 16: Stundenverläufe der Faktorenmittelwerte für das Systemspiel
Münster 1992, differenziert nach Kontakten innerhalb und zwischen
»Professionellen« und »Klienten«

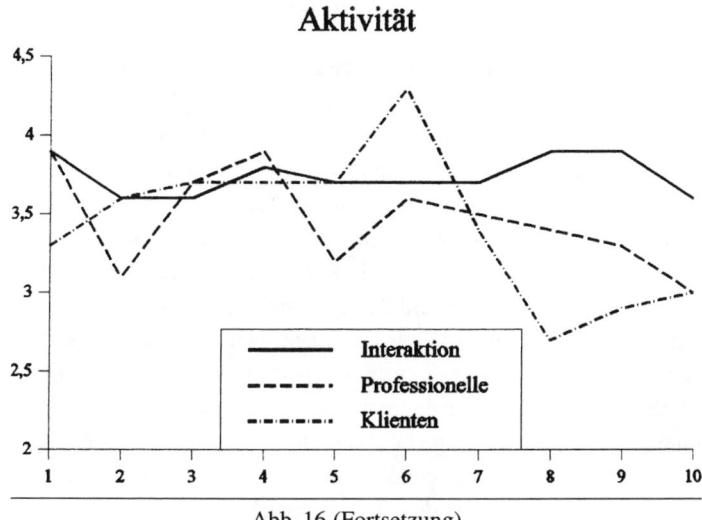

Abb. 16 (Fortsetzung)

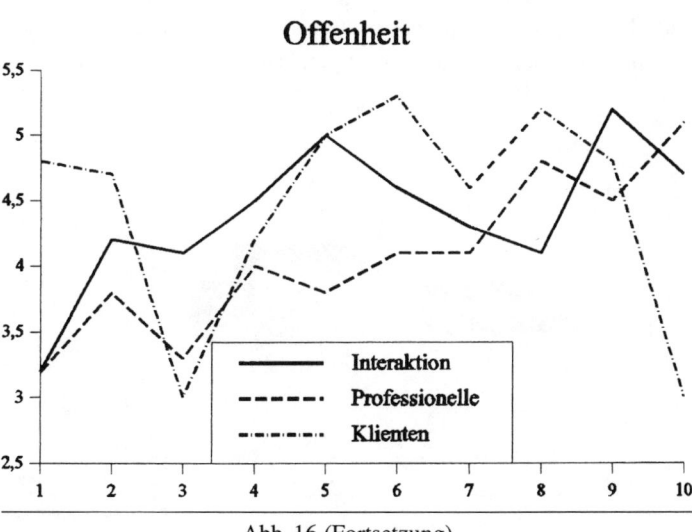

Abb. 16 (Fortsetzung)

Professionelle und Klienten unter sich und miteinander

Schauen wir uns nun die Spielverläufe hinsichtlich der Dynamik zwischen Klienten und Professionellen näher an. Was machen Professionelle aus ihrer Helfer-Rolle, was Jugendliche und Eltern aus ihrem Klientenstatus? Entwickeln sich typische Helfer- oder Klientenidentitäten? Welche Formen professionellen Helfens entwickeln sich, sowohl innerhalb des Helfersystems (Kooperation und Konkurrenz) als auch im Kontakt mit den Klienten? Für Feinanalysen ist auch die Einteilung in fünf Teilsysteme sinnvoll: die Gruppe der Jugendlichen, die Eltern Köhler, die sechs Heimmitarbeiter, das Jugendamt und die Kinder- und Jugendpsychiatrie. Diese Einteilung ist allerdings insofern problematisch, als das System Kinder- und Jugendpsychiatrie in den meisten der bisherigen Spiele nur mit einer Person besetzt war, das Jugendamt und das Elternpaar mit zwei Personen, die große Gruppe des Heimteams aber mit sechs Personen. Dies muß bei den Auswertungen berücksichtigt werden.

Bleiben wir bei der Aufteilung aller Teilnehmer in »Klienten« und »Professionelle« und betrachten wir sowohl Binneninteraktionen innerhalb der beiden Teilgruppen (»Klienten« und »Professio-

Systemspiel Fribourg

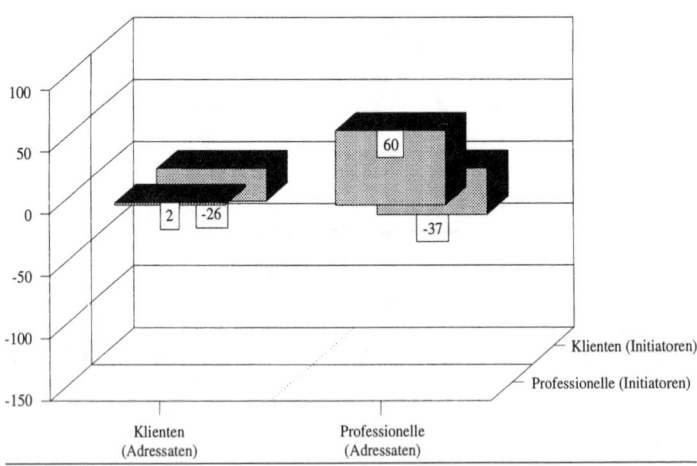

Abb. 17: Interaktionshäufigkeiten zwischen Professionellen und Klienten sowie innerhalb der beiden Teilsysteme

Systemspiel Münster 1992

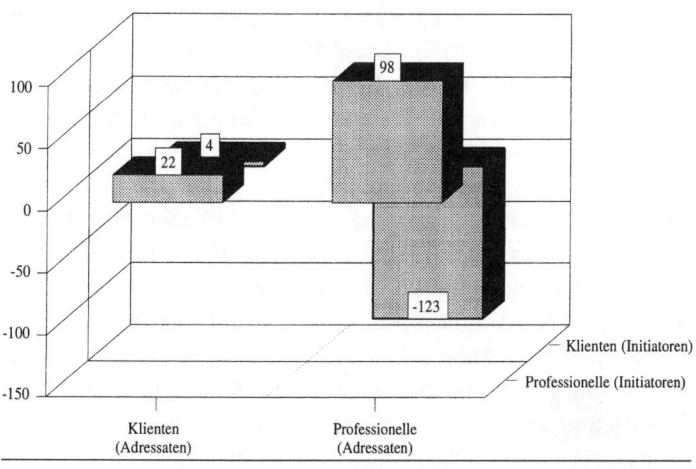

Abb. 17 (Fortsetzung)

Systemspiel Münster 1995

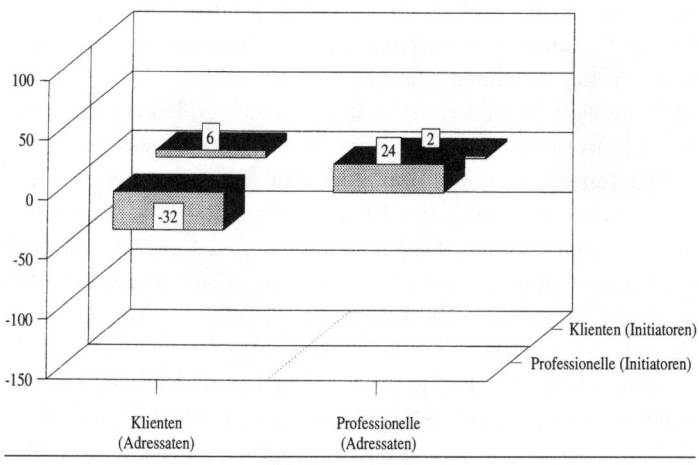

Abb. 17 (Fortsetzung)

nelle« unter sich) als auch Interaktionen zwischen ihnen. Dabei müssen die absoluten Häufigkeiten korrigiert werden, um die unterschiedliche zahlenmäßige Besetzung in den Teilsystemen (neun Professionellen stehen sechs Klienten gegenüber) auszugleichen. (Unterschiedlich besetzte Teilgruppen führen natürlich zu unterschiedlichen Basiswahrscheinlichkeiten der Interaktionshäufigkeit, d. h. zu allein aus der Gruppengröße zu erwartenden Unterschieden der Interaktionsdichte.) Abbildung 17 zeigt Interaktionshäufigkeiten zwischen Professionellen und Klienten sowie innerhalb der beiden Teilsysteme, ausgezählt anhand der Anzahl der abgegebenen Aktionsprotokolle unter Berücksichtigung der Initiative einer Interaktion (»Von wem ging die Aktion aus«?). Dargestellt sind die Abweichungen vom Erwartungswert nach oben oder nach unten. Erwartete Werte sind die Häufigkeiten, die zustande kämen, wenn sich die Interaktionen entsprechend der Größe der Gruppierungen (9 Professionelle und 6 Klienten) verteilen würden. Gezeigt sind die Säulendiagramme für die Systemspiele Fribourg (1992), Münster (1992) und Münster (1995). Die hohe Selbstreferenz im Professionellensystem zeigt sich in den aufstrebenden Säulen im vorderen rechten Feld. Binneninteraktionen von Klienten sind im hinteren, linken Feld, Interaktionen, die Klienten an Professionelle initiieren, im hinteren rechten Feld, vorne links die Initiativen von Professionellen an Klienten dargestellt.

Die Teilnehmer dieser drei Systemspiele, ganz besonders ausgeprägt aber diejenigen des Münsteraner Spiels vom Juni 1992, inszenierten eine überproportional hohe Kontaktdichte innerhalb des Professionellensystems. Entsprechend gelang es den Klienten in diesem Spiel kaum, Professionelle anzuspielen. Diese beschäftigten sich (zu) stark mit sich selbst.

Über den Spielverlauf zeigt sich, daß diese hohe Selbstreferenz innerhalb des Professionellensystems jeweils zu Beginn und am Ende des Spiels am stärksten ausgeprägt ist. Für Binnenkontakte im Klientensystem und Interaktionen zwischen Klienten und Professionellen gilt dieses Verlaufsmuster nicht, wie in Abbildung 18 für drei Systemspiele (Fribourg '92, Münster '92 und '95) gezeigt wird. Dargestellt sind wiederum die Abweichungen von den Erwartungswerten.

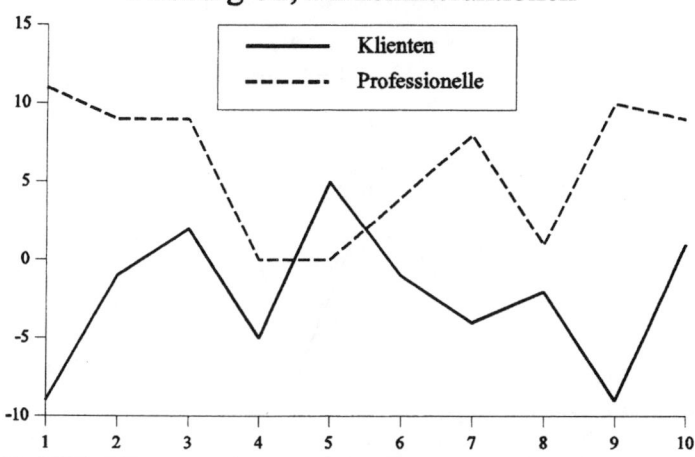

Abb. 18: Stundenverläufe der Binneninteraktionen sowie der Inter-
gruppenkontakte zwischen Klienten und Professionellen in den
Systemspielen Fribourg (1992) und Münster (1992 und 1995).

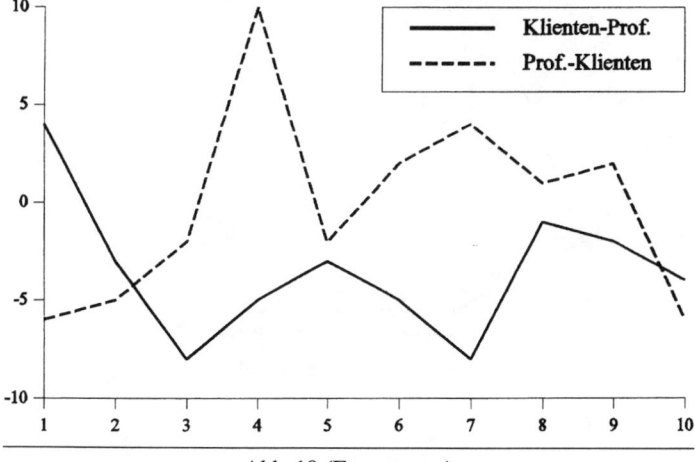

Abb. 18 (Fortsetzung)

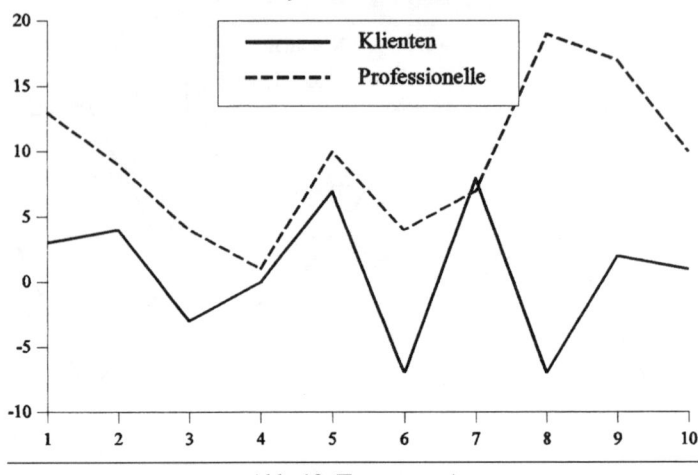

Abb. 18 (Fortsetzung)

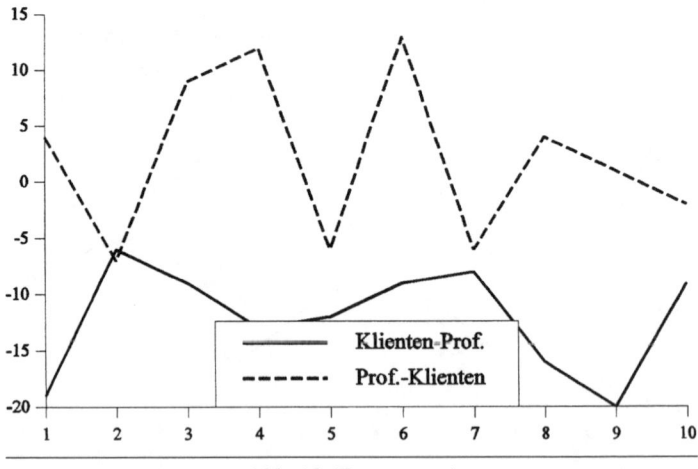

Abb. 18 (Fortsetzung)

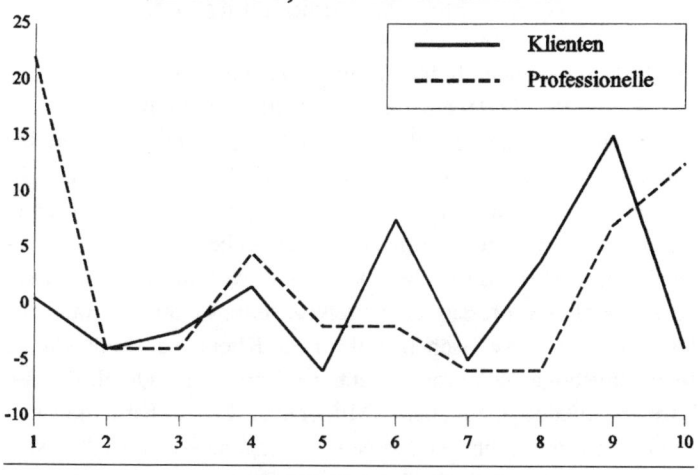

Abb. 18 (Fortsetzung)

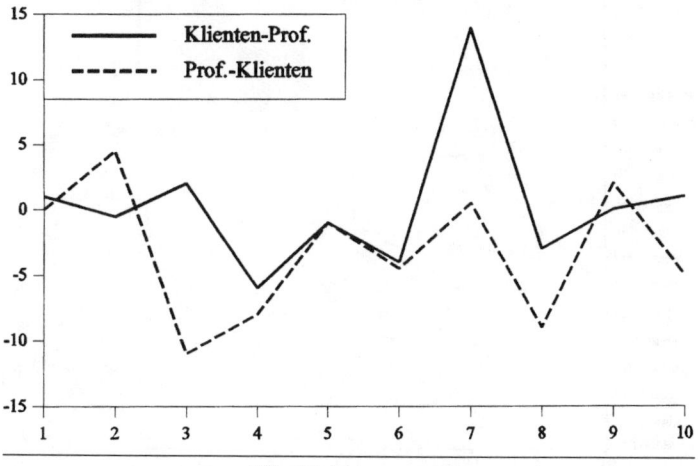

Abb. 18 (Fortsetzung)

Belastungserleben bei Klienten und Professionellen:
hausgemachter und fremdbedingter Streß

Der Belastungsbogen liefert Informationen über zwei wesentliche
Aspekte des Streßerlebens im Systemspiel: Die Items des Bogens
gewähren Einblick nicht nur in das erlebte Ausmaß und die erlebte
Qualität der Belastung, sondern auch in die Art und Weise, wie die
Person versucht, die Situation zu bewältigen. Wir können daher
erstens nach typischen Formen des Streßerlebens und der versuchten Streßbewältigung suchen. Gibt es etwa typischen Klienten-
oder typischen Professionellenstreß? Zweitens interessiert uns die
Dynamik, die sich zwischen Helfern und Klienten abspielt. Da der
Belastungsbogen den Protokollanten auffordert, die Quelle der Belastungssituation anzugeben (»Mit welcher Person hatte die Belastungssituation zu tun?«), können wir fragen: Wie verhalten sich
hausgemachter Streß, der im eigenen Binnensystem stattfindet,

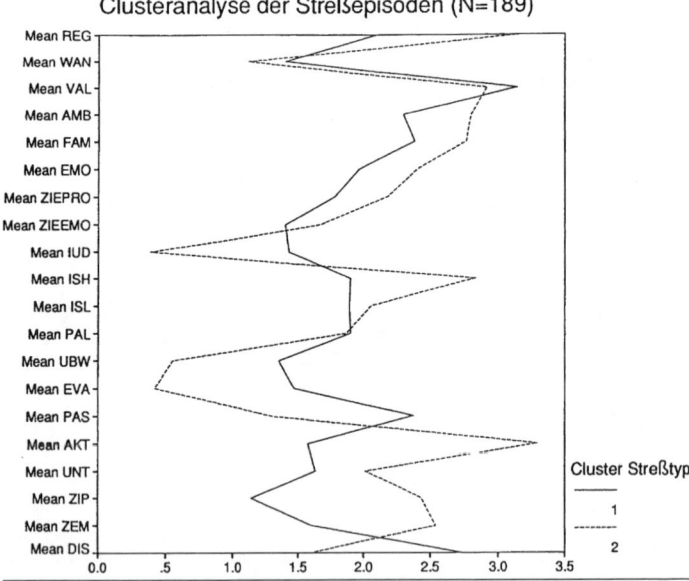

Abb. 19: Clusterprofil der beiden Streßcluster auf der Grundlage der
Systemspiele Fribourg und Münster 1992 (N = 189 Belastungsbögen).
(Abkürzungen: siehe Seite gegenüber →)

Abkürzungen zu Abbildung 19 gegenüber

REG (Regulierbarkeit): Ich erlebe die Chance, daß ich die Situation zum Guten beeinflussen kann, als *sehr klein – sehr groß.*

WAN (Wandelbarkeit): Ich erlebe die Chance, daß sich die Situation ohne mein Zutun besser kann, als *sehr klein – sehr groß.*

VAL (negative Valenz): Das Ausmaß der Belastung ist für mich *sehr klein – sehr groß.*

AMB (Ambiguität): Die Situation ist/war für mich *gar nicht klar/eindeutig – sehr klar/eindeutig.*

FAM (Vertrautheit): Eine ähnliche Situation erlebte ich *noch nie – häufig.*

EMO (Emotionale Reaktion): In der Belastungssituation fühlte ich mich *sehr unruhig/nervös – sehr ruhig/ausgeglichen; sehr traurig/deprimiert – sehr fröhlich/heiter; sehr wütend/zornig – sehr sanft/friedfertig.*

ZIEPRO (Ziel Problemlösung): Das Ziel, angesichts der Situation das Problem direkt anzugehen, ist für mich *völlig unwichtig – sehr wichtig.*

ZIEEMO (Ziel Beruhigung): Das Ziel, angesichts der Situation ruhig zu bleiben, ist für mich *völlig unwichtig – sehr wichtig.*

IUD (Informationsunterdrückung): Ich versuchte *gar nicht – sehr*, abzuschalten, mich abzulenken.

ISH (Informationssuche): Ich versuchte *gar nicht – sehr*, mir Klarheit über das Problem zu verschaffen.

ISL (innere Lage): Ich versuchte *gar nicht – sehr*, mir Klarheit über meinen inneren Zustand zu verschaffen.

PAL (Palliation): Ich versuchte *gar nicht – sehr*, meine Gefühle zu beruhigen/entspannen.

UBW (Umbewerten): Ich versuchte *gar nicht – sehr*, mir klarzumachen, daß es Schlimmeres/Wichtigeres gibt.

EVA (Evasion): Ich versuchte *gar nicht – sehr*, mich der Situation zu entziehen (Rückzug, Meidung).

PAS (Passivität): Ich versuchte *gar nicht – sehr,* zunächst passiv zu bleiben oder abzuwarten.

AKT (aktive Einflußnahme): Ich versuchte *gar nicht – sehr,* die Situation aktiv zu beeinflussen.

UNT (Unterstützung): Ich versuchte *gar nicht – sehr,* Unterstützung von anderen in Anspruch zu nehmen.

ZIP (Problemlösung): Mit dem, was ich tat, konnte ich das Problem *gar nicht – sehr* lösen.

ZEM (Beruhigung): Mit dem, was ich tat, konnte ich mich *gar nicht – sehr* innerlich beruhigen.

DIS (Verhaltensdiskrepanz): Mit solch einer Situation möchte ich *gar nicht – völlig* anders umgehen können.

und fremdbedingter Streß in der Interaktion mit einem Mitglied des anderen Teilsystems zueinander?

Belastungsbögen, daran sei erinnert, werden nur für solche Situationen ausgefüllt, in denen ein Teilnehmer subjektiv Streß von bedeutendem Ausmaß erlebt. Die Anzahl abgegebener Bögen schwankte in den bisherigen Systemspielen zwischen rund 30 und 100 Protokollen. Bei dieser geringen Anzahl von Protokollen können Verlaufsanalysen nur mit Vorsicht interpretiert werden.

Ein eindeutiges Ergebnis konnten wir hinsichtlich der Frage nach *typischen Erlebens- und Bewältigungsmustern von Belastungssituationen* erzielen. Eine hierarchische Clusteranalyse, in die alle Belastungsbögen der beiden Systemspiele in Fribourg (Januar 1992) und Münster (Juni 1992) eingingen, förderte eine klare Zweicluster-Lösung zutage, die im zweiten Münsteraner Systemspiel von Rott und Wewers (1996) repliziert werden konnte. Abbildung 19 zeigt die jeweilige Ausprägung der Cluster auf den Items des Belastungsbogens.

Die beiden Cluster unterscheiden sich nicht wesentlich hinsichtlich des Ausmaßes erlebter Belastung, abzulesen an den Profilausprägungen von (negativer) Valenz und Emotionalität. Cluster 2 tendiert jedoch in Richtung größerer Klarheit über die Entstehung der Belastung (man glaubt zu wissen, woher der Streß kommt) sowie der Vertrautheit mit der Situation (man kennt solche Situationen schon). Vor allem ist das Zutrauen, die Situation selbst aktiv verbessern zu können, deutlich größer (Regulierbarkeit). Hinsichtlich der Streßbewältigung tendiert dieses Cluster stärker in Richtung einer aktiven Auseinandersetzung mit der Situation. Dies gilt auch für die kognitiven Bewältigungsmechanismen (sich Klarheit über die Situation und seine Gefühle verschaffen, sich aber auch ablenken können). Entsprechend höher ausgeprägt ist das Erfolgserleben im Umgang mit der Belastung, sowohl im Sinne konkreter Problemlösung als auch hinsichtlich emotionaler Beruhigung. Vereinfachend sprechen wir von einem »Passivitäts- und Hilflosigkeitscluster« (Cluster 1) und von einem »Aktivitäts- und Kontrollierbarkeitscluster« (Cluster 2).

Man könnte erwarten, daß es vor allem die »hilflosen« Klienten sind, denen sich das Hilflosigkeitscluster zuordnen läßt, während

Professionelle im Umgang mit Belastungen »Kontrolle« erleben sollten. Das ist nur tendenziell der Fall. In beiden Teilsystemen sind beide Belastungsformen wohlbekannt. Die Professionellen des ersten Münsteraner Systemspiels beispielsweise erleben ausgesprochen starken »Hilflosigkeitsstreß« in der fünften Stunde des Spiels, jener Stunde, in der die Führungskrise im Rahmen einer großen Sitzung eskaliert. Die Erzieherin wirft dem Heimleiter »faschistoide Heimstrukturen« vor (Abb. 20).

Betrachten wir nun die *Streßentwicklung als Interaktionsgeschehen zwischen Klienten und Professionellen*. Inwieweit erleben Klienten und Professionelle Belastungen im Umgang mit der jeweils anderen und im Umgang mit der eigenen Gruppe? Abbildung 21 zeigt die entsprechenden Häufigkeiten von Streßepisoden als Abweichung von den Erwartungswerten in den Systemspielen in Fribourg und Münster (1992). Belastungsinteraktionen innerhalb des Klientensystems sind im linken hinteren Feld angezeigt, Binnenstreß innerhalb des Professionellensystems im Feld vorne rechts. Das Feld vorne links zeigt Belastungen, die ein Klient einem Professionellen, das Feld hinten rechts Belastungen, die ein Professioneller einem Klienten zuschreibt.

Während Professionelle nur sehr selten (weit unterhalb der Erwartungsgrenze) Klienten als Quelle einer Belastungssituation erleben, sehen Klienten sehr oft einen Professionellen als Anlaß für eine Streßsituation. Dies mag angesichts der Unzufriedenheit, die die Heimjugendlichen über das Heimteam äußerten, nicht überraschen. Offenbar sehen Professionelle, vor allem im Münsteraner Spiel, die Quelle ihrer Belastung zumeist im eigenen System. Diese Professionellen sind nicht nur, wie in allen bisherigen Spielen, das am stärksten mit sich selbst beschäftigte Teilsystem, sie produzieren auch in großem Ausmaß hausgemachten Streß. In Übereinstimmung mit einschlägigen Burnout-Erfahrungen wirft dieses Ergebnis möglicherweise Licht auf die Entstehung des professionellen Ausgebrannt-Seins: Helfer reiben sich gegenseitig auf. Hier setzen in den Nachbesprechungen Möglichkeiten der Burnout-Prophylaxe an. Systemspielteilnehmer dürften davon profitieren, solche Erfahrung gemacht zu haben, bevor sie in zermürbenden Berufsjahren verschlissen werden (vgl. auch Gussone u. Schiepek, im Druck).

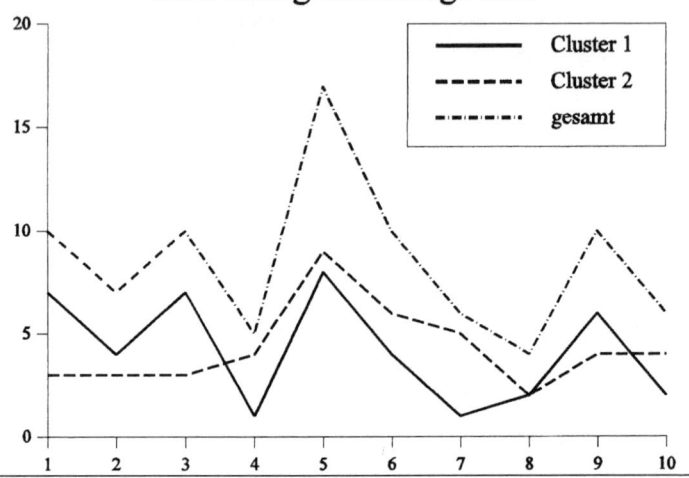

Abb. 20: Häufigkeitsverläufe der Belastungsepisoden im Münsteraner Systemspiel (1992) für Klienten und Professionelle, differenziert nach den beiden Streßclustern

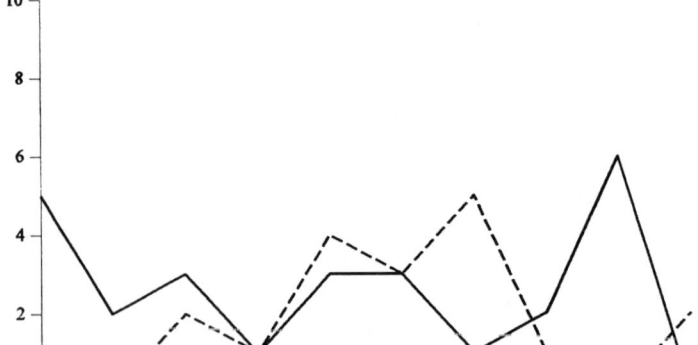

Abb. 20 (Fortsetzung)

Professionelle

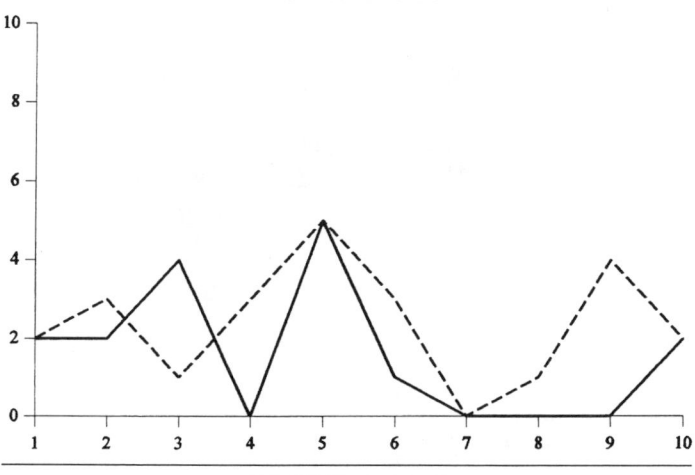

Abb. 20 (Fortsetzung)

Systemspiel Fribourg

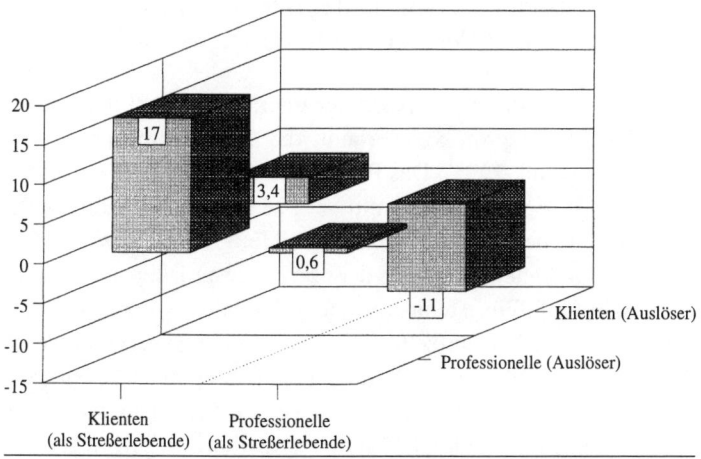

Abb. 21: Belastungsepisoden in den Systemspielen Fribourg und Münster (1992) in der Interaktion zwischen Klienten und Professionellen und in Binneninteraktionen

Systemspiel Münster 1992

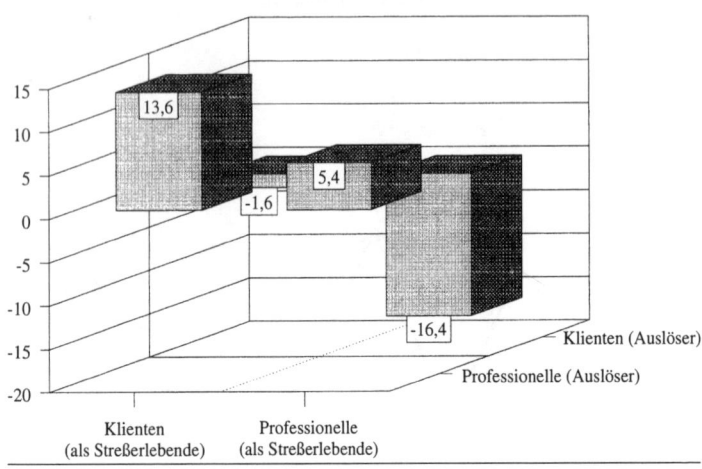

Abb. 21 (Fortsetzung)

Formale Aspekte der Interaktionen:
Gestalt und Wandel von Interaktionsmatrizen

Aussagen über formale Aspekte der Interaktionen auf der Grundlage der Aktionsprotokolle erlaubt das Auswertungsprogramm
»Matrix« (Strunk 1995). Das Programm verrechnet die eingehenden Daten in Form von Wer-mit-wem-Matrizen (vgl. Anhang B),
wobei eine beliebig feine Aufteilung in Teilgruppen gewählt werden kann. So bietet sich neben der oben angesprochenen Differenzierung in fünf Teilsysteme auch eine Betrachtung der Interaktionen zwischen allen fünfzehn Personen (15×15-Matrix) an. Auch
die zeitliche Auflösung der Verlaufsbetrachtung (nach Spieltagen,
Stunden, Halbstunden) kann variiert werden. Zumeist erweist sich
der Stundentakt als sinnvolle Einheit. Die Matrizen zeigen also an,
wie viele Interaktionen in einem bestimmten Zeitintervall stattfanden, wer daran beteiligt war, wer Initiator war und wer angespielt
wurde. In den Diagonalen der Matrix sind die selbstbezogenen Aktionen einer Person oder einer Gruppe eingetragen. Die Matrizen

können auch in Säulenform wiedergegeben werden, bei denen hohe Interaktionshäufigkeiten als aufragende Säulen sichtbar werden (Abb. 22).

Für die Beschreibung der zeitlichen Entwicklung der Matrizen etwa über die zehn Spielstunden bietet das Programm mehrere Kennwerte an. Diese Kennwerte beziehen sich entweder auf die Struktur der Matrizen als Ganzes oder auf die Einheiten der Matrix, also die miteinander interagierenden Personen oder Gruppen des Spiels, wie in den folgenden Übersichten näher erläutert.[18]

Matrixkennwerte des Auswertungsprogramms »Matrix«:

- *Selbstbezogenheit* der Matrix: Hohe Selbstbezogenheit ist durch stark besetzte Diagonalen gekennzeichnet. Die Einheiten (Personen oder Gruppen) sind in hohem Ausmaß mit sich selbst beschäftigt.
- *Konzentration:* Die Eintragungen in der Matrix können sich mehr oder weniger gleich auf die Zellen verteilen. Die Abweichung von einer hypothetischen Gleichverteilung kann als vertikale Streuung berechnet und in Säulenlandschaften dargestellt werden. Bei größter vertikaler Streuung gibt es nur eine hoch aufragende Säule, die Interaktionen würden sich dann auf eine Zelle konzentrieren. Da der Begriff der Streuung eine horizontale Streuung, also eine Gleichverteilung der Interaktionen suggeriert, bevorzugen wir den Begriff der Konzentration. Hohe Konzentration ist als in der Höhe zerklüftete Säulenlandschaft sichtbar und bedeutet, daß sich die Interaktionen der Matrix stark auf einzelne Einheiten konzentrieren. Von zwei Konzentrationskennwerten berücksichtigt die Formel für die Konzentration d (dichotom) lediglich, ob eine Zelle der Matrix überhaupt besetzt ist oder nicht, in der Formel der Konzentration q (quantifiziert) geht auch die Höhe der Zellenbesetzung mit ein, es ist also ein differenziertes Maß. Bei schwach besetzten Matrizen verliert das dichotome Konzentrationsmaß an Robustheit.

18 Im Anhang B sind die Rohwertematrix und die Rechenformeln für die Kennwerte wiedergegeben.

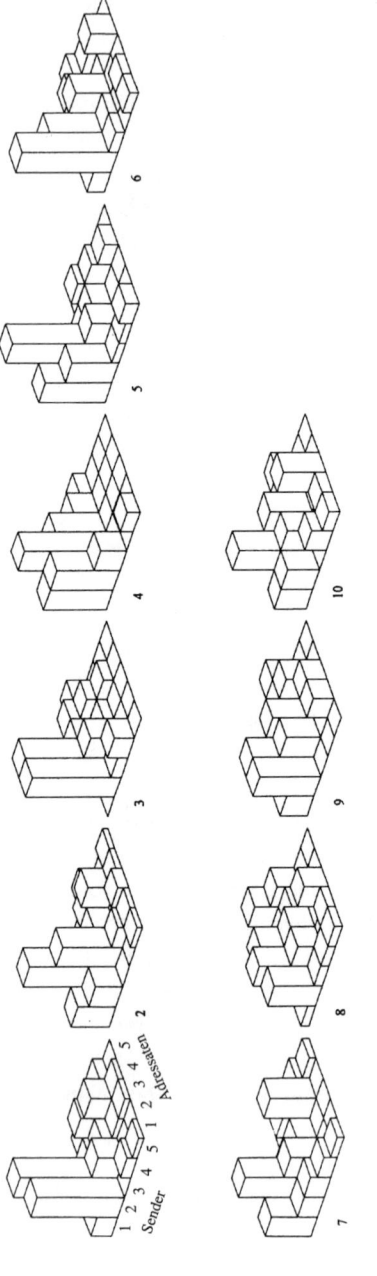

Abb. 22: Säulendiagramme des Programms Matrix: die zehn Diagramme repräsentieren die zehn Spielstunden des Systemspiels Münster (1992). Die Spieler wurden dabei in fünf Subsysteme eingeteilt: (1) die Jugendlichen des Heims, (2) die Heimmitarbeiter, (3) die Jugendamtsmitarbeiter, (4) die Eltern Köhler, (5) die Mitarbeiter der Kinder- und Jugendpsychiatrie.

– *Ähnlichkeit* und *Vorhersage:* Der Kennwert der Ähnlichkeit beurteilt, wie ähnlich sich Matrizen in unterschiedlichen Zeitfenstern hinsichtlich ihrer Struktur sind, wie stark sich also umgekehrt die Gestalt der Matrix von einer Spielstunde zur nächsten verändert. Kommt es im Spielverlauf zu einer entscheidenden Veränderung der Wer-mit-wem-Interaktionsstruktur, so müßte sich dies in einer geringen Ähnlichkeit der beiden aufeinanderfolgenden Matrizen zeigen. Mit der Vorhersagekraft einer Matrix auf eine nachfolgende wird das Kriterium der Ähnlichkeit zwischen benachbarten Matrizen noch enger definiert, indem es nur auf die Übereinstimmung oder Nicht-Übereinstimmung von stark besetzten Zellen ankommt. Eine Matrix wird dann von der Vorgängermatrix gut vorhergesagt, wenn möglichst viele ihrer stark besetzten Zellen ($>5\%$ der Gesamtinteraktionen) in der vorhergehenden Matrix bereits (egal wie stark) besetzt sind.

Kennwerte der Einheiten des Auswertungsprogramms »Matrix«
– *Initiative* und *Rezeptivität:* Diese Kennwerte geben an, wie stark eine Person oder Gruppe Interaktionen an andere richtet (Initiative) oder wie oft sie von anderen angespielt wird (Rezeptivität).
– *Involviertheit:* Als Summe der beiden vorigen Kennwerte ergibt sich das Ausmaß der Involviertheit einer Person oder Gruppe in das Interaktionsgeschehen.
– *Selbstbezogenheit:* Bei den drei vorgenannten Kennwerten wird die Diagonale der Matrix außer acht gelassen. Diese enthält nun die Selbstbezogenheit der Person oder Gruppe: Wie stark ist eine Person beziehungsweise eine Gruppe mit sich selbst beschäftigt, statt mit anderen zu interagieren?

Diese Kennwerte fragen nach formalen Aspekten der Interaktion. Die Inhalte des Geschehens werden damit nicht erfaßt und müssen in der Auswertung der qualitativen Daten (Nachbesprechung und Nachinterviews) ergänzt werden. Am Beispiel des Münsteraner Systemspiels vom Juni 1992 sei dies illustriert. Dazu betrachten wir in Abbildung 23 zunächst die Stundenverläufe der *Matrixkennwerte* bei Aufteilung der Teilnehmergruppe in Klienten und Professionelle.

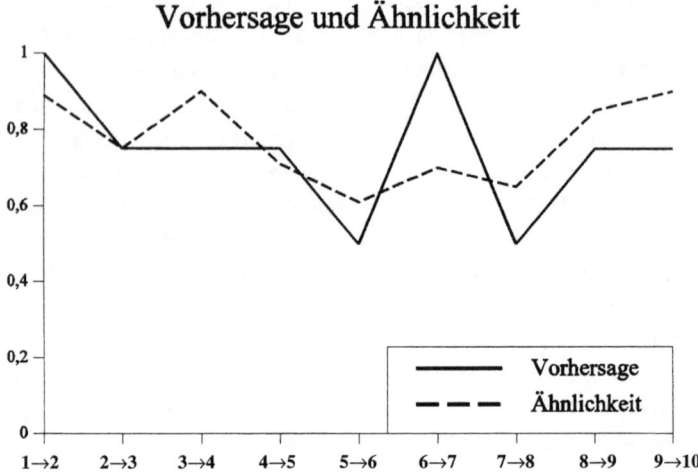

Abb. 23: Matrixkennwerte im Stundenverlauf für das Systemspiel Münster 1992, bezogen auf die 2 × 2-Matrix (Klienten vs. Professionelle)

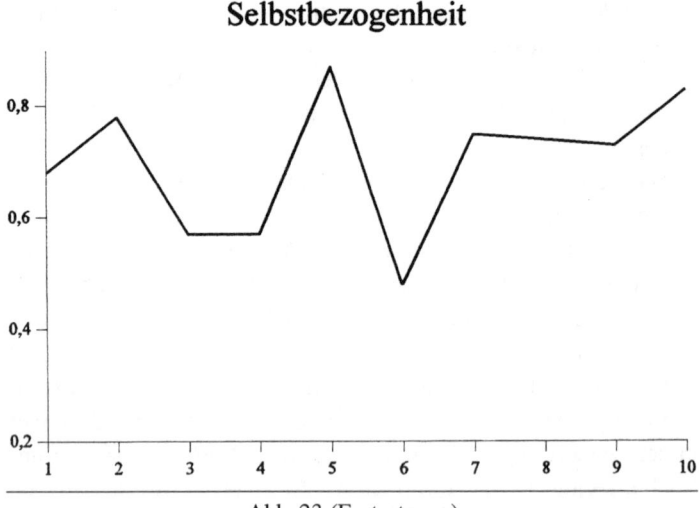

Abb. 23 (Fortsetzung)

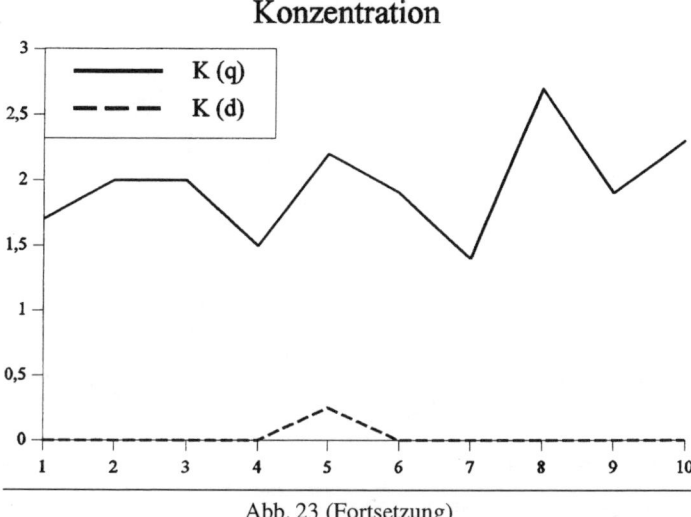

Abb. 23 (Fortsetzung)

In der Spielmitte, vor allem zwischen der fünften und sechsten Spielstunde, weist die Ähnlichkeit zwischen aufeinanderfolgenden Matrizen ein relatives Minimum auf. Die Vorhersagekraft der Matrix steigt allerdings von der fünften (geringe Vorhersage auf die sechste Stunde) zur sechsten Spielstunde (hohe Vorhersagekraft auf die siebte Stunde) an, um danach wieder auf das Niveau der fünften Stunde abzufallen. Die fünfte Spielstunde fällt auch hinsichtlich der übrigen Matrixkennwerte auf. Neben maximal hoher Selbstbezogenheit existiert auch ein lokales Maximum der Konzentration. Das heißt: Die Interaktionen konzentrieren sich auf eines der beiden Teilsysteme, und zwar das Professionellensystem, das in dieser fünften Stunde mit seiner Führungskrise beschäftigt ist. Für die sechste Spielstunde zeigen die Verlaufskurven eine stark abfallende Selbstbezogenheit, gepaart mit der ansteigenden Vorhersagekraft der Matrixabfolge. Es scheint sich also beim Übergang von der fünften zur sechsten Stunde etwas zu tun: Die Interaktionsstruktur konsolidiert sich, wird wieder stabiler (hohe Vorhersage) und nach einer Phase hoher Selbstbezogenheit und hoher Konzentration wieder breiter gestreut. Auch die siebte Spielstunde könnte einen Wandel im Spielverlauf enthalten, die Daten legen

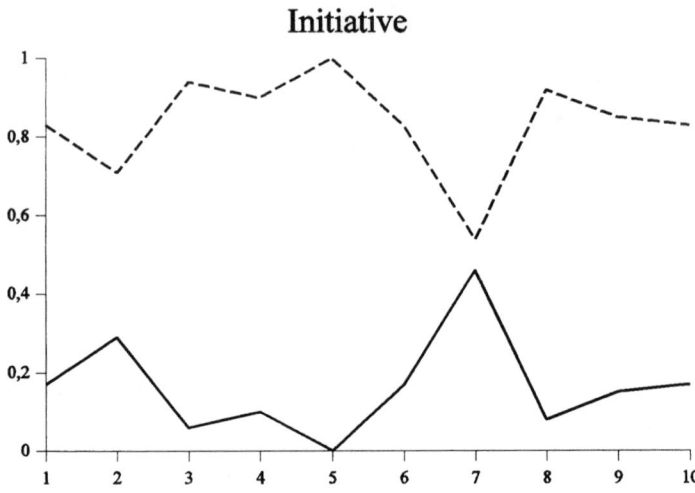

Abb. 24: Kennwerte für die Einheiten der Matrix im Stundenverlauf
für das Systemspiel Münster 1992, bezogen auf die 2×2-Matrix
(Klienten: —; Professionelle: - -)

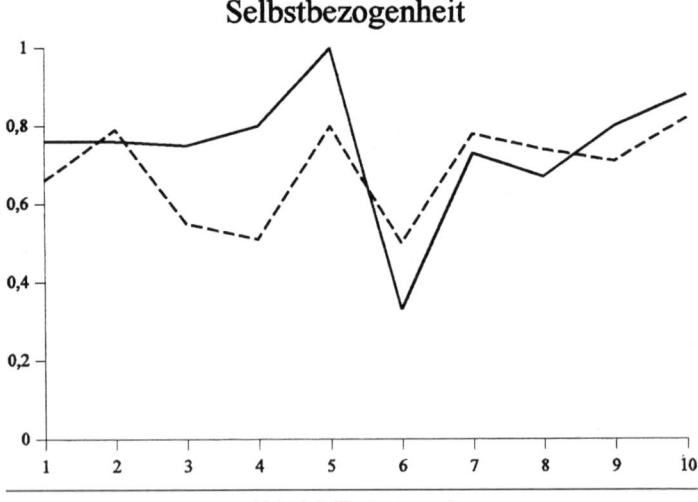

Abb. 24 (Fortsetzung)

dies allerdings weniger nahe als für die fünfte Stunde. Über die vielen Mikroereignisse des Spielgeschehens scheint sich also eine Verlaufsgestalt mit einer Klimax in der Spielmitte zu legen, die sich in den Matrixkennwerten widerspiegelt.

Ziehen wir nun die Stundenverläufe der Kennwerte *Initiative* und *Selbstbezogenheit* für die *Einheiten* der Matrix, also Klienten und Professionelle, hinzu (Abb. 24). Der Kennwert Involviertheit nimmt für diese Matrizen trivialerweise überall den Wert 1 an und ist daher nicht dargestellt.

Auch hier fallen die fünfte und die siebte Stunde als markante Einschnitte auf. Bei für beide Teilsysteme hoher Selbstbezogenheit erweisen sich in der fünften Stunde die Professionellen als maximal, die Klienten als minimal initiativ. Im Anschluß an diese fünfte Stunde kehrt sich dieses Verhältnis um, um nach der siebten Stunde noch einmal zu kippen. Ähnlich wie die Selbstbezogenheit der gesamten Matrix verläuft auch die Selbstbezogenheit von Klienten und Professionellen. Wir finden also weiterhin die Annahme bestätigt, daß in der Dynamik zwischen Professionellen und Klienten die fünfte Spielstunde einen deutlichen Markierungspunkt setzt. Weiterhin verdient auch die siebte Stunde unsere Aufmerksamkeit als möglicher weiterer Wendepunkt in der Spieldynamik. Die inhaltliche Dramaturgie des Spielgeschehens (Führungskrise im Heimteam) scheint sich also in dynamischen Aspekten der Interaktionsstruktur widerzuspiegeln (markante Übergänge in der fünften Spielstunde). Bevor wir auf diese offensichtliche Übergangsphase weiter eingehen, wollen wir anhand der bisherigen Ergebnisse nach Ähnlichkeiten und Unterschieden der Ordnungsbildung in den Systemspielen fragen.

Systemeigene Prozesse der Ordnungsbildung

Lassen sich für die Systemspiele ähnliche phasische Verläufe beschreiben? Diese Frage kann bisher nur auf der Basis von wenigen ausgewerteten Systemspielen beantwortet werden. Dabei erscheint eine Dreiteilung der Spielverläufe naheliegend: Einer ersten »Orientierungsphase« folgen eine »Aktionsphase« und eine »Beruhigungs- und Abschlußphase«.

Für das erste Münsteraner Systemspiel (Juni 1992) konnte dieser Ablauf auf der Basis der fünf Spieltage gut nachvollzogen werden. So versuchen die Teilnehmer dieses Systemspiels am ersten Spieltag, ihre Rollen im System zu finden, ihren Aufgabenbereich abzustecken und die anderen kennenzulernen. Hier ist die bereits beschriebene Anfangshektik zu spüren, die sich als Aktionismus (übermäßiges Planen und Entscheiden, ständiges Einberufen von Sitzungen), Koalitionssuche oder aktives Abgrenzen gegenüber anderen bemerkbar macht. Diese Dynamik spiegelt sich in der hohen Zahl abgegebener Aktionsprotokolle wider, in der großen Häufigkeit der Aktionskategorie »Planen und Entscheiden« und in den inhaltlichen Rekonstruktionen der Teilnehmer. Die aktionsreichen Spieltage 2 und 3 unterscheiden sich vom ersten Spieltag durch die größere Anzahl von Interaktionen zwischen Professionellen und Klienten. Vor allem innerhalb des Helfersystems kommt es zu großen Konflikten und zum höchsten Ausmaß erlebter Belastungen. Die Teilnehmer geben auf ihren Phasenbögen vor allem in dieser Spielphase eine Fülle von Übergängen an. Die letzten beiden Spieltage sind von einer allgemeinen Beruhigung geprägt, also von weniger Streß, geringerem Austausch zwischen Klienten und Professionellen, einer weitgehenden Klärung der Konflikte und in allen Teilsystemen von Zusammenkünften, in denen das Spiel gemeinsam abgeschlossen wird.

So klar wie für dieses Spiel konnten die postulierten Phasen in den anderen Systemspielen nicht zugeordnet werden. So ist beispielsweise das Fribourger Spiel durch einen relativ flachen Entwicklungsverlauf charakterisiert. Obgleich auch dieses Spiel einen dramaturgischen Höhepunkt (sechste Spielstunde) entwickelt, finden Veränderungen weniger sprunghaft statt, und die Spieltage lassen sich anhand der erhobenen Daten weniger klar voneinander abgrenzen.

Zeigen also die Systemspiele hinsichtlich der Interaktion zwischen Klienten und Professionellen und typischer Verhaltensmuster innerhalb dieser Teilsysteme durchaus Ähnlichkeiten, so sind Unterschiede, vor allem hinsichtlich der zeitlichen Verläufe, der

Rhythmen und phasischen Taktung, augenfällig. Systemtheoretisch kann diese Beobachtung erklärt werden, wenn wir mit Willke zwei wesentliche Mechanismen der Komplexitätsreduktion annehmen: Erstens die Reduktion von Personen auf Rollen und zweitens die Reduktion »von frei fließender Weltzeit auf prozessual synchronisierte Systemzeit« (Willke 1991, S. 66). So treten in der Matrixauswertung hervorstechende Muster der Beziehungsgestaltung noch nicht in Erscheinung, wenn man die 15 × 15-Matrizen betrachtet, also jede einzelne Person als Einheit nimmt. Erst durch das Hervortreten von Rollen und Funktionen – als Jugendlicher, als Elternteil oder als Mitglied eines Helfersystems – scheinen in den entsprechenden Matrixauswertungen solche Muster auf. Gleichzeitig kann festgehalten werden, daß unsere Systemspiele sowohl durch typische Beziehungsmuster zwischen Klienten und Professionellen und innerhalb dieser Teilsysteme gekennzeichnet sind als auch durch jeweils unterschiedliche zeitliche Verläufe dieser Beziehungsgestaltung in den einzelnen Spieldurchgängen.

Da sich im Münsteraner Spiel vom Juni 1992 Veränderungen in der Interaktionsdynamik besonders deutlich ausgeprägt zeigen, wollen wir an diesem Beispiel der Frage nachgehen, inwieweit sich für solche Wendepunkte das Konzept des Phasenübergangs heranziehen läßt.

Ordnungswandel im Systemspiel als Phasenübergang

Im Anschluß an das Systemspiel an der Universität Münster vom Juni 1992 zeichneten die Teilnehmer mit Hilfe der Phasenbögen den Verlauf des gesamten Spiels nach. Abbildung 25 gibt das Ergebnis der Auswertung aller Bögen wieder. Sämtliche markierten 49 Übergänge werden aufsummiert und auf einer Zeitskala (halbstündliche Einheiten) dargestellt.

Anhand der Tönung der Skala ist leicht zu erkennen, wo es kritisch wird: Die Anzahl erlebter Übergänge konzentriert sich auf die Spielmitte, konkret auf die fünfte Spielstunde. In dieser Stunde sieht sich der Heimleiter während einer großen Heimsitzung massiven

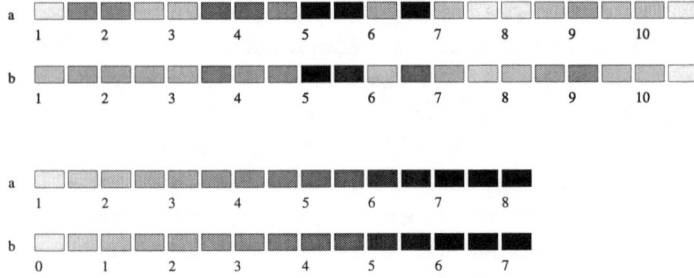

Abb. 25: Phasenübergänge im halbstündlichen Verlauf im Systemspiel Münster (1992). Gezeigt sind erlebte Veränderungen, aufsummiert über die Dimensionen »Stimmung«, »Thema«, »Beziehungsstruktur« und »persönliche Bezugsgruppe«. (a) Kontinuierliche Übergänge nicht gewichtet, (b) Kontinuierliche Übergänge mit Werten zwischen 0 und 1 gewichtet. Die Skalen zeigen die sich verändernde Häufigkeit von signierten Übergängen an.

Vorwürfen seines Teams ausgesetzt. Diese beziehen sich auf seine erfundene Behauptung, Peter Köhler sei aufgrund eines Suizidversuchs in die Kinder- und Jugendpsychiatrie eingewiesen worden und gipfeln in dem Statement der Erzieherin, im Heim herrschten »faschistoide Strukturen«. Die Jugendlichen entweichen zur selben Zeit aus dem Heim und lösen, als dies bekannt wird, eine große Suchaktion aus. Erst zu Beginn der sechsten Stunde kehren sie ins Heim zurück. Im Gefolge dieser Heimkrise kommt es dann zu einem Wandel in Richtung Kooperation, der uns im nächsten Kapitel beschäftigen wird.

Dennoch: Nur einmal wird der Vorwurf der »faschistoiden Strukturen« im Heim als Anlaß dafür genannt, einen Phasenübergang zu markieren, und zwar vom Heimleiter selbst. Andere Markierungen beziehen sich auf die Flucht der Jugendlichen aus dem Heim, aber auch auf informelle Kontakte, etwa den späteren Ausflug der Jugendlichengruppe. Zwei Teilnehmerinnen, die Jugendamtsmitarbeiterin Frau Jelloncek und die Mutter von Peter Köhler, setzten einen Phasenübergang schon viel früher an, nämlich mit der Behauptung des Heimleiters, Peter Köhler sei wegen eines Suizidversuchs in die Kinder- und Jugendpsychiatrie gekommen.

Theoretisch geht es beim Begriff des »Phasenübergangs« um

den *qualitativen* Wandel von Ordnungszuständen. Solche Übergänge werden von Fluktuationen und Instabilitäten im System begleitet. In diesen Phasen der *kritischen Instabilität* erweist sich ein System als äußerst sensibel und reaktionsbereit. Der Übergang von einer alten zu einer neuen Ordnung spielt sich dann oft relativ sprunghaft, also diskontinuierlich ab.

In Abbildung 26 betrachten wir nun die fünfte Spielstunde als Übergangsphase des Spiels, indem wir alle Kurvenverläufe zusammenfassen, die an dieser Stelle einen qualitativen Wandel markieren, sei es durch maximale oder minimale Ausprägung. Die obere Graphik zeigt Maxima der Verläufe des Gesamtaufkommens an Streßepisoden, an konflikthaltigen Interaktionen, an Binneninteraktionen in den Teilsystemen »Klienten« und »Professionelle« und an Häufigkeiten subjektiv erlebter Phasenübergänge. Die untere Graphik zeigt Minima der Verläufe der Matrixkennwerte »Ähnlichkeit« und »Vorhersage« sowie der Aktionskategorie »Hilfestellung geben/nehmen«. Die Ähnlichkeits- und Vorhersagewerte wurden mit dem Faktor 10 multipliziert, damit sie zusammen mit der Anzahl der Aktionen der Kategorie 5 in einer Graphik abgebildet werden können. Dies verzerrt die Steilheit der Kurvenverläufe, was dadurch gerechtfertigt ist, daß es in dieser Abbildung lediglich um die Illustration der Minima in der fünften Spielstunde geht, nicht um absolute Werte.

Soweit ergibt sich ein klares Bild: Die Kennwerte erlauben es, eine Art Phasenübergang zu charakterisieren. Die Interaktionsmatrix der fünften Stunde ist unähnlich zur nachfolgenden. Synchron zu dieser Fluktuation in der Interaktionsstruktur entsteht eine klare Belastungsspitze für das Gesamtsystem bei hohem Konfliktpotential, aber minimaler gegenseitiger Hilfestellung. Auch der Informationsfluß (Aktionskategorien 3 und 4), vor allem das Weitergeben von Information, ist in dieser fünften Stunde gering ausgeprägt. Das Geschehen findet, sowohl bei Klienten als auch bei Professionellen, überwiegend im Binnensystem statt. Schließlich geben die Teilnehmer selbst auf den Phasenbögen für diese fünfte Stunde die größte Anzahl erlebter Übergänge an. Während sich in den folgenden Spielstunden das Geschehen auf emotionaler und struktureller Ebene wieder stabilisiert, durchläuft das System in

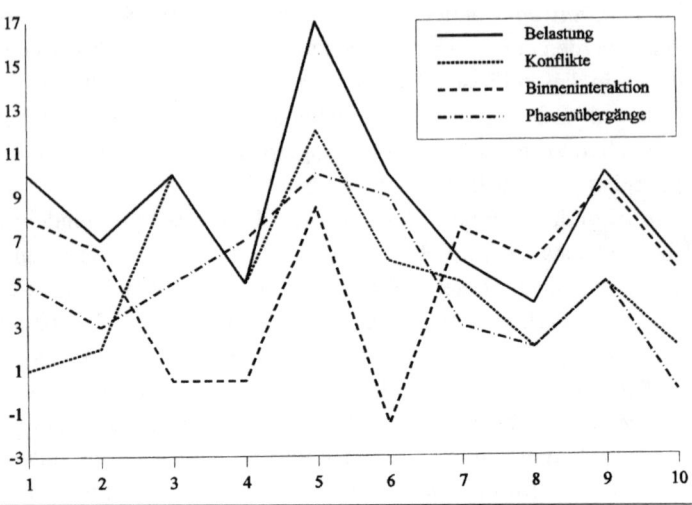

Abb. 26: Ordnungswandel im Münsteraner Systemspiel (1992)

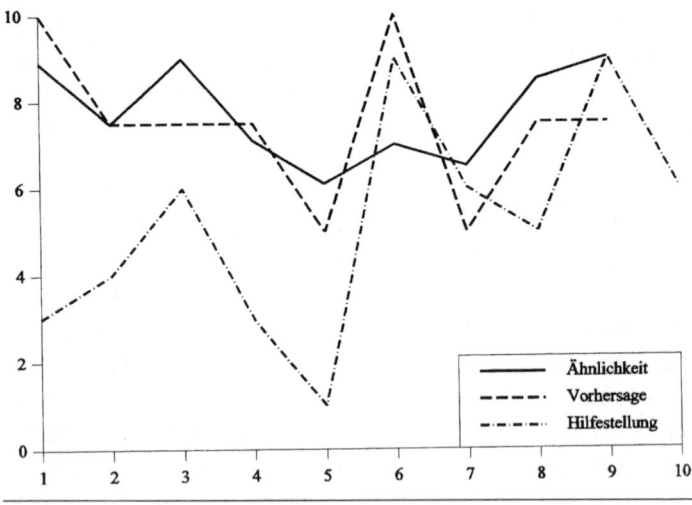

Abb. 26 (Fortsetzung)

dieser fünften Stunde eine deutlich sichtbare Instabilität, was aus den Schilderungen der Teilnehmer bereits als dramaturgischer Höhepunkt des Spiels bekannt ist. Anhand einer Verlaufskorrelation von r = .70 (p < .05) zwischen den Häufigkeiten der auf dem Phasenbogen markierten Übergänge und der Interaktionskonzentration der 5 × 5-Matrix (Aufteilung der Teilnehmer in fünf Untergruppen), ließe sich die Hypothese aufstellen, daß eine hohe Konzentration von Interaktionen im System als Indiz für einen Ordnungswandel fungiert. Im Umkehrschluß könnte man vermuten, daß sich eine strukturelle Gleichverteilung der Matrix (breite Beteiligung aller Subgruppen) eher in übergangsarmen Phasen des Spiels findet. Diese Hypothese läßt sich über die Korrelation zwischen subjektiv erlebten Phasenübergängen und den Ähnlichkeiten der Matrizen allerdings nicht bekräftigen. Denn obwohl für die übergangsreiche Mitte des Spiels auch die geringste Ähnlichkeit der 5 × 5-Matrizen zur jeweiligen Folgematrix festgestellt werden kann, ist dieser Zusammenhang über den gesamten Spielverlauf gesehen nur ansatzweise ausgeprägt (r = −.29), wobei das negative Vorzeichen dieser Korrelation durchaus in Richtung der Hypothese weist. Vielleicht gilt der vermutete Zusammenhang erst bei relativ stark erlebten Übergangsszenarien, wie sie die Mitte des Spiels bietet. Einen klaren Zusammenhang zeigen die Verlaufskorrelationen zwischen einer eingeengten, ungleichverteilten Interaktionsstruktur (hohe quantifizierte Konzentration) und dem Versiegen des Informationsflusses: Die Aktionskategorie »Information geben« korreliert mit der vertikalen Streuung (Zerklüftung, K(q)) der 5 × 5-Matrix mit r = −.54 deutlich negativ.

Wir müssen die Interpretation eines sozialen Phasenübergangs an dieser Stelle differenzieren und das subjektive Erleben von sozialen Veränderungsprozessen näher beachten. Dieses hängt, wie Mayntz (1988) bemerkt, von vielen Faktoren ab, etwa der emotionalen Beteiligung an einer Veränderung, von der Vorhersagbarkeit[19] oder dem Maßstab der zeitlichen Betrachtung. So beurteilt Mayntz

19 »Ein Putsch wird in diesem Sinne oft als ›plötzlich‹ erlebt, das Auswechseln einer Regierung nach einer ordnungsgemäßen Wahl dagegen nicht« (Mayntz 1988, S. 20).

die Leichtigkeit, mit der etwa Fiala (1988) den Begriff des Phasenübergangs für historische Prozesse übernimmt, skeptisch: »Ob man ... zum Beispiel die ›industrielle Revolution‹ wirklich als einen besonders schnellen Wandlungsprozeß bezeichnen soll, mag der Zeitgenosse anders beantwortet haben als der in Jahrhunderten oder gar Jahrtausenden denkende Historiker« (1988, S. 19 f.). Und was dem Historiker »auf der Ebene der Gesellschaft als revolutionärer Strukturwandel vor allem auch in qualitativer Hinsicht erscheint, kann kleinere soziale Einheiten wie einzelne Familien, Gemeinden und Vereine relativ unberührt lassen« (Mayntz 1988, S. 20).

Fragen wir die Teilnehmer dieses Systemspiels, wie sie die Dramaturgie dieser fünften Spielstunde erlebt haben, so stoßen wir tatsächlich auf erhebliche Unterschiede. Die Rückmeldungen zu den Phasenbögen lassen eher darauf schließen, daß die atmosphärische Veränderung im Heim ab der siebten Spielstunde als Übergang erlebt wird. Nur der Heimleiter markierte explizit die Krisensitzung der fünften Stunde als Übergang. Frau Huber, die Heimpsychologin, empfand beispielsweise erst die Heimsitzung zu Beginn des fünften Spieltages als Übergang auf der Dimension »Beziehungsstruktur«. Nachdenklich machen muß uns auch die große Anzahl von *kontinuierlichen* Übergängen, die auf den abgegebenen Phasenbögen markiert sind. Im subjektiven Erleben äußert sich der formal identifizierte Phasenübergang also unterschiedlich, was seine Qualität, seine zeitliche Positionierung und auch das Kriterium der Diskontinuität betrifft.

Für die Identifizierung des beschriebenen Ordnungswandels als Phasenübergang im systemtheoretischen Sinne müssen also einige Besonderheiten berücksichtigen werden:

– Soziale Ordnungsübergänge können sich auf der Ebene formaler Interaktionsstrukturen als plötzliche Veränderung abbilden, müssen dies aber nicht im subjektiven Erleben der beteiligten Personen. Manche erleben einen Übergang eher kontinuierlich und langsam statt diskontinuierlich und plötzlich. Auch in physikalischen Systemen gibt es neben diskontinuierlichen durchaus auch kontinuierliche Übergänge.

– In der naturwissenschaftlichen Definition gehen Fluktuationen einem Phasenübergang voraus. In unseren Auswertungen können wir eher davon sprechen, daß Fluktuationen einen sozialen Ordnungswandel umringen. Je weniger eindeutig ein Übergang auf einen konkreten Zeitpunkt festgelegt werden kann, um so schwieriger ist es auch, »vorher« und »nachher« anzugeben. Im Münsteraner Systemspiel vom Juni 1992 scheinen der übergangsstarken fünften Spielstunde Fluktuationen in der Interaktionsdynamik, abzulesen an der Unähnlichkeit der Matrizen, eher zu folgen als vorauszugehen. Die Restabilisierung neuer Muster durchläuft instabile Zustände.

– Diese Beobachtungen legen es nahe, sehr sorgfältig auf die Unterscheidung zwischen Aspekten formaler Interaktionsdynamiken und dem subjektiven Erleben dieser Dynamiken zu achten. Erstere lassen sich empirisch an verschiedenen Kennwerten abbilden, letztere über die Rückmeldungen der Teilnehmer in den Nachbesprechungen und Nachinterviews.

Die Übergangsdynamik des Münsteraner Systemspiels vom Juni 1992 legt es nahe, insbesondere unter Praxisgesichtspunkten diese Dynamik näher zu betrachten, geschieht hier doch etwas ganz Entscheidendes: Im Helfersystem dieses Systemspiels wurde eine Entwicklung von einer Konkurrenzdynamik zu einer kooperativen Arbeits- und Umgangsweise möglich.

Ebenen der Kooperation: eine Einzelfallstudie und allgemeine Überlegungen

Bereits im ersten Kapitel beschäftigte uns die Frage nach den Bedingungen für Kooperation in psychosozialen Helfersystemen. Kooperation betrachteten wir als Systemgeschehen, keineswegs als ein Persönlichkeitsmerkmal, obwohl Menschen oft als kooperativ oder unkooperativ beschrieben werden. Kooperation läßt sich nicht verordnen, sondern entsteht als koordiniertes Verhaltensmuster in der Interaktion zwischen Personen oder Gruppen.

Schon im einfachsten Fall einer *Dyade* ist Kooperation ein komplexes, unberechenbares Geschehen (etwa im spieltheoretischen

Design des iterierten Gefangenendilemmas). Auch in den Systemspielen finden Kooperations-»Spiele« in Dyaden statt. Betrachten
wir die beiden Mitarbeiter des Jugendamts. Sie müssen eine bestimmte Form der professionellen Zusammenarbeit unter einem institutionellen Dach entwickeln und tun dies in ganz unterschiedlicher Weise. In einigen Spielen beobachten wir symmetrische Muster, beispielsweise abzulesen am Kennwert der Initiative, mit der
sich eine Person an andere Teilnehmer des Spiels richtet. So verlaufen die Kurven dieses Kennwerts für die Jugendamtsmitarbeiterinnen des Münsteraner Systemspiels vom Juni 1992 fast synchron. Andere Jugendamtsmitarbeiter bevorzugten ein komple-
mentäres Muster: Entweder entwickelten sie eine durchgehende
Rollenaufteilung in einen aktiven und einen eher passiven Part,
oder sie wechselten sich bezüglich ihrer Initiative im Spielverlauf
ab. In allen Fällen konnte es sowohl zu effektiver Zusammenarbeit
als auch zu unproduktivem Wettbewerb kommen. Im Fribourger
Systemspiel war beispielsweise anhand der Aktionsprotokolle zu
beobachten, daß Anfragen, die an das Jugendamt gerichtet wurden,
konsequent von beiden Mitarbeitern auf sich bezogen wurden.
Ausmaß und Verlauf ihrer Initiative über den Spielverlauf unterschieden sich dabei kaum, die Effektivität ihrer Zusammenarbeit
war jedoch gering ausgeprägt.

Betrachten wir also *Kooperation als Charakteristikum eines Systems.* Dabei können wir unterscheiden zwischen

- Binnenkooperation *innerhalb* einer Gruppe, eines Teams oder
  einer Institution (etwa innerhalb des Heimteams oder des Professionellensystems) und
- intersystemischer oder institutionsübergreifender Kooperation,
  also der Kooperation *zwischen* Teams, Gruppen oder Institutionen, etwa zwischen Klienten und Professionellen oder zwischen
  verschiedenen Helfersystemen.

Wie gingen die Systemspielteilnehmer als Vertreter eines multiprofessionellen Helfersystems mit dem Kooperationsproblem um? Sie
wurden zu Beginn des Spiels von der Spielleitung in eine äußerst
schwierige, geradezu kooperationsfeindliche Situation gebracht.
Das Szenario gibt ihnen eine nur minimale berufliche oder persön-

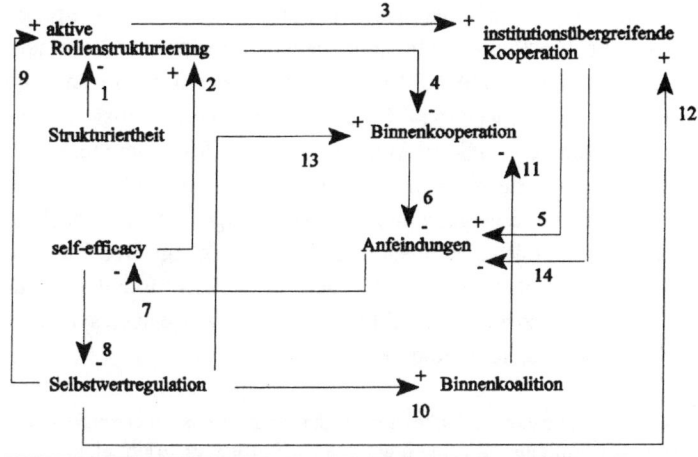

Abb. 27: Idiographisches Systemmodell: Rekonstruktion des Spielgeschehens im Interview mit dem Darsteller des Heimleiters im
Münsteraner Systemspiel (1992)

liche Identität vor und gemeinsame Ziel- und Aufgabenstellungen
(die Sorge um die Jugendlichen) sind nur vage benannt. Die Situation zu Beginn des Spiels ähnelt am ehesten der von Teams, die
sich neu zusammensetzen oder umstrukturiert werden. Da der Darsteller des Heimleiters Franz Rupprecht aus dem Münsteraner Systemspiel vom Juni 1992 in einem ausführlichen Nachinterview
zum Spielgeschehen befragt wurde, können wir den Verlauf dieser
besonderen Kooperationsdynamik nun aus erster Hand schildern.
Wir bedienen uns dabei der graphischen Zusammenfassung in
Form eines *idiographischen Systemmodells* (Schiepek 1986). Unter der Annahme, es mit einem selbstreferentiellen und dynamischen System zu tun zu haben, faßt ein solches Modell Wechselwirkungsprozesse zwischen zentralen Systemvariablen zusammen. Graphisch ist dies oft anschaulicher und klarer möglich, als
über unsere linear strukturierte Sprache. Die Variablen des folgenden Modells und die Art ihrer Vernetzung wurden im Interview
erhoben. Das Modell (Abb. 27) wurde gemeinsam mit dem Darsteller des Heimleiters erstellt. Anhand dieses Modells kann die
Zusammenfassung des Interviews leicht nachvollzogen werden.

Vernetzungen zwischen Variablen sind im Modell mit Pfeilen dargestellt. Ein Pluszeichen steht für einen positiven Zusammenhang zwischen Variablen, also »je mehr..., desto mehr« oder »je weniger..., desto weniger«. Ein Minuszeichen symbolisiert negative Beziehungen im Sinne von »je mehr..., desto weniger« oder »je weniger..., desto mehr«. Die Numerierung der Pfeile in dem Modell zeichnet eine gewisse zeitliche Abfolge nach. Zu beachten ist aber, daß damit keine linearen Ursache-Wirkungs-Beziehungen zwischen Variablen angezeigt werden sollen. Das Modell steht für eine prinzipiell zirkuläre Struktur, es zeigt teilweise auch synchron verlaufende Kreisläufe und Wechselwirkungen.

Herr Rupprecht geht selbstbewußt in das Spiel. Er ist überzeugt, seiner Rolle als Heimleiter gerecht zu werden (self-efficacy), erlebt gleichzeitig aber die Situation im Heim als unstrukturiert. Als Leiter ist er gewillt, der Institution Struktur zu verleihen (Pfeil 1). Dazu beruft er sogleich eine große Sitzung ein, zu der er auch Vertreter anderer Institutionen einlädt (Pfeile 2, 3). Er sucht aktiv den Kontakt mit möglichst vielen Personen, läßt dabei aber keinen Zweifel an seiner Autorität aufkommen und unternimmt, in seinen eigenen Worten, mehrere »Alleingänge als Chef« (Pfeil 4). Bei den anderen Professionellen wird dieses als sehr autoritär erlebte Verhalten nicht gut gelitten, was Rupprecht vor allem von der Erzieherin Frau Maier und der Kinder- und Jugendpsychiaterin Frau Weinberger zu spüren bekommt (Anfeindungen, Pfeile 5 und 6). Seine anfängliche Selbstsicherheit gerät ins Wanken (Pfeil 7). Die Wahrung des eigenen Selbstwertgefühls wird jetzt sein vordringliches Anliegen (Pfeil 8). Zunächst versucht Herr R. verstärkt, nach dem alten autoritären Muster die unterschiedlichen Kompetenzen zu klären, auch im Umgang mit den Vertreterinnen anderer Institutionen (Kinder- und Jugendpsychiatrie und Jugendamt, Pfeil 9 und der Regelkreis Pfeile 3–7), allerdings mit dem gleichen Effekt wie zuvor (Anfeindungen, Pfeil 7). Zur Rettung seines Selbstwerts sucht er in einem zweiten Anlauf an den Spieltagen 2 und 3 Koalitionen im Heim herzustellen, und zwar mit der Psychologin Frau Huber, der Erziehungsleiterin Frau Seibold und der Praktikantin Frau Probst (Pfeil 10). Doch die genannten Personen gehen auf diese Angebote nicht ein. Die Atmosphäre im Heim ist weiterhin durch wechselnde Koalitionsversuche und Wettbewerb geprägt (Pfeil 11). Rupprecht wird immer wieder abgelehnt (Pfeile 6, 7). Auch der Versuch der Selbstwertregulation über institutionsübergreifende Kontaktangebote an die Kinder- und Jugendpsychiaterin und die Mitarbeiterinnen des Jugendamtes (Pfeil 12)

scheitert an deren Abwehr (Pfeil 5). Das anfängliche Gefühl der Selbstsicherheit weicht einem »traurigen Gefühl der sozialen Inkompetenz«
(Pfeil 7).

In der fünften Spielstunde erhebt die Erzieherin Frau Maier den Vorwurf
»faschistoider Strukturen im Heim«. Dieser Angriff auf den Heimleiter
erweist sich als eine Art Schwellenwerteffekt. Rupprechts Selbstvertrauen
ist jetzt dermaßen erschüttert, daß die Situation für ihn nicht mehr aufrechtzuerhalten ist. Tatsächlich besinnt er sich in der Folge auf ein anderes
Vorgehen. »Aus taktischen Gründen«, so bekennt er im Interview,
schwenkt er auf einen Führungsstil um, der von den anderen als kooperativ erlebt wird. Er relativiert seinen Führungsanspruch, was soweit geht,
daß er am letzten Spieltag das von der Kinder- und Jugendpsychiaterin
eigentlich als Provokation gemeinte Angebot einer Einzeltherapie an-
nimmt. Sein Verhaltenswandel betrifft den Umgang innerhalb des Heimteams (Pfeil 13), aber auch sein Bemühen, durch Erweiterung seines Ak-
tionsradius nach außen den Teufelskreis im Heim zu durchbrechen (Pfeil
12). Diesmal haben die Kontaktangebote Erfolg. In der Endphase des
Spiels wird die Beziehung zu den Mitarbeiterinnen besser, auch zu Frau
Maier, die Herrn R. gegen Ende des Spiels sogar als »Chef« tituliert (Pfeil
6). Auch die Zusammenarbeit mit den anderen Institutionen verläuft nun
produktiv, die Anfeindungen, denen Rupprecht so lange ausgesetzt war,
bleiben nun aus (Pfeil 14). Das Spiel endet mit einer Sitzung des Heimteams, die als Nachschau und Vorausplanung der kommenden Woche ab-
gehalten wird. Die Atmosphäre in dieser Sitzung schildert Rupprecht als
wesentlich kooperativer als zuvor im Spiel. Damit wird am Ende auch
seine so stark angekratzte Selbstsicherheit wieder gestärkt (Pfeil 7).

Schon früh wurden in diesem Spiel die Weichen auf Nichtkooperation gestellt. Zunächst befanden sich die Teilnehmer, wie in den
anderen Systemspielen, in einer für sie sehr unstrukturierten Situation, in der berufliche Kompetenzen und Rollenverteilungen erst
definiert werden mußten. Rupprecht versucht, durch autoritäres
Führungsverhalten Struktur zu setzen. Daß das Heimteam zu keiner klaren Kompetenzen- und Rollendefinition gelangte, beweist
das schnelle Erstarken einer inoffiziellen Gegenhierarchie, die die
beruflichen Positionen auf den Kopf stellte. Entsprechend wächst
die Verunsicherung der professionellen Helfer im Heim und in den
anderen Helferinstitutionen. Es fehlt an gegenseitiger Wertschät-
zung und an gegenseitigem Vertrauen. Vielmehr bilden sich wechselnde Koalitionen, in denen um eine starke eigene Position gerun-

gen wird. Steigender Handlungs- und Entscheidungsdruck verleiten Rupprecht dazu, Peter Köhler einen Suizidversuch als Auf-
nahmeanlaß in die Kinder- und Jugendpsychiatrie anzudichten.
Angesichts der aufgeheizten Atmosphäre im Heim erlaubt er es
sich nicht, sich selbst erst einmal zu orientieren, sondern versucht
mit einer schnellen und plausiblen Erklärung sein Gesicht zu wahren und seine Leitungsposition zu sichern. Er erreicht das Gegenteil und verliert den letzten Vertrauensvorschuß. Deutiicher als im
Vorwurf »faschistoider Heimstrukturen« kann die feindselige
Stimmung im Heimteam nicht ausgedrückt werden.

Während dieser Phasen ausgeprägter Nichtkooperation ist
durchaus *koordiniertes Verhalten* zu beobachten. Dies mag zunächst überraschen, öffnet aber den Blick dafür, daß Verhaltens-
koordination nicht mit Kooperation gleichzusetzen ist. Jeder kennt
Beispiele hochkoordinierten und ebenso unproduktiven Verhaltens
bei Mitarbeitern. Im beschriebenen Münsteraner Systemspiel zeigt
sich solch ein ausgeprägt koordiniertes Verhalten zwischen dem
Heimleiter Rupprecht, der Heimpsychologin Frau Huber und der
Kinder- und Jugendpsychiaterin Frau Weinberger hinsichtlich der
Initiative, mit der sie sich an andere Systemspielteilnehmer wen-
den. In Abbildung 28 werden die Verläufe der drei entsprechenden
Kennwerte miteinander verglichen.

Zwischen der zweiten und achten Spielstunde zeigt sich in diesen Verläufen eine ausgeprägte Rhythmik im Stundentakt, bezüglich der Kurven von Rupprecht und Frau Huber bereits ab der ersten Stunde. Der Taktschlag der beiden Frauen verläuft in dieser
Zeit exakt gegenläufig zu dem des Heimleiters. Erst in der achten
Stunde, also mit einer einstündigen Latenz zum Beginn des neuen
Führungsstils im Heim, bricht dieses vorher so stabile Muster ab.
Diese Latenz kann damit erklärt werden, daß bei sozialen Phasenübergängen Nachschwankungen und verzögerte Effekte zu beobachten sind und kein absolut diskontinuierliches Umschlagen in
eine neue Ordnung.

Solange im Heimteam um Kompetenzen und Koalitionspartner
gerungen wird, kann, so scheint es, auch die Kooperation mit den
Klienten nicht gelingen. Das Heimteam ist zu sehr mit sich selbst
beschäftigt, die Jugendlichen entweichen aus dem Heim, um auf

Initiative

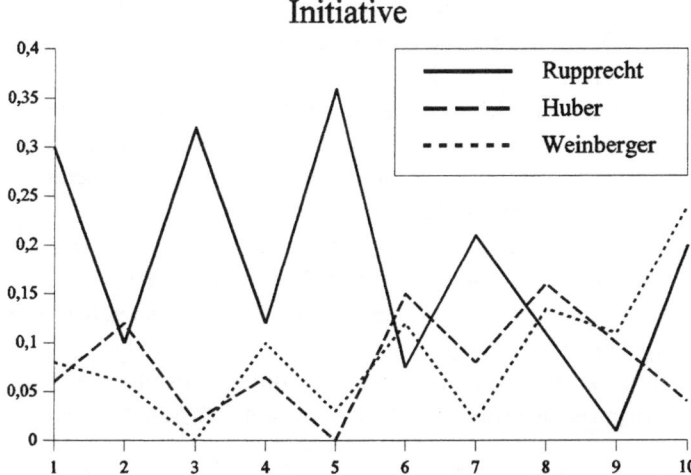

Abb. 28: Gegenläufiger stündlicher Taktschlag bezüglich der Kontaktinitiative des Heimleiters (Rupprecht), der Heimpsychologin (Huber) und der Kinder- und Jugendpsychiaterin (Weinberger) im Münsteraner Systemspiel (1992)

sich aufmerksam zu machen. Über das Schicksal der Jugendlichen wird, wie in den anderen Systemspielen auch, wenn überhaupt, so innerhalb des Helfersystems debattiert. Nicht *mit*, sondern *über* die Jugendlichen wird gesprochen.

Alle Professionellen bestätigten die kooperationshemmende Rolle der anfänglichen Konfusion über Aufgaben und Kompetenzen innerhalb des Helfersystems. Solange es nicht gelang, die eigene Rolle einigermaßen klar zu definieren und von den anderen abzugrenzen, konnte keine Kooperation entstehen. Bei den Heimmitarbeitern machte sich diese Konstellation in einer angeschlagenen Selbstsicherheit bemerkbar. Sie alle versuchten zunächst, ihr Selbstwertgefühl über wettbewerbsorientierte Verhaltensweisen zu retten. Erst die massive Unterbrechung dieses Interaktionsmusters durch den Heimleiter machte seine Veränderung möglich. Jetzt trat ein, was die Synergetik für eine solche Situation voraussagt: Das System gerät in Bewegung, neue Ordner werden wahrscheinlich und können in Konkurrenz zu alten treten. Rupprecht gibt einen

Ordner vor: Kooperation. Dieser wird für die Professionellen at-
traktiv, denn sie sind alle angeschlagen und ausgelaugt. Sie merken: Kooperation lohnt sich. Übereinstimmend berichten die Inter-
viewpartner, daß sich sofort eine neue Atmosphäre breit macht, die
ihre Arbeitszufriedenheit und ihr persönliches Selbstwertgefühl
hebt. Daß Kooperation, wo sie gelingt, als subjektiv befriedigend
erlebt wird, zeigen die Auswertungen:

- Man fühlt sich im Umgang miteinander wohler und erlebt Interaktionen als offener (die Mittelwerte für die Faktoren »Valenz« und »Offenheit« steigen für die Professionellen zum
  Spielende hin an, vgl. Abb. 15).
- Konflikte treten in den Hintergrund (die Häufigkeit der Aktions-
  kategorie »Konflikte bearbeiten« nimmt zum Spielende hin ab,
  vgl. Abb. 14).
- Die Beteiligten setzen sich konstruktiver und erfolgreicher mit
  Belastungssituationen auseinander (das Hilflosigkeitscluster
  bezüglich der Streßverarbeitung ist bei den Professionellen zum
  Spielende hin nur noch gering ausgeprägt, das Aktivitäts- und
  Kontrollierbarkeitscluster gewinnt an Bedeutung; vgl. Abb. 20).

Entsprechend kann sich gegen Spielende auch wieder die offizielle
Heimhierarchie gegenüber der inoffiziellen durchsetzen. Jetzt erst,
so war in der Nachbesprechung zu hören, wird Rupprecht von seinen Mitarbeitern als »Chef« angesprochen.
    Die sozialwissenschaftliche Synergetik lenkt also den Blick auf
das Wechselspiel zwischen Kooperation als Ordner (als System-
eigenschaft) und den individuellen Beiträgen zur Stabilisierung
oder Destabilisierung dieses Ordners. Ansatzpunkte für kooperationsfördernde Interventionen in soziale Systeme müssen diese
Wechselwirkung berücksichtigen. Kooperation kann nicht erzwun-
gen oder verordnet werden. Es können aber Voraussetzungen dafür
geschaffen werden. Maßnahmen wie »Runde Tische« oder »Kooperative Gesprächsmoderation« (Deissler et al. 1995) zielen darauf ab,
im Gespräch zwischen möglichst vielen Beteiligten – Therapeuten,
Klienten, Angehörige, andere Berater oder Helfer eines therapeutischen Systems – Auftragslagen und Zielvorstellungen zu klären und
zu koordinieren. Andere Ansatzpunkte zielen etwa auf zufrieden-

stellende Beziehungen in kleinen Einheiten innerhalb einer großen Institution ab. Aus einer gestärkten Haltung heraus wird es wahrscheinlicher, sich im Kontakt mit anderen Personen und Institutionen kooperationsdienlich zu verhalten. So kann in größeren Institutionen dann mit gelungener Kooperation zwischen einzelnen Abteilungen oder Teams gerechnet werden, wenn *innerhalb* dieser Teilsysteme ein gutes Betriebsklima herrscht. Beziehungsfördernde informelle Kontakte im kleinen Kreis können manchen entscheidenden Anstoß in diese Richtung geben.

Die Systemspielerfahrungen lehren uns, daß bei Unklarheiten oder Widersprüchlichkeiten keinesfalls auf Phasen des Orientierens, Informationsaustauschs und Reflektierens verzichtet werden darf.

Wo es an Koordinierung mangelt, haben gemeinsame Rituale ihren Sinn. Soziale Rituale dienen der zeitlichen Synchronisation von Handlungen, etwa des Arbeitstempos. In den Jugendlichengruppen unserer Systemspiele beobachteten wir bei der Entstehung ihrer Gruppenidentität Abgrenzungsrituale gegenüber den Erwachsenen. So brachten die Jugendlichen des ersten Münsteraner Systemspiels ein Türschild mit der Aufschrift »members only« an. Kooperierende Professionelle trafen sich häufig zu informellen Pausenritualen.

Unproduktive Feedbackschleifen zwischen Einzelpersonen, die sich iterativ aufrechterhalten, behindern immer wieder die Entwicklung eines Teams. Die Umwandlung solcher Teufelskreise in kreative Zirkel kann dadurch erreicht werden, daß kleine positive Ansätze aufgegriffen und verstärkt werden, bis eine produktive Rückkopplungsschleife einsetzt.[20] Manchmal kann auch die »Übertreibung« der Problemroutinen eine paradoxe Wirkung zeigen, weil sie dadurch »ad absurdum« geführt werden.

20 »Deviation amplifying feedback«, vgl. Interventionstechniken in der lösungsorientierten Kurztherapie (z. B. de Shazer 1989).

Zur Validität der Systemspiele

Befragen wir die Teilnehmer nach ihrer Zufriedenheit mit dem Systemspiel, so bekommen wir ganz überwiegend positive Rückmeldungen. Auch die Angaben zur Rollenidentifikation auf den Aktionsprotokollen sprechen für eine hohe Involviertheit in das Spiel. Der Lerneffekt wird von den Teilnehmern als ausgesprochen hoch angesehen.

Die an die Planspielliteratur angelehnte Konstruktion des Spiels erlaubt die Ausbildung ausreichend hoher sozialer Komplexität. Die Durchführungsbedingungen und die Güte des Erziehungsheimszenarios wurden in Vorstudien getestet. Die acht Aktionskategorien des Aktionsprotokolls wurden aus den noch offenen Aktionsbeschreibungen des ersten Bamberger Spiels (»Schulpsychologischer Dienst«) inhaltsanalytisch extrahiert und bewährten sich bereits im zweiten Systemspiel an der Universität Bern. Über die Validität des Belastungsbogens wurde berichtet.

Die Qualität des Systemspiels als sozialwissenschaftliche Forschungsmethode muß aber auch (selbst)kritisch betrachtet werden. Wie jede Methode hat sie Stärken und Schwächen. Diese beginnen bei der überhaupt möglichen Qualität psychologischer Daten. Die von uns erhobenen Daten beruhen auf dem Verhalten und Erleben von Personen und den Interaktionsmustern zwischen Personen und Gruppen. Gemessen wird zwar im Auflösungsbereich von Einzelereignissen beziehungsweise einzelnen (Inter-)Aktionen, die Auswertung erfolgt jedoch im Bereich von halbstündigen oder ganzstündigen Zeiteinheiten. »Was ist, . . .«, fragt Gehm und legt damit den Finger auf einen wunden Punkt, ». . . wenn wir bei der Untersuchung sozialer Interaktionen prinzipiell zu viele Parameter und zu wenige Meßpunkte haben?« (1995, S. 43). Für eine noch feinere zeitliche Auflösung, wie sie für die nichtlinearen Auswertungsmethoden der Chaosforschung erforderlich wäre, reichen die bisherigen Systemspieldaten nicht aus. Denkbar ist natürlich auch die Ableitung psychophysiologischer Parameter in Systemspielen, etwa über den Einsatz transportabler Aufzeichnungsgeräte (z. B. Vitaport; vgl. Steitz et al. 1992). Die Verbindung unserer Systemspielanalysen mit solchen Daten ist sicherlich eine interessante Forschungsperspektive.

Trotz ihrer Länge gegenüber herkömmlichen Planspielen simulieren auch Systemspiele eine in ihrer zeitlichen Erstreckung künstlich gedrängte Dynamik. Prozesse der Ordnungsbildung und -veränderung vollziehen sich in realen sozialen Systemen nicht selten in großen zeitlichen Perioden, worauf wir unter Bezugnahme auf Mayntz (1988) bereits hingewiesen haben. Wie werden Prozesse der Kooperationsentstehung, wie wir sie im Münsteraner Spiel beobachten konnten, erlebt, wenn sie sich über große Zeiträume erstrecken, etwa Monate oder Jahre? Ereignisse, die in einem Systemspiel große Bedeutung haben, können in einem größeren Kontext zu einem Mikroereignis, einer kleinen Fluktuation schrumpfen. Was im Systemspiel als einschneidend und belastend erlebt wird, kann in einer jahrelangen stabilen Konfliktdynamik eines Teams als kaum noch relevante Episode erscheinen.

Die Systemspielmethode macht durch die räumliche und zeitliche Verdichtung sozialer Prozesse Strukturen und Entwicklungen deutlich, die sich in realen, entzerrten Verhältnissen der Beobachtung entziehen oder (mehr oder weniger absichtlich) im Nebel bleiben würden. Sie dient in dieser Hinsicht als eine Art sozialpsychologisches Vergrößerungsglas.

Ein weiteres methodisches Problem besteht in der Vermengung zwischen der Befindlichkeit im Spiel als Rolleninhaber und der Befindlichkeit als Teilnehmer oder als reale Person, die sich selbst als Teilnehmer am Spiel beobachtet. Konflikte in dieser Hinsicht können sich auf die Rollenidentifikation auswirken. So erging es dem Protagonisten von Peter Köhler zu Beginn des Fribourger Spiels. Die »Heimcrew«, berichtete er, habe dermaßen brutal auf ihn gewirkt, daß er sich »bewußt weniger mit seiner Rolle identifiziert« habe.

Schließlich sei auf ein Phänomen hingewiesen, das im Zusammenhang mit der Aktionsprotokollierung auftritt. Nicht selten kommt es vor, daß die an einer Interaktion Beteiligten unterschiedliche Aktionskategorisierungen vornehmen. Dies darf nicht einfach als Meßproblem abgetan werden. Man könnte zwar die Teilnehmer auffordern, sich bei der Protokollierung auf eine Kategorie zu einigen. Wir glauben jedoch, mit diesen Diskrepanzen einen typischen Aspekt menschlicher Interaktion zu beobachten. Dies soll anhand von Beispielen konkretisiert werden:

53mal wurde während des Münsteraner Systemspiels vom Juni 1992 eine
Interaktion unterschiedlich kategorisiert und davon 49mal zwei, viermal
sogar drei alternativen Aktionskategorien zugeordnet. Faßt man die Aktionskategorien »Information geben« und »Information nehmen« zusammen, so ist Informationsaustausch am häufigsten betroffen (36mal), ge-
folgt von den Kategorien »Informelle Kontakte« (30mal) und »Planen und
Entscheiden« (29mal). Gerade diese beiden letzteren, inhaltlich so unterschiedlichen Kategorien sind am häufigsten als alternative Kodierung der-
selben Interaktion zu finden: zehnmal wird eine Interaktion von einem der
Beteiligten als »Planen, Entscheiden«, von einem anderen als »informeller
Kontakt« bezeichnet. Vierzehnmal ist eine Uneinigkeit zwischen den Kategorien »Planen und Entscheiden« und einer der beiden Informationskategorien auszumachen.

Als besonders uneinig über die Kategorisierungen erweist sich in diesem Spiel die Familie Köhler. Vor allem Vater Köhler pflegt überwiegend
informelle Kontakte zu dokumentieren, gleich welche Kategorisierung die
anderen Familienmitglieder wählen. Auch wichtige Kontakte mit Vertretern des Helfersystems erscheinen in seinen Protokollen zumeist als informeller Austausch.

Der Heimleiter Rupprecht ist überwiegend (zehnmal bei vierzehn Beteiligungen) dann in eine unterschiedliche Einordnung involviert, wenn
an der Episode Frau Huber und/oder Frau Weinberger beteiligt sind. Dies
überrascht nicht, wenn wir uns daran erinnern, daß ihn mit den beiden
Frauen über einen langen Verlauf ein stabiles und konfliktuöses, dabei
aber hoch koordiniertes Interaktionsmuster verbindet (vgl. Abb. 28). Im
Zusammenhang mit der Kategorie »Veranlassen, Durchsetzen, Beeinflussen« gibt es in diesem Spiel die wenigsten, nämlich nur drei »Mißverständnisse«.

Solche Beobachtungen nähren natürlich die Vermutung, daß es
sich bei den Mißverständnissen bezüglich der Aktionskategorisie-
rung nicht nur um ein methodisches Artefakt, also um Schwierigkeiten in der Handhabung des Aktionsprotokolls beziehungsweise
um unzureichende Definitionen der Kategorien handelt, sondern
auch um einen Aspekt der Beziehungsgestaltung zwischen den be-
treffenden Personen. Dennoch muß bei Systemspielen natürlich
auf die Eindeutigkeit der acht Aktionskategorien geachtet werden.
Dies betrifft insbesondere die Abgrenzung zwischen den Kategorien »Planen und Entscheiden« und »Veranlassen und Durchsetzen«. Für weitere Systemspiele haben wir eine revidierte Version

des Aktionsprotokolls entwickelt, in der diese beiden Kategorien als »Planen und Konzeptarbeit« und »Veranlassen, Durchsetzen, Entscheiden« bezeichnet werden. In der Vorbesprechung kann die Sicherheit im Umgang mit diesen Kategorien über Referenzbeispiele gesteigert werden. Auch sollte noch mehr Zeit für die Vorbereitung der Teilnehmer auf die Handhabung der Protokollbögen veranschlagt werden als bisher. Sinnvoll wäre es, bereits einige Tage im voraus die Teilnehmergruppe in die Handhabung der Bögen einzuführen, sie eventuell zu Hause in Alltagsinteraktionen damit experimentieren zu lassen, um vor Beginn des Spiels Unklarheiten gemeinsam zu beseitigen.

Mittlerweile arbeiten wir auch mit einem veränderten Ausgangsszenario. Wir haben in neuen Rollenbeschreibungen die Klarheit über berufliche Kompetenzen und über den Psychiatrieaufenthalt von Peter Köhler vergrößert. Als Behandlungsanlaß geben wir in den Rollenbeschreibungen aggressives Verhalten des Jugendlichen an. Im Anhang A sind die aktualisierten Rollenbeschreibungen wiedergegeben. Probleme bereitet auch die personelle Größe der einzelnen Teilsysteme. Insbesondere das System Kinder- und Jugendpsychiatrie bedarf einer Aufstockung, denn hier bestand bislang ein für die Praxis traumhaftes, aber unrealistisches Arzt-Patient-Verhältnis von 1:1. Doch sei darauf hingewiesen, daß unklare Zuweisungskontexte, fehlende oder gar widersprüchliche Informationen in der Praxis der psychosozialen Versorgung durchaus nicht ungewöhnlich sind. Wenn die Teilnehmer mit solchen Unklarheiten umgehen müssen, mindert das nicht unbedingt die Echtheit des Spiels. Wünschenswert wäre natürlich, die verzerrten Betreuungsverhältnisse in der Institution Kinder- und Jugendpsychiatrie aufzuheben (in neueren Spielversionen steht der Rolle des Kinder- und Jugendpsychiaters die eines Psychologen an der Seite, und es gibt auch noch weitere Patienten), doch gelangt man dann schnell zu einer großen Erweiterung des Personenkreises und handelt sich damit natürlich neue, vor allem organisatorische Probleme bei der Durchführung ein.

Qualitätsentwicklung in Institutionen: Was können Systeme aus Systemspielen lernen?

Im folgenden wollen wir die empirischen Auswertungsergebnisse auf ihren praktischen Nutzen hin befragen. In der psychosozialen Praxis besteht ein unersättlicher Bedarf nach Handlungskompetenzen, wie er zur Zeit vor allem in zwei aktuellen Entwicklungen laut wird: Dem Ruf nach klinischer Professionalität und der Diskussion um die Qualitätsentwicklung im Gesundheitswesen. In diesem Kapitel diskutieren wir Kompetenzkriterien für größere Systeme (Teams, Organisationen, Institutionen), und im letzten Kapitel geht es darum, individuelle Handlungskompetenzen für den Umgang mit komplexen Systemen zu benennen.

Typische Interaktionsmuster psychosozialer Helfersysteme in den Systemspielen

Als besonders prägnante Muster der Beziehungsgestaltung erwiesen sich in den Systemspielauswertungen die kommunikative Selbstreferenz in allen Teilsystemen und die hohe Selbstbezüglichkeit der Interaktionen innerhalb des Professionellensystems. Schließlich ergaben sich interessante Einsichten in die Feindynamik professioneller Kooperationsbemühungen.

Die *kommunikative Selbstreferenz* im Problem- und Lösungsdiskurs wurde dort am deutlichsten, wo Teilnehmer fehlende Informationen selbständig ergänzten. So wurde von einem Heimleiter ein Suizidversuch des Jugendlichen Peter Köhler erdichtet und eine Kinder- und Jugendpsychiaterin gab eine Notaufnahme vor, um sich den drängenden Gesprächswünschen seitens der Heimmitarbeiter zu entziehen. In den Nachbesprechungen wurde auf der Grundlage solcher Erfahrungen über die Konstruktion von Pathologie im Gefolge unklarer Zuweisungskontexte diskutiert. Pathologie erweist sich als »Währung«, mit der im System der psychosozialen Versorgung gehandelt und der Anschluß von Kommunikationen gewährleistet wird. So haben psychiatrische Klassifikationssysteme nicht nur die Funktion der Vereindeutigung diagnostischer Zuschreibungen, sondern gewährleisten auch die Anschlußfähigkeit der Kommunikation zwischen Fachleuten. Kommunikation über »Krankheit« innerhalb des Systems »Psychiatrie« findet über die Terminologie der Pathologie statt, womit gleichzeitig Pathologie in der Kommunikation aufrechterhalten wird. Erfahrene Psychiatriepatienten wissen dies im ehrlichen Gespräch zu bestätigen, wenn sie beispielsweise ihre Vorsicht kundtun, ihr Wohlbefinden zu ausgeprägt nach außen zu zeigen, denn »dann kann man leicht für manisch gehalten werden« (so ein Patient in einem Gespräch mit A. M.).[21] Die Logik, die beispielsweise »Pathologie« innerhalb eines Problemsystems (sensu Ludewig 1992) einnimmt, wird erst auf einer höheren Abstraktionsebene als Produkt des kohärenten Zusammenwirkens mehrerer Beteiligter und mehrerer Faktoren sichtbar. Fragen nach Ursachen im Sinne linearer Verursachungsketten lösen sich darin zu rekursiven Kreisprozessen auf. Ein klassisches Beispiel für solche Wirkungsnetze im Bereich der Ätiologie von Lernstörungen ist die Analyse von Betz und Breuninger (1987).

Auch in anderer Hinsicht werden Systemgrenzen über Kommunikation erzeugt:

Eine Darstellerin von Helga Köhler beschrieb in der Nachbesprechung, wie sich die Familie Köhler erst allmählich über einen gemeinsamen sprachlichen Stil als Familie identifizieren konnte. Was innerhalb der Familie zur Verständigung taugte, versagte jedoch im Umgang mit den Pro-

21 Zur Tendenz innerhalb des Systems Psychiatrie, jedes Verhalten pathologisierend wahrzunehmen vgl. bereits Rosenhan (1973).

fessionellen, und es sei der Familie auch nicht gelungen, »denen klarzumachen, daß man sie nicht versteht. Erst nach drei Tagen waren wir auf
Mittelschichtniveau«.

Die für die Systemspiele typische hohe *Selbstbezüglichkeit* innerhalb des Professionellensystems ist in der Praxis der psychosozialen Versorgung etwa in Form von Teamsitzungen, Übergaben,
Konferenzen und Supervisionen bekannt. Die große Abstinenz der
Betreuungspersonen wurde von den Systemspiel-Jugendlichen als
Distanz und Desinteresse wahrgenommen. Ähnliche Erfahrungen
als teilnehmender Beobachter einer geschlossenen psychiatrischen
Akutstation beschreibt Floeth (1991). Der Soziologe, der neun Monate als Hilfspfleger auf dieser Station mitarbeitete, nennt solche
systemschließenden selbstbezüglichen Kommunikationen »Nischen«. Nischen für die Mitarbeiter sind etwa die Übergabe oder
das morgendliche Mitarbeiterfrühstück, bei denen Patienten strikt
ausgeschlossen werden. Die Funktion solcher Nischen sieht Floeth
auch in der Schaffung kommunikativer Freiräume innerhalb des
Systems. Hier kann man miteinander witzeln, schimpfen oder in-
offzielle Meinungen austauschen. Teams entwickeln vor allem
über diese Nischen ein Wir-Gefühl. Als soziologisches Konstrukt
illustriert die »Nische« übrigens ein weiteres Merkmal komplexer
Systeme, die *Selbstähnlichkeit* gesellschaftlicher Strukturen
(Strukturähnlichkeit auf unterschiedlichen Abbildungsmaßstäben
und Auflösungsgraden eines Systems, vgl. Grossmann 1989). So
verweist Floeth zum Vergleich auf andere gesellschaftliche Nischen wie Hobbys, Kunst und (Sub-)Kultur. Sie alle bieten die
Möglichkeit zum Ausstieg aus gesellschaftlichen Normen und Ritualen. Eine solche Funktion als Nische der Gesellschaft kommt
natürlich der Institution Psychiatrie selbst in besonderer Weise zu.

Muster der *Kooperation und Nichtkooperation* sind bereits häufiger angesprochen worden. Als Praxismethode fördern Systemspiele das Verständnis für eigene und fremde Beiträge zu
(Nicht-)Kooperationsdynamiken. Als Beispiel sei auf die typische
Anfangsphase unserer Systemspiele hingewiesen, in der die Professionellen mit Vehemenz schnelle Entscheidungen suchten, bevor sie sich und die Klienten kennenlernen und zu gemeinsamen

Auftrags- und Interessensdefinitionen finden konnten. Die Folge waren Unzufriedenheit, Intransparenz und Streß. Daß gerade Jugendliche ein feines Ohr für Konkurrenz- und Machtkonflikte im Helfersystem haben, bestätigt auch Schweitzer (1989). Sämtliche Systemspiel-Jugendlichen bewiesen diese Sensibilität: »Das einzige, was ich kann, . . .«, so der Jugendliche Peter Köhler des Fribourger Systemspiels, »ist, Leute gegeneinander ausspielen. . . . Die Leute, die immer nur ›ja‹ sagen (gemeint sind die Heimmitarbeiter, d. A.), zeigen mir keine Perspektive«. Ein besonderes Gespür für Konflikte im Heimteam zeigten diejenigen Münsteraner Systemspiel-Jugendlichen, die just zu dem Zeitpunkt aus dem Heim ausrissen, als ohne ihre Kenntnis die Führungskrise im Heim eskalierte.

Mit der Analyse solch praxisnaher Dynamiken wird die Systemspielmethode von einer Forschungs- zu einer Praxismethode. Es eröffnen sich vielfältige Möglichkeiten für die Selbsterfahrung komplexer Dynamiken sowie den gezielten Einsatz in Aus- und Weiterbildung:

– Die Auswertung von Systemspielen macht Dynamiken, wie wir sie beschrieben haben, transparent, nachvollziehbar und erklärt sie im Sinne systemtheoretischer Modellbildung. Damit empfiehlt sich die Systemspielmethode für die Aus- und Weiterbildung in psychosozialen Berufen, aber auch im universitären Kontext als Bindeglied zwischen Theorie und Praxis.

– Die Teilnehmer können ihre individuellen Beiträge an Systemdynamiken reflektieren und ihren persönlichen Verhaltensstil in komplexen Systemen kennenlernen (kontextbezogene Selbsterfahrung). Daraus ergeben sich Ansatzpunkte für die individuelle Komptenzentwicklung (Systemkompetenz).

– Systemspielergebnisse können einen Beitrag dazu leisten, Qualitätsmerkmale für die Interaktion zwischen Helfern und Klienten, aber auch innerhalb oder zwischen Helfersystemen zu definieren und zu evaluieren.

Qualitätsentwicklung in psychosozialen Helfersystemen: der Ruf nach Professionalisierung und Qualität

Im aktuellen gesundheitspolitischen Diskurs ist ein zunehmender Ruf nach effizienten Abläufen in der Praxis zu vernehmen. In diesem Zusammenhang wird versucht, Qualitätssicherungskonzepte aus der Industrie in das Gesundheitssystem zu übertragen. Diese Konzepte zielen auf die institutionellen Rahmenbedingungen ab, die eine möglichst umfassende Qualität psychosozialen Handelns definieren und garantieren sollen.

Wenn von *klinischer Professionalität* die Rede ist, so sind damit im wesentlichen angesprochen:

- das Wissen um und die Anwendung von Handlungskompetenzen zur Lösung bestimmter Aufgaben;
- die wissenschaftliche Fundierung des Handelns im Gegensatz zu unprofessionellem, aber damit keinesfalls notwendigerweise schlechtem oder ineffektivem Handeln (vgl. etwa die Erfolge der sogenannten Laientherapie);
- strukturelle Voraussetzungen zur Aufrechterhaltung der Qualität des Handelns, vor allem Aus- und Weiterbildung, Evaluation (Erfolgskontrolle) und Revision, kritische Reflexion und öffentlicher Diskurs (Einordnen in gesellschaftliche Kontexte wie gesellschaftlicher Nutzen, öffentliche Interessen und Aufträge).

Vor allem am zuletzt genannten Punkt setzt das Konzept der Qualitätsentwicklung an. § 137 SGB V verpflichtet Krankenhäuser zur Beteiligung an Maßnahmen zur Qualitätssicherung, bezogen auf die Qualität der Behandlung, der Versorgungsabläufe und der Behandlungsergebnisse. Versorgungsqualität definiert das »Institute of Medicine« als das »Ausmaß, in dem die Gesundheitsdienstleistungen die Wahrscheinlichkeit von gewünschten Gesundheitsergebnissen bei einzelnen und Bevölkerungsgruppen erhöhen. Die Gesundheitsdienstleistungen sollen konsistent sein mit dem gegenwärtigen Fachwissen« (zitiert nach Piribauer 1995, S. 192). Es wird zwischen Strukturqualität (z. B. Krankenhaustyp, Patientenstruktur, regionale Versorgungsstruktur), Prozeßqualität (der ge-

samte Prozeß der Behandlung, das Gesamt therapeutischer Maßnahmen) und Ergebnisqualität (Erfolgs-, »Outcome«-Variablen)
unterschieden. Löst man sich von der vorgeblichen Neuheitsrheto-
rik, die mit diesen Begriffen verbunden ist, fällt auf, daß in der
Psychotherapieforschung, wie überhaupt in der empirischen Psychologie, die Frage nach der Güte und den Effekten des therapeutischen Vorgehens längst gestellt und mittlerweile auch kritisch reflektiert wird. Mit dem Qualitätsbegriff (Berger u. Vauth 1997)
wird auf ein Konzept aus der Industrie zurückgegriffen, das bereits
in der zweiten Hälfte des neunzehnten Jahrhunderts eingeführt
wurde. In ihren Anfängen beschränkte sich Qualitätssicherung
weitgehend auf die Endkontrolle der Güte eines fertigen Produkts,
innerhalb der Psychotherapieforschung vergleichbar mit der lange
dominierenden »Outcome«-Forschung. Die moderne Form des
Qualitätsmanagements als kontinuierlicher Kontrollprozeß während des gesamten Produktionsverlaufs, vergleichbar mit der Psy-
chotherapie-Prozeßforschung, ist dem amerikanischen Militärwe-
sen sowie Entwicklungen in der japanischen Industrie in den 50er
und 60er Jahren dieses Jahrhunderts zu verdanken. Schließlich
wurde der Schritt von der Qualitätskontrolle des Produktionspro-
zesses hin zur Qualitätskontrolle auf allen Ebenen des ganzen Un-
ternehmens gegangen (Total Quality Management). Die Losung
lautet zumeist: Kundenorientierung, Null-Fehler-Ansatz, Bottom-
up-Kommunikation, corporate identity. Die Einführung sogenann-
ter Qualitätszirkel soll als institutionalisierter »Runder Tisch« alle
Mitarbeitergruppen an der Qualitätskontrolle beteiligen und die
Identifizierung mit dem Unternehmen fördern. Dies bedeutet die
Ausweitung des Qualitätsbegriffs auf Arbeits- und Verwaltungsabläufe, Mitarbeiterzufriedenheit und weitere Aspekte des gesamten
sozialen Systems »Unternehmen«, also der innerbetrieblichen
Kommunikations- und Beziehungsstrukturen.
  Natürlich gestaltet sich die Übertragung dieses industriellen
Konzepts in die Gesundheitsversorgung problematisch, und es
wird deutlich, mit welch komplexen Größen man es dort zu tun
hat. Das Produkt »Gesundheit« kann nur über weitere komplexe
Faktoren wie etwa »subjektive Zufriedenheit« oder »Lebensqualität« spezifiziert werden. In der laufenden Praxis wird die Umset-

zung über ausführliche Dokumentationen von Struktur-, Prozeß-
und Ergebnisvariablen in Angriff genommen, bislang also: Annä-
herung an Qualität über Quantität. Die Erfahrung zeigt allerdings,
daß sich der steigende Aufwand an Behandlungsdokumentation
negativ auf die Arbeitszufriedenheit der Mitarbeiter auswirkt.
Überhaupt ist Vorsicht geboten gegenüber voreiligen inhaltlichen
Festlegungen, was denn Qualität in der psychosozialen Versorgung
und was damit zu »sichern« oder zu »kontrollieren« sei (Pawelzik
u. Kettner 1993).

Trotz aller Skepsis gegenüber der Qualitätsrhetorik sind ihr aber
auch Aspekte abzugewinnen, die sich unmittelbar an die Forderun-
gen nach klinischer Professionalität anschließen lassen:
- Empowerment und Teamförderung, Mitarbeiterzufriedenheit
  und Motivation;
- Betonung von Klima und Kultur einer Organisation;
- Betonung der Beziehung zwischen Anbietern und Kunden,
  Kundenzufriedenheit;
- Einrichtung von Qualitätszirkeln zur ständigen interdisziplinären Qualitätsdiskussion (z. B. in Super- und Intervision);
- Forderung nach Qualität der Ausbildung (Darlegen von Zielset-
  zungen, Ausbildungspolitik, Effektivitätsnachweise, Anliegen
  und Zufriedenheit der Kunden/Ausbildungskandidaten);
- Erforschung der Praxis, Rückmeldesysteme zwischen Praxis
  und Forschung.

Solche Aspekte sind teilweise, aber eben noch nicht überall, bereits
vor der Qualitätsdebatte zum Standard in der psychosozialen Versorgung geworden, denken wir an die institutionalisierte Supervision, an das streng kundenorientierte Vorgehen in der lösungsorientierten Kurzzeittherapie (de Shazer 1989) oder an die stetigen
Bemühungen um eine stärkere Praxisanbindung der Wissenschaft.

Insbesondere systemische Praxisformen dürften sich in den
nach Piribauer (1995) formulierten Aspekten wiederfinden, betonen sie doch schon lange neben der Kundenorientierung auch die
Transparenz des therapeutischen Tuns – via Einwegscheibe und
Videodokumentation, reflektierenden Teams oder kooperations-
fördernden Gesprächsführungsmethoden – und die Ressourcenför-

derung nicht nur innerhalb des Klientensystems, sondern auch hinsichtlich der Beziehung zwischen Anbietern und Kunden. Wird Qualitätsentwicklung auf den Beziehungsaspekt, also auf denjenigen therapeutischen Wirkfaktor, der alle Entwicklungen in der alten wie neuen Psychotherapieforschung überlebte, bezogen, so sollte die »Interaktionsqualität« innerhalb des Helfersystems sowie zwischen Helfern und Klienten in den Vordergrund rücken.

Information fließt – aber wohin?
Zur Interaktionsqualität in Helfersystemen

Um Hypothesen über förderliche Interaktionsmuster in Systemspielen aufzustellen, betrachten wir einige Verlaufskorrelationen. Dabei behalten wir das subjektive Erleben der Teilnehmer im Auge und berücksichtigen auch die Einzigartigkeit der Spiele. Beispielsweise zeigt sich für das erste Münsteraner Systemspiel (vgl. Tab. 3), daß eine breite Verteilung der Interaktionen in der Matrix (also geringe Konzentration) mit der Häufigkeit der Aktionskategorie »Information geben« einhergeht, oder umgekehrt, hohe Konzentration (Kq) negativ mit der Weitergabe von Informationen korreliert (–.55). Die Konstellation »hoher Informationsfluß bei flacher Interaktionshierarchie« erwies sich für dieses Systemspiel als konflikt- und belastungssenkend: Die Häufigkeiten sowohl erlebter Streßsituationen als auch der Interaktionen der Kategorie »Konflikte austragen« korrelieren mit jeweils $r = .60$ positiv mit dem Verlauf der quantifizier-

Tab. 3: Verlaufskorrelationen zwischen Variablen der Auswertung des Systemspiels in Münster 1992; Konzentration bezogen auf die 5 × 5-Matrix. * = signifikant auf dem 5 %-Niveau, ** = signifikant auf dem 1 %-Niveau

Systemspiel Münster '92	Information erhalten	Information geben	Konflikt- häufigkeit	Belastungs- erleben	Valenz
Konzentration (Kq)	.14	–.55	.60	.60	–.83**
Info erhalten		.46	–.38	.06	–.36
Info geben			–.57	–.46	.08
Konflikthäufigkeit				.72*	–.21
Belastung					–.31

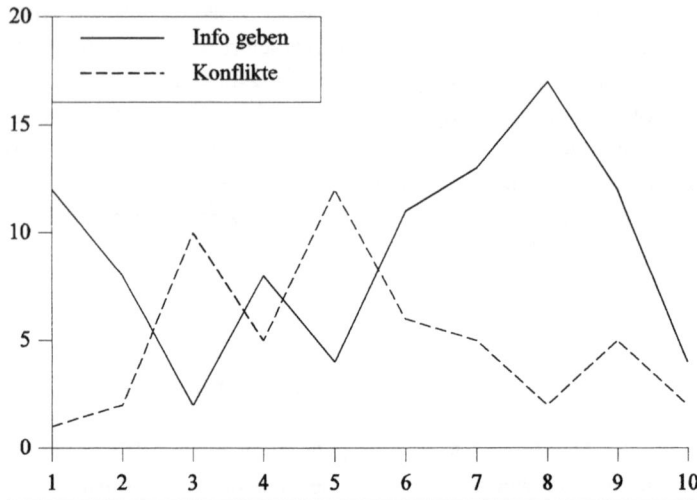

Abb. 29: Negative Verlaufskorrelation zwischen den Häufigkeiten
der Aktionskategorien »Information geben« und »Konflikte
ansprechen und bearbeiten« über die zehn Spielstunden
des Systemspiels in Münster (1992)

ten Konzentration von Interaktionen (Zerklüftetheit der 5 × 5-Matrix), gleichzeitig aber deutlich negativ mit der Häufigkeit der Aktionskategorie »Information geben«. Wo also Information weitergereicht wird, erweisen sich die Konflikt- und Belastungshäufigkeiten als relativ gering. Die inverse Beziehung zwischen den Aktionskategorien »Information geben« und »Konflikte ansprechen und bearbeiten« wird in Abbildung 29 deutlich. Interpretierbar ist dieser Befund in verschiedener Hinsicht: Entweder sind abnehmende Konflikthäufigkeiten die Folge eines funktionierenden Informationsflusses, oder sie regen diesen erst an. Möglicherweise hängen beide Aspekte auch von dritten Einflußgrößen ab. Auf jeden Fall bietet der in Abbildung 29 sichtbare Zusammenhang einen weiteren Beleg für die Bedeutung ausreichender Informationspflege in Institutionen und Organisationen.

Eine hoch negative Korrelation zwischen der quantifizierten Konzentration der Matrizen und dem Faktor »Valenz« (r = −.83) weist zusätzlich darauf hin, daß die Konzentration der Interaktionen auf bestimmte Personen oder Teilsysteme von den Teilnehmern als unangenehm erlebt wird. Informationsfluß, flache Interaktionshierarchien (Einbezug aller Teilgruppen) und streßarme, angenehm erlebte Interaktionen bilden also für dieses Spiel ein zusammengehörendes Muster.[22]

Diese Zusammenhänge lassen sich aber keineswegs auf andere Spiele übertragen. Im Fribourger Systemspiel erwies sich die Kategorie »Konflikte ansprechen und bearbeiten« von einer ganz anderen emotionalen Qualität als im Münsteraner Spiel: Ihr Verlauf weist fast eine Nullkorrelation mit der Häufigkeit protokollierter Streßepisoden auf (−.08), korreliert aber positiv mit der Valenz der Interaktionen. Auch Veränderungen der Interaktionsstrukturen schienen in diesem Spiel von den Teilnehmern ohne Streß erlebt zu werden, oder umgekehrt schien eine hohe Stabilität von Interaktionsmustern zwischen den Subgruppen Streß deutlich zu begünstigen, worauf die hoch positive Verlaufskorrelation zwischen dem Belastungserleben und der Ähnlichkeit und Vorhersage zwischen aufeinanderfolgenden Interaktionsmatrizen hinweist (Tab. 4).

Rott und Wevers (1996) berichten für das Münsteraner Systemspiel vom Januar 1995 eine Verlaufskorrelation von $r = -.73$ ($p < .05$) zwischen dem Austausch von Information (»Weitergeben« und »Erhalten von Information« als zusammengefaßte Aktionskategorie) und der Häufigkeit erlebter Phasenübergänge[23]. In übergangsintensiven Zeiten bricht der Informationsfluß ab. Gleichzeitig steigt mit der Häufung von Übergängen das Konflikterleben der Teilnehmer: Die Korrelation zwischen der Häufigkeit

22 In dieser Auswertung führen erst absolut gesehen relativ hohe Korrelationen zu Signifikanzen, denn die Korrelationen beziehen sich auf lediglich zehn Meßpunkte (Zusammenfassung aller Daten aus den Aktionsprotokollen zu zehn Ein-Stunden-Intervallen).

23 Bemerkenswert ist, daß eine hohe Interaktionsdichte zwischen den Elementen eines Systems eine notwendige Voraussetzung für das Zustandekommen von selbstorganisierten Ordnungs-Ordnungs-Übergängen darstellt, bei Auftreten kritischer Instabilitäten und im Moment der Auflösung bisheriger Ordnungsmuster aber oft zusammenbricht oder deutlich reduziert wird.

Tab. 4: Verlaufskorrelationen zwischen Variablen der Auswertung des Systemspiels in Fribourg 1992; Konzentration, Ähnlichkeit und Vorhersage bezogen auf die 5 × 5-Matrix, * = signifikant auf dem 5 %-Niveau, ** = signifikant auf dem 1 %-Niveau

Systemspiel Fribourg '92	Ähnlichkeit	Vorhersage	Konflikthäufigkeit	Belastungserleben	Valenz
Konzentration (Kq)	−.16	−.22	.17	−.36	.34
Ähnlichkeit		.71*	−.24	.60	.15
Vorhersage			.05	.87**	.11
Konflikthäufigkeit				−.08	.39
Belastung					−.04

erlebter Phasenübergänge und der Aktionskategorie »Konflikte ansprechen und bearbeiten« beträgt r = .84 (p < .01), während die emotionale Valenz mit der Häufigkeit von retrospektiv und subjektiv eingeschätzten Phasenübergängen negativ korreliert (r = −.66, p < .05). Rott und Wewers ergänzen diese Beobachtungen mit dem Hinweis, daß die beiden Teilsysteme Jugendamt und Kinder- und Jugendpsychiatrie, die dem Austausch von Informationen besonders großes Gewicht beimaßen, die wenigsten Phasenübergänge erlebten. In diesem Spiel scheint also die makroskopische Stabilität der Interaktionsstrukturen (wenige Phasenübergänge) mit einem verstärkten Informationsfluß zu korrespondieren und diese Konstellation angenehm erlebt zu werden. Da Phasenübergänge sowohl mit Konflikten als auch mit negativem Erleben (Valenz) verbunden sind, bieten sich zwei Interpretationen an: Phasenübergänge können mit Konfliktinteraktionen einhergehen und daher negativ bewertet werden, sie können aber auch an sich bereits als unangenehm erlebt werden. Schon die Tatsache, daß Phasenübergänge (per definitionem) mit Unsicherheit und Umbrüchen verbunden sind, könnte ihre negative Valenz erklären.

Darin fände sich auch »ein Ansatz, den statistischen Zusammenhang zwischen der Anzahl der Phasenübergänge und der Identifikation mit der Rolle aufzuklären [die Verlaufskorrelation beträgt −.78 (p < .01)]. Wahrscheinlich ist, daß ein Phasenübergang, auf welcher Dimension er auch stattfinden mag, eine Neuorientierung der Spieler erfordert. Eben eine solche notwendige Neuorientierung könnte erklären, warum in Spielstunden mit relativ vielen Phasenübergängen die Identifikation mit der Rolle geringer ausgeprägt ist als in anderen Spielstunden. Die Mitspieler müssen eben, wie es in realen Systemen oft genug der Fall ist, ihre Rolle neu definieren« (Rott u. Wewers 1996, S. 109); sie werden vom Ordnungsparameter »Rolle« weniger »versklavt«.

Es stellt sich nun die Frage nach der Bewertung solcher Muster. Ist hoher Informationsaustausch förderlich? Ist eine flache Interaktionshierarchie oder das seltene Auftreten von Phasenübergängen eine wünschenswerte Interaktionsform? Die Unterschiedlichkeit, mit der die Teilnehmer selbst diese Aspekte bewerten, unterstreicht, wie vorsichtig man gegenüber Verallgemeinerungen sein muß. Aussagen über die Qualität bestimmter Muster müssen mit den Besonderheiten der jeweiligen Spieldynamik in Bezug gesetzt werden. Beispielsweise erwies sich im ersten Münsteraner Systemspiel die Kombination von starkem Informationsaustausch und einer flachen Interaktionshierarchie (geringe Konzentration bzw. Zerklüftetheit der Matrix) hilfreich für die Herausbildung von intra- und intersystemischer Kooperation. Gleichzeitig war der Trend zur Kooperation erst nach einem deutlichen, krisenhaft erlebten Phasenübergang möglich. Das Fribourger Spiel kennzeichneten dagegen kleinere, aber häufige Schwankungen der Dynamik und ständige kleinere Konfliktherde. Genau dies wurde von den Teilnehmern aber offenbar für die Aufrechterhaltung des Spielflusses auch so gewünscht. Die Kooperationsfähigkeit des Helfersystems war allerdings, wie am Beispiel der Diskussion um eine Wohngemeinschaft für die Jugendlichen zu sehen war, gering ausgeprägt. Im zweiten Münsteraner Spiel schließlich schien Informationsaustausch das Auftreten größerer Phasenübergänge zu minimieren. Die Teilnehmer erlebten diese Stabilität durchaus positiv, Schwankungen größeren Ausmaßes wurden negativ konnotiert. Phasenübergänge im Sinne größerer qualitativer Veränderungen der Interaktionsdynamik sind in den Systemspielen, so kann zusammengefaßt werden, zwar manchmal für eine (z. B. kooperative) Weiterentwicklung des Spiels wichtig, sie werden von den Teilnehmern aber eher negativ (krisenhaft) erlebt und gern vermieden. Als stabilisierendes Moment erweist sich ein ausgeglichener Informationsfluß im System. Wie im Fribourger Spiel können auch ständige Mikrofluktuationen größeren Wandel verhindern, damit aber auch eventuell notwendige, weitreichende Veränderungsprozesse. Dort, wo Kooperation zustande kam, ging sie mit breitem, allseitigem Informationsfluß einher. Eine entsprechende Bedeutung messen wir daher ritualisierten Informationsbörsen, aber auch kleinen, offiziellen wie inoffiziellen Kontakten bei.

Evaluation der Interaktionsqualität: Kundenzufriedenheit und professionelle Handlungszufriedenheit

Der nächste Schritt in Richtung Praxis ist die Beurteilung der Interaktionsqualität in realen Helfersystemen, ausgehend von unseren Systemspielergebnissen. Helfersysteme stehen vor der Aufgabe, Qualitätskriterien auf ganz verschiedenen Ebenen zu formulieren, etwa hinsichtlich der Wirtschaftlichkeit, der Effektivität, der Aus- und Weiterbildungsstandards. Wird in psychosozialen Systemen der Schwerpunkt auf die Behandlungsqualität gelegt, tritt der Faktor der Interaktion sehr stark in den Vordergrund. Instrumente zur Evaluation von Interaktion und Kooperation stehen bisher allerdings kaum zur Verfügung. Im folgenden werden wir in zwei Schritten ein solches Instrument entwickeln.

Zunächst entwerfen wir zur Befragung der Klienten und Professionellen unseres Systemspielszenarios hinsichtlich ihrer subjektiven Einschätzung der Beziehungsqualität im Spiel Fragebögen zur Kundenzufriedenheit der Klienten und zur Handlungszufriedenheit der Professionellen. In einem zweiten Schritt kondensieren wir die wesentlichen Beziehungsaspekte zu einer Checkliste zur Erfassung von Qualitätskriterien der Interaktion und Kooperation in psychosozialen Helfersystemen. Diese Checkliste kann Mitarbeitern in realen Helfersystemen als Leitfaden zur Beurteilung ihrer Arbeit dienen. Auch dem Einsatz der beiden anderen Bögen in Forschung und Praxis steht nichts im Wege.

Bei der Formulierung des Fragebogens zur *Kundenzufriedenheit* der Systemspielklienten stützen wir uns neben den Ergebnissen der Systemspielauswertungen auf eines der wenigen verfügbaren Instrumente, den »Nutzer-Bewertungsfragebogen psychosozialer und psychiatrischer Einrichtungen« (Crepet et al. o. J.), der zur Zeit an mehreren Orten zur Erfassung der Zufriedenheit von Klienten psychiatrischer Einrichtungen eingesetzt wird. In die Formulierung beider Fragebögen gehen auch die Praxisbeobachtungen von Schweitzer (1989, 1995) sowie unsere eigenen Praxiserfahrungen ein.

Die Interaktionsqualität eines Systemspiels kann mit Hilfe dieser Bögen sowohl im Rahmen der Nachbesprechung erfaßt werden, als auch fortlaufend im Sinne einer Veränderungserfassung, etwa auf Tagebasis. Ebenfalls denkbar ist die Quantifizierung der einzelnen Aspekte in Form von Ratingskalen, um die Vergleichbarkeit von Systemspieldurchführungen zu ermöglichen. Allerdings empfehlen wir zunächst, weitere Erfahrungen mit diesen Bögen zu sammeln. In der Praxis dürfte der doppelte Blick auf die Einschätzung sowohl von Klienten als auch von Professionellen vor voreiligen Festlegungen schützen. Im Bereich der stationären psychiatrischen Versorgung gilt beispielsweise die sogenannte Enthospitalisierung als Qualitätsmerkmal. Jahrelange Verweildauern von Patienten in psychiatrischen Krankenhäusern sollen vermieden werden. Für Patienten, die nach jahrelanger Hospitalisierung nun in einen ihnen fremden, weniger geschützten Lebenskontext entlassen werden sollen, kann dies jedoch eine schwere Krise auslösen. Zumeist feiern sie – zunächst jedenfalls – diesen Übergang keineswegs als Qualitätsverbesserung psychiatrischer Versorgung, sondern beklagen den Verlust ihres gewohnten und geschützten Lebensraums. Die Qualität des einen kann die Qual des anderen werden. Nur wenn beide Aspekte berücksichtigt und angemessen integriert werden, können tatsächlich beiderseits zufriedenstellende Qualitätsverbesserungen erzielt werden.

Im folgenden wollen wir uns in einem weiteren Schritt von dem Systemspielszenario lösen und einen Fragebogen für reale psychosoziale Versorgungskontexte vorstellen. Dieser Bogen ist als eine Art Checkliste für Professionelle in Praxis, Supervision oder Ausbildung gedacht und integriert die Aspekte der beiden Fragebögen zur Zufriedenheit der Kunden und der Professionellen in System-

Fragebogen zur »Kundenzufriedenheit« für »Klienten« in System-
spielen und auch für Klienten realer Versorgungs- bzw. Behandlungs-
einrichtungen

- Was war(en) Ihr(e) Anliegen? Wurde es/wurden sie erreicht? Sind noch Anliegen offen geblieben? Welche Anliegen bestehen jetzt noch?
- Kennen Sie die Professionellen und die anderen Klienten, mit denen Sie zu tun haben, persönlich?
- Besteht mit den Professionellen Einigkeit über die Arbeitsgrundlage, die Problemdefinition, die »Auftragslage«?
- Sind die Professionellen für Sie da, wenn Sie sie brauchen und mit ihnen zu sprechen wünschen? Werden Termine schnell gemacht und eingehalten?
- Gehen die Professionellen auf Ihre Bedürfnisse, Wünsche und Anliegen ein? Werden Ihre Anliegen respektiert, ernst genommen und zur Grundlage des gemeinsamen Kontakts gemacht?
- Herrscht in der Kommunikation mit den Professionellen Klarheit?
- Kann Kritik geäußert werden, und wird sie von den Professionellen aufgenommen?
- Fühlen Sie sich von den Professionellen ausreichend informiert bezüglich wichtiger Ziele, Pläne, Entscheidungen, Veränderungen, die (a) Sie selbst und Ihre Behandlung/Betreuung, (b) die Einrichtung/Klinik bzw. das Arbeitsfeld der »Professionellen« betreffen?
- Werden Sie an Planungsprozessen und Entscheidungen der Professionellen beteiligt, besteht zumindest das Angebot dazu?
- Entsteht Zeitdruck im Kontakt mit Helfern? Bleibt Zeit zum Reflektieren, Nachdenken, Sich-Orientieren?
- Fühlen Sie sich in Ihrer Rolle als Eltern oder als Heimbewohner(in) ernstgenommen, wertgeschätzt, respektiert?
- Besteht zwischen Ihnen und den Professionellen Einigkeit oder Dissens in der Bewertung Ihrer Probleme (als individuelle Probleme, als Angelegenheit der Familie oder der Jugendlichengruppe, als lösbare oder unlösbare Probleme, als Pech, Unglück, Schuld, Krankheit, Fehlverhalten, . . .)?

Fragebogen zur »Handlungszufriedenheit« für »Professionelle« in Systemspielen und auch für Mitarbeiter psychosozialer Einrichtungen

- Was war(en) Ihr(e) Anliegen bei der Arbeit mit den Klienten? Wurden sie erreicht oder sind noch Anliegen offen geblieben? Welche Anliegen haben Sie jetzt noch?
- Kennen Sie alle anderen an der Behandlung/Betreuung ihrer Klienten bzw. an den jeweiligen »Problemsystemen« beteiligten Professionellen und Personen (z. B. Angehörige) persönlich? Ist dies notwendig oder nicht?
- Besteht im Kontakt mit Klienten Einigkeit über die »Auftragslage«, das oder die Anliegen, gibt es eine gemeinsame Arbeitsgrundlage? Wissen Sie, worum es den Klienten, Ihren Kolleginnen, Kollegen und anderen Professionellen geht? Haben Sie das Gefühl, daß Sie und ihre Klienten eine »gemeinsame Sprache« sprechen?
- Arbeiten Sie mit Kolleginnen, Kollegen und mit Professionellen anderer Institutionen Hand in Hand, erleben Sie Kooperation, gibt es Konkurrenz, Mißverständnisse, Loyalitätskonflikte mit ihnen? Erleben Sie die Zusammenarbeit als fruchtbar oder als hinderlich? Besteht ausreichender Informationsfluß zwischen den Helfern?
- Fühlen Sie sich von Kolleginnen und Kollegen, Professionellen anderer Institutionen wertgeschätzt, respektiert, in Ihren Bemühungen anerkannt? Finden Sie bei anderen Kolleginnen und Kollegen oder anderen Professionellen Hilfe und Unterstützung, wenn Sie sie brauchen?
- Erleben Sie Ihre Institution als strukturiert, durchschaubar? Erleben Sie Ihre eigene Position als klar?
- Fühlen Sie sich mit Ihrer Arbeit gut ausgelastet (Ihrer Ausbildung, Ihren Kenntnissen und Ihren Fähigkeiten entsprechend)? Fühlen Sie sich über- oder unterfordert?
- Können Sie Ihre eigene Tätigkeit definieren und gegenüber derjenigen anderer Professioneller abgrenzen? Sind Ihnen die Rollen und Tätigkeiten von Kolleginnen, Kollegen und anderen Professionellen klar?
- Haben Sie die Möglichkeit, sich von Problemlagen in Ruhe ein Bild zu machen, sich zuerst einmal ohne Handlungsdruck zu orientieren?
- Haben Sie bei Ihrer Arbeit genügend Zeit zu reflektieren, zu planen, sich in der Situation zu orientieren? Besteht Handlungszwang, Zeitdruck?

- Erhalten Sie von Klienten, von Kollegen, von Professionellen anderer Institutionen Rückmeldung über die Güte und den Erfolg Ihrer Arbeit? Sind Sie mit den Ergebnissen Ihrer Arbeit zufrieden?
- Macht Ihnen Ihre Arbeit – im Kontakt mit Klienten, mit Kolleginnen und Kollegen, mit Professionellen anderer Institutionen – Spaß?

spielen. Daraus resultiert ein Fragebogen zur Beziehungs- und Kooperationsqualität sowohl innerhalb des Helfersystems als auch zwischen Helfern und Klienten. Gerade für diese Aspekte liegen Bewertungskriterien in deutlich geringerem Ausmaß vor als für die Ergebnisqualität. Wo die Fragen des Bogens nicht mit »ja« beantwortet werden können, kann über Gründe und Veränderungsmöglichkeiten nachgedacht werden. Dementsprechend bietet sich dieser Bogen nicht nur zur Bestandsaufnahme, sondern auch für die Entwicklung von Qualitätskriterien an. Die Fragen sind in sechs Abschnitte untergliedert:

- Ziel- und Auftragsklärung,
- Umgang mit zeitlichen Anforderungen komplexer Versorgungssysteme,
- emotionale Dimension,
- Theorie- und Methodenwissen der Professionellen,
- Kommunikation/Interaktion zwischen Professionellen und Klienten,
- Kooperation.

Checkliste zur Erfassung von Qualitätskriterien der Interaktion und Kooperation in psychosozialen Helfersystemen

Ziel- und Auftragsklärung:
- Können die Anliegen und Ziele der Klienten im Kontakt mit den Professionellen geklärt werden, besteht eine für beide Seiten klare, eine von beiden Seiten akzeptierte »Auftragslage«?
- Werden anfangs formulierte Ziele und Absichten (teilweise) erreicht? Werden sie, wenn nötig (bei veränderten Kontextbedingungen, neuen Informationen etc.) revidiert? Wenn am Ende

Wünsche und Anliegen offen bleiben oder neue Anliegen entstehen, besteht auch darüber eine klare »Auftragslage«?
- Werden Ziele und Aufträge konkret, realistisch, überschaubar, für alle nachvollziehbar formuliert?
- Geht das Professionellensystem mit Zielen, Absichten und Plänen flexibel um? Kann berechtigte Kritik aufgenommen, können relevante Veränderungen der Situation berücksichtigt werden? Wird auf die Sensibilität komplexer Dynamiken gegenüber auch kleinen Veränderungen in den Kontextbedingungen geachtet und reagiert?

Umgang mit zeitlichen Anforderungen komplexer Systeme:
- Wie gestalten Professionelle das Timing komplexer Planungs- und Entscheidungssituationen: Werden unnötiger Handlungsdruck (»Es muß etwas geschehen.«) und Zeitdruck (»Es muß sofort etwas geschehen.«) vermieden? Nimmt man sich (a) die nötige Zeit, sich ein Bild zu machen, sich in der Situation zu orientieren und zu reflektieren? Kann (b) im akuten Bedarfsfall auch schnell und effektiv gehandelt werden? Und kann (c) entschieden werden, wann (a) und wann (b) vorliegen?
- Werden nichtlineare Entwicklungen berücksichtigt, also Nicht-prognostizierbarkeit, kontinuierliche, vor allem aber mehr oder weniger diskontinuierliche Veränderungen (Phasenübergänge) und Systemeigenzeiten (unterschiedliche Rhythmen, Tempi oder Zeitperspektiven in unterschiedlichen Teilsystemen, z. B. bei Klienten, Helfern, Institutionen, Angehörigen etc.)?

Emotionale Dimension:
- Sind die Professionellen an ihrem Arbeitsplatz und mit ihrer momentanen Tätigkeit zufrieden, fühlen sie sich weder über- noch unterfordert?
- Können die Professionellen mit Widersprüchlichkeiten umgehen (»Ambiguitätstoleranz«), z. B. bei unterschiedlichen Wirklichkeitskonstruktionen, Antinomien und Paradoxien, »unmöglichen Aufträgen« etc.?
- Erleben Professionelle Unsicherheiten und Fluktuationen (z. B. in Veränderungsphasen) eher angenehm (im Sinne von positivem »Eustreß«) oder unangenehm (»Disstreß«)?
- Erleben Klienten im Umgang mit Professionellen eher Erleichterung, Sicherheit, produktiven Streß statt Belastung und unangenehmen Streß, steigt ihr Selbstbewußtsein im Kontakt mit den

Professionellen, werden ihre Ressourcen herausgefordert oder Defizite kultiviert?
- Erleben sich Professionelle selbstbewußt, haben sie bei ihrer Arbeit das Gefühl der Zufriedenheit, macht ihnen ihre Arbeit Spaß?
- Gibt es in Systemen/Teilsystemen bei Klienten und bei Professionellen ein »Wir-Gefühl«, eine Art »Gruppenidentität« oder »Gruppenkultur« (corporate identity)?

Theorie- und methodisches Wissen der Professionellen:
- Denken und arbeiten die Professionellen interdisziplinär, interprofessionell? Zeigt das theoretische und methodische Wissen eine große Spannbreite?
- Werden theoretisches und methodisches Wissen zur eigenen und allgemeinen Erkenntniserweiterung oder zur individuellen Abgrenzung (»Ich weiß etwas, was du nicht weißt«) eingesetzt?
- Wird nach dem Nutzen von theoretischem und methodischem Wissen für die praktischen Belange des Arbeitsauftrages gefragt (Bsp.: Handlungsrelevanz von Diagnosen und Störungsmodellen)?
- Wird mit theoretischem und methodischem Wissen flexibel umgegangen, ist man bemüht, auf dem neuesten Stand zu bleiben und seine Kompetenzen weiterzuentwickeln und weiterzugeben (Fortbildungen, Offenheit für Forschung, Umgang mit Praktikanten, etc.)?

Kommunikation/Interaktion zwischen Helfern und Klienten:
- Können sich die Klienten und die für sie relevanten Professionellen persönlich kennenlernen, besteht ausreichender Kontakt zwischen ihnen, wenn er von einer Seite erwünscht/benötigt wird?
- Fühlen sich Klienten von Professionellen, Professionelle von Klienten und Professionelle von anderen Professionellen ernstgenommen, wertgeschätzt und in ihren Bemühungen anerkannt und respektiert?
- Ist die Kommunikation zwischen Klienten und Professionellen sowie die Kommunikation zwischen verschiedenen Professionellen klar, spricht man eine gemeinsame verständliche Sprache oder »aneinander vorbei«? Können andere »Sprachen« und »Kulturen« auch gewürdigt und respektiert werden?
- Besteht zwischen Professionellen- und Klientensystemen sowie innerhalb des Professionellensystems Informationsaustausch, gegenseitige Rückmeldung, ist man gemeinsam »auf dem aktuellen

Stand«? Werden den Klienten und anderen Professionellen Entscheidungen rechtzeitig mitgeteilt und begründet?
- Sind die Professionellen mit ihrer Rolle, ihrem Status im Helfersystem zufrieden, fühlen sie sich im System an einem Platz, der ihrer Kompetenz/Ausbildung/persönlichen Schwerpunktsetzung gerecht wird? Gibt es klare Kompetenzverteilungen und werden Kompetenzgrenzen beachtet? Gibt es abgrenzbare Tätigkeitsdefinitionen für einzelne Bereiche (z. B. Berufsgruppen)?

Kooperation:
- Arbeiten Helfer unter sich und mit Klienten an gemeinsamen, übergeordneten Zielen?
- Begünstigen sie sich gegenseitig, statt sich zu behindern?
- Wird Konkurrenz als förderlich statt als hinderlich empfunden?
- Wird Information als gemeinsames Gut statt als persönlicher Besitz eingesetzt?
- Werden koordinierte Verhaltensmuster entwickelt, die gemeinsames zielorientiertes Verhalten fördern (»..., vereint schlagen«) statt blockieren (»Sich gegenseitig auf den Füßen stehen«)?
- Gelingt es Professionellen, stabile, aber kooperations- oder entwicklungshemmende Interaktionsmuster zu unterbrechen? Gelingt es ihnen, Fluktuationen und Instabilitäten anzuregen, wo festgefahrene Dynamiken eine förderliche Bewegung (Weiterentwicklung) verhindern (z. B. durch Aufbrechen von Ritualen, Einführen neuer Regeln etc.)?

Systemkompetenz: Orientierung und Handeln in komplexen Systemen

Abschließend wollen wir Perspektiven für ein systemwissenschaftliches Ausbildungskonzept entwickeln, in dessen Mittelpunkt die Systemspielmethode steht. Die Bausteine dieses Konzepts sehen wir

- in der Ermöglichung und Bearbeitung von kontextbezogener Selbsterfahrung in Systemspielen,
- in der konkreten Erarbeitung von Aspekten individueller Systemkompetenz,
- in der engen Zusammenführung von Forschung und Praxis entsprechend eines Scientist-Pracitioner-Modells,
- in einer sinnlichen und erlebniszentrierten Didaktik der Theorie dynamischer Systeme.

Kontextbezogene Selbsterfahrung im Systemspiel

Die Teilnehmer von Systemspielen lernen während und im Anschluß an das Spiel sowohl die komplexen Charakteristika des Gesamtsystems als auch ihren persönlichen Umgang mit den Anforderungen des Systems kennen. Diese besondere, kontextbezogene Selbsterfahrung (Manteufel u. Schiepek 1994) kann in Einzelgesprächen vertieft und reflektiert werden, wenn ein Teilnehmer wünscht, seinen individuellen Stil im Umgang mit Komplexität, Intransparenz und Dynamik näher zu analysieren. Als *kontextbe-*

zogene Selbsterfahrung stellen wir diesen Aspekt sowohl der Selbsterfahrung im Sinne einer Eigentherapie, als auch im Sinne der konkreten Praxisanleitung, dem Umgang mit Methoden und Techniken, gegenüber. Kontextbezogene Selbsterfahrung ist aus systemischer Sicht eine wesentliche Ergänzung für den Ausbildungskanon psychosozialer Aus- und Weiterbildungsinstitute. Natürlich, so kann eingewandt werden, ist letztlich jede Selbsterfahrung auf Erleben und Handeln im Kontext hin ausgerichtet, auch die Eigentherapie oder die Technikvermittlung. Und selbstverständlich lassen sich auch diese Aspekte in eine Systemspielauswertung integrieren. Umgekehrt ist kontextbezogene Selbsterfahrung nicht nur über Systemspiele, sondern etwa auch über die direkte Praxissupervision zu vermitteln. Ziel der kontextbezogenen Selbsterfahrung ist es zum einen, *konkreter* als in der klassischen Eigentherapie den Umgang mit den spezifischen beruflichen Anforderungen zu reflektieren und gegebenenfalls zu üben, zum anderen *allgemeiner* als bei der Vermittlung von etwa therapeutischen Techniken die persönlichen Ressourcen zu ermitteln und zu fördern. Kontextbezogene Selbsterfahrung ist weder eine Reise in die »Tiefen des Ich«, noch das »Auffüllen des persönlichen Handlungsreservoirs mit Anwendungstechniken«. Im Idealfall ergänzen sich die drei Formen der Selbsterfahrung in der Ausbildung zu psychosozialen Berufen (vgl. Manteufel u. Schiepek 1994):

- *Konkrete Praxisanleitung* als Vermittlung des technischen Know-hows, der fachlichen Kompetenzen des angehenden Praktikers (Methoden: Methodentraining und direkte Fachsupervision).
- *Eigentherapie* (intime personbezogene Supervision bzw. Selbsterfahrung) als Fokussierung der biographisch gewachsenen Person, ohne Pathologisierung oder a-priori-Veränderungsabsicht. Die Gesprächsführungsmethode für diese Eigentherapie kann durchaus eine andere sein als die, die der Kandidat in seiner Ausbildung erwirbt.
- *Kontextbezogene Selbsterfahrung* als Kennenlernen der Charakteristika komplexer sozialer Systeme und des eigenen Umgangsstils mit ihnen (Methoden: direkte Praxissupervision, Rollen- und Systemspiele).

Individuelle und emergente Systemkompetenz

Daß Kompetenz das ist, was Klienten fehlt und was Professionelle haben, taugt sicherlich nicht als Faustregel. Längst gilt es als Maxime, die Ressourcen und Kompetenzen der Klienten freizulegen und zu fördern, statt nur Defizite zu kompensieren. Mit sich selbst gehen Professionelle oft härter ins Gericht. Wenn sie sich gegenseitig Kompetenz absprechen, entsteht Konkurrenz, wenn sie ihre eigenen Kompetenzen nicht mehr wahrnehmen, droht der professionelle Burnout.

Tatsächlich ist es schwierig, »Kompetenz« konkret zu benennen. »Wir erkennen Kompetenz, wenn wir sie sehen, wüßten aber nicht auf den Punkt zu bringen, was das ist, was wir als Kompetenz erkennen, und was wir bei uns selbst voraussetzen müssen, um in der Lage zu sein, sie erkennen zu können. Wir verfügen über eine Unmenge impliziten Wissens, das kaum zu explizieren ist« (Baekker 1994, S. 154). Wenn wir also Kriterien für Systemkompetenz formulieren, so ist dies ein gewagtes und stets kritisierbares Unterfangen. Wir warnen davor, unsere folgenden Ausführungen als »Rezeptblock« mißzuverstehen. Und doch glauben wir, daß die Erkenntnisse der Theorie dynamischer Systeme und die Befunde unserer Systemspielauswertungen dazu befähigen, konkrete Handlungskompetenzen, die im professionellen Umgang mit komplexen sozialen Systemen erforderlich sind, zu benennen. Damit wollen wir entschieden einer Haltung entgegentreten, die dem stets kritisierten Allmachtsmythos einen neuen Mythos der Ohnmacht gegenüberstellt und sich dabei auf die Chaos- und Selbstorganisationstheorie beruft.

Für unser Unterfangen stehen bereits bewährte Kompetenzmodelle zur Verfügung, auf die wir zurückgreifen können. Dabei denken wir insbesondere an die Arbeiten zur Problemlösekompetenz von Dörner und Mitarbeitern (Dörner 1989, 1993; Dörner et al. 1983), an das gemeindepsychologische Konzept des »empowerment«, an das Anliegen Foucaults der »Sorge um sich« (Gussone u. Schiepek, im Druck; Müssen 1995) oder die Ergebnisse der Streß- und Burnout-Forschung.

Beispielsweise erweist sich Burnout in der Wahrnehmung des

Betroffenen geradezu als Umkehr erlebter Kompetenz im Umgang mit allgegenwärtiger Komplexität. Die Fähigkeit, Mißerfolg nicht nur auf das eigene persönliche Versagen, sondern auch auf vielfältige kontextuelle Bedingungen hin zurückzuführen, der Blick für zeitliche Entwicklungen und komplexe Verflechtungen und die respektvolle Hinwendung zum Klientensystem, gerade zu diesen Aspekten des Handelns verliert der »Ausgebrannte« den Bezug (vgl. Maslach u. Jackson 1984).

Die größte Verwandtschaft zu unserem Konzept weist sicherlich das langjährige Forschungsbemühen der Gruppe um Dietrich Dörner auf. Dörner versucht herauszufinden, woran Menschen im Umgang mit komplexen Systemen scheitern. Sein Untersuchungsfeld sind Computersimulationen komplexer Situationen. Die Untersuchungsteilnehmer haben sich in der Regulierung und Gestaltung größerer ökologischer, ökonomischer und politischer Systeme zu bewähren, zum Beispiel als Entwicklungshelfer oder als Bürgermeister der fiktiven Stadt Lohhausen. Die Veränderungen, die ein Eingriff in das System auslöst, sind von den Regeln bestimmt, die das Variablennetzwerk miteinander verknüpfen. Der Computer berechnet den Effekt eines Eingriffs auf jede Variable und meldet ihn der Spielperson zurück. Die Verknüpfungsregeln selbst bleiben dem Bediener unbekannt. Dörner beschreibt typische Regulationsversuche seiner Untersuchungsteilnehmer, die bei besten Absichten zu manchmal katastrophalen Ergebnissen für das Gesamtsystem führen. Typische menschliche Schwächen im Umgang mit komplexen Problemen sind:

- *mangelnde Zielkonkretisierung und Zielbalancierung:* keine Klarheit über Ziele und keine ausreichende Schwerpunktsetzung bei mehreren oder widersprüchlichen Zielen;
- *mangelnde Hintergrundkontrolle:* zu enge Konzentration auf eine Maßnahme, auf ein Teilziel oder auf ein Teilproblem, ohne die Entwicklung im gesamten System mitzubedenken und mitzubeobachten;
- *Nichtberücksichtigung von Neben- und Fernwirkungen* einer Maßnahme;
- *reduktive Hypothesenbildung:* Ursachen- und Lösungssuche werden auf »das Eine« reduziert: »Schuld hat allein . . .«, »Helfen kann nur . . .« (Zentralideetendenz);

- *unzureichende Modellbildung*, etwa aufgrund mangelnder Information;
- *unzulängliche Berücksichtigung zeitlicher Verläufe*, vor allem bezüglich nichtlinearer Prozesse; statt dessen lineare Extrapolation aktueller Entwicklungen in die Zukunft. Solche Momentanextrapolationen führen oft zu Katastrophenszenarien, die sich nicht bewahrheiten;
- *lineares Denken in Ursachen-Wirkungs-Ketten* statt vernetztes Denken;
- *Vernachlässigung der Kontrolle* oder Evaluation der Effekte des Handelns, mangelnde Fehlerkorrektur;
- *Reparaturdienstverhalten:* komplexe Ziele werden nicht in Teilziele zerlegt (mangelnde Komponentenanalyse), stattdessen wird nach einem Übel gesucht und dessen Beseitigung angezielt: »Man löst eben die Probleme, die gerade anstehen« (Dörner et al. 1983, S. 88);
- *keine Selbstreflexion* des eigenen Handelns.

Auch wenn angenommen werden kann, daß die meisten der genannten Mißerfolgsstrategien durchaus auch auf das Verhalten von Gruppen zutreffen, muß bedacht werden, daß Computerplanspiele die zumeist unrealistische Situation schaffen, daß eine Einzelperson hochverantwortliche Entscheidungsprozesse ohne Ratgeber, Helfer, Kollegen oder Team durchzuführen hat. Zudem: Fehler und Schwächen zu benennen ist sicherlich eine dankbarere Aufgabe als die, zu formulieren, was den erfolgreichen Umgang mit komplexen Systemen ausmacht. Genau dies wollen wir mit dem Konstrukt der »Systemkompetenz« aber tun. Dabei berücksichtigen wir neben den überwiegend auf kognitive Kompetenzen orientierten Vorschlägen von Dörner auch andere Kompetenzmodelle, etwa typische Aspekte des Umgangs mit emotionaler Belastung aus der Streß- und Copingforschung (vgl. Ulich et al. 1985) oder die Empfehlungen, die Probst (1987) aus organisationspsychologischer Sicht für den Umgang mit komplexen Systemen gibt. Unser Anliegen ist es nicht, Neues zu erfinden, sondern bewährte Teilkompetenzen zu sammeln und unter den Gesichtspunkten der Theorie dynamischer Systeme zu ordnen.

Unsere Ordnungskriterien beziehen sich auf folgende Aspekte:
- *Berücksichtigung von Sozialstrukturen und Kontexten:* Hier
  wird der Blick auf die Strukturen und Kontextbedingungen des
  Systems gerichtet. Auch der Aspekt des Sich-Ankoppelns an die
  Regeln des Systems ist hier berücksichtigt.
- *Umgang mit der Dimension Zeit:* Systemtheorien bieten eine
  Fülle von Erkenntnissen über die zeitlichen Eigendynamiken
  komplexer Systeme. Daraus leitet sich die Empfehlung ab, mit
  dem System zu gehen, sich nicht als externer Kontrolleur, sondern als Reisebegleiter des Systems anzubieten, um mit spontanen Veränderungen, Eigenrhythmen, begrenzter Prognostizierbarkeit, aber auch dem Beharrungsvermögen von Systemen umzugehen.
- *Umgang mit der emotionalen Dimension:* Gerade in psychosozialen Berufen sind die starken emotionalen Kräfte zu spüren, die
  von kommunikativen Systemen ausgehen können. Strategien zur
  Vermeidung von Streß und Burnout sind letztlich der System-
  freundlichkeit, auch der Fehlerfreundlichkeit verpflichtet: Die eigenen und die Ressourcen des Systems fördern, vorhandene Energien verstärken und nutzen.
- *Soziale Kontaktfähigkeit:* Da psychosoziale Praktiker keine
  Einzelkämpfer sind, sondern in Teams arbeiten, gilt es, Kontakte und Beziehungen zu pflegen und so zu gestalten, daß eine
  effektive Kooperation mit Kollegen, mit Klienten und mit er-
  weiterten Helfersystemen zustande kommen kann. Es gilt, sich
  sowohl abzugrenzen und seine eigene Position verständlich dar-
  zustellen, als auch, sich auf andere Denk- und Sichtweisen einzulassen. Gefordert ist die Kompetenz, fremde Standpunkte
  probeweise einnehmen zu können, um ihre Logik zu verstehen
  oder, mit Willke, »sich selbst mit den Augen seiner Umwelt und
  hineinversetzt in die Situation seiner eigenen Umwelt zu beobachten« (1989, S. 48, vgl. »transferentielle Operationen« nach
  Braten 1984).
- *Systemförderung, Entwicklung von Selbstorganisationsbedingungen, experimentelle Planung:* Die Selbstorganisation auto-
  nomer Systeme kann durchaus gezielt angeregt werden, wie
  auch diejenige des eigenen (Helfer-)Systems. Hierbei ist der

Aspekt der zeitlichen Taktung von Interventionen ganz entscheidend. Planung bedeutet nicht, ein System in ein vorgefertigtes Raster zu zwängen, sondern im ständigen Reflexionsprozeß die Eigengesetzlichkeit des Systems zu verstehen, die Wirkung jedes Eingriffs zu beobachten und mit den weiteren Eingriffsabsichten rückzukoppeln.

– *Theoriewissen, systemtheoretische Methoden:* Systemtheoretisches Wissen ist praktisch zu nutzen und mit der Praxis rückzukoppeln. Über diese Theorie-Praxis-Rückkopplungsschleifen entwickeln sich Theorien weiter. Lernt also die Systemtheorie mehr über Systeme, lernen auch Praktiker, Systemtheorie umzusetzen und mit Leben zu füllen. Die Literatur bietet eine Fülle von konkreten Verfahren zur Systemmodellierung an, die dabei helfen, Komplexität auf ein handhabbares Maß zu reduzieren.

Die Unterpunkte zu diesen sechs Bereichen individueller Systemkompetenz benennen Schwerpunkte, wie wir sie aus unserer wissenschaftlichen und praktischen Erfahrung kennen. Weder ist die Auflistung als abgeschlossen und vollständig anzusehen, noch können die sechs Teilbereiche streng voneinander getrennt werden. Überschneidungen und unscharfe Zuordnungen sind nicht zu vermeiden, stellen aber kein prinzipielles Problem dar. Auf den Einbezug spezifischer Therapietechniken verzichten wir an dieser Stelle bewußt. Die Aspekte in unserer Auflistung stellen allgemeine Kompetenzen dar, die für psychosoziale Berufe zugeschnitten sind, aber auch in anderen professionellen Kontexten ihre Berechtigung haben. Viele Einzeltechniken ganz unterschiedlicher Schulenzugehörigkeit könnten, gezielt eingesetzt, an verschiedenen Stellen der Kriterienliste aufgeführt werden. Im folgenden stellen wir unsere *Aspekte der individuellen Systemkompetenz* zusammen:

(1) Berücksichtigung von Sozialstrukturen und Kontexten:
– Kompetenz-, Rollen-, Aufgaben- und Auftragsklärung, Klärung von Erwartungen,
– Erfahrung in der Arbeit mit Teams, Teamfähigkeit,
– Delegieren können,

- Berücksichtigung von formellen und informellen Systemstrukturen und -regeln,
- wirksame Präsentation,
- Feedback geben,
- Spielregeln (z. B. von Arbeitsgruppen) kennen und einhalten oder gezielt thematisieren.

(2) Umgang mit der Dimension Zeit:
- die Eigendynamik von Systemen kennen und nutzen,
- den Kairos, die sensiblen Momente und Aufnahmebereitschaften erspüren, nutzen und fördern,
- Perspektiven, Orientierungen, Ziele entwickeln,
- Umgang mit den Grenzen der Planung, der Vorhersage, des Wachstums, der Veränderungsmöglichkeiten,
- Wechsel zwischen Aktion und Reflexion,
- Geduld, warten können, sich Zeit nehmen, Zeitdruck vermeiden,
- langsame Taktung, hinter dem Klienten bzw. dem Gesprächspartner bleiben,
- Entwicklung von Prognosen, Kenntnis nichtlinearer Prozesse,
- Kenntnis von Organisations-, Familien- und Lebenszyklen,
- Frequenz von Sitzungen/Interventionen systemangemessen gestalten,
- Einladungen, Yes-Sets abwarten,
- entkrampfter Umgang mit Irreversibilität, Unveränderbarkeit, Chronifizierung,
- Zeitrituale nutzen.

(3) Umgang mit der emotionalen Dimension:
- Selbstverstärkung, Genuß, die Sorge um sich, Förderung der eigenen Lebensqualität,
- vorhandene Kräfte und Energien nutzen (Empowerment, Jiu-Jitsu-Prinzip),
- fokussieren, konzentrieren (sich nicht verzetteln),
- Beteiligungen, Zugehörigkeiten erzeugen, Schaffen von Kulturen und »corporate identities«,
- Umgang mit emotionalen Belastungen (z. B. bei Intransparenz,

Zeitdruck, Mißerfolg, sozialen Konflikten), konkrete Coping-Strategien,
- Nutzung von Hilfen, Unterstützung, Informationen,
- Ambiguitätstoleranz (bei widersprüchlichen Wahrnehmungen und Wirklichkeitskonstruktionen, bei Unterschieden zwischen formellen und informellen Strukturen, bei Paradoxien, Unterschieden zwischen hypothetischen und faktischen Realitäten),
- Engagement, eigene Motivationsklärung (Leistung nur, wenn man dahintersteht).

(4) Soziale Kontaktfähigkeit:
- verständliche Sprache,
- Sensibilisierung für die Aufnahmebereitschaft der Interaktionspartner,
- flexible Selbstdarstellung, Gespür für Sprache, Regeln, Umgangsformen, Geschichte, Kulturen (multikulturelle Perspektive),
- Berücksichtigung fremder Operationslogiken (transferentielle Operationen: Verstehen),
- Konfliktmanagement und Konfrontation,
- interdisziplinäre Kooperationskompetenz,
- Unterstützung des eigenen Selbstwertgefühls und das der Kooperationspartner.

(5) Systemförderung, Entwicklung von Selbstorganisationsbedingungen, experimentelle Planung:
- experimentieren (Selbstorganisationsbedingung: Fluktuationsverstärkung, Variationen schaffen),
- Fehlerfreundlichkeit,
- heuristische Kompetenzen (Informationssuche, Suchraumerweiterung, Analogiebildung, Kompetenzerweiterung),
- Aktivierung von systemangemessenen Ressourcen.

(6) Theoriewissen, systemtheoretische Methoden:
- theoretisches Wissen,
- methodisches Wissen, Nutzung der methodischen Vielfalt (von der Hermeneutik zur Mathematik),
- Modellierungskompetenz (Komplexitätsreduktion, flexibel an-

paßbare Modelle, Handlungsorientierung statt Wahrheitsorientierung der Modelle).

Bei den »Aspekten der individuellen Systemkompetenz« handelt es sich um eine nach Teilaspekten geordnete Kriterienliste. Um Aspekte zu berücksichtigen, die über die Aufzählung individueller Teilkompetenzen hinausgehen, schlagen wir eine weitere Ordnungsstruktur vor. In multiprofessionellen Teams entstehen Handlungsformen, die gegenüber dem individuellen Handeln neue Qualitäten ins Spiel bringen. Wenn auch, wie die Befunde von Badke-Schaub (1993) zeigen, manche Einzelleistungen wirkungsvoller als Gruppenleistungen sind, so ist doch Teamarbeit im psychosozialen Berufsalltag der Normalfall. Viele der erwähnten individuellen Kompetenzen sind überhaupt erst ausführbar, wenn sie von einem wohlwollenden Team getragen werden und wenn der einzelne von seinen Kollegen auch emotional unterstützt wird. Zudem ist jede Einzelhandlung in ein Geflecht von anderen Handlungen eingebunden, deren dynamische Wechselwirkung erst Effekte in der Umwelt zeitigt.

Wir wollen unter dem Konstrukt »Systemkompetenz« kein Persönlichkeitsmerkmal verstanden wissen. Es geht nicht darum, Eigenschaften einer kompetenten oder nicht-kompetenten Person zu definieren, sondern Voraussetzungen für wirksames und effektives Handeln in sozialen Systemen zu benennen. Zur Entfaltung kommen die genannten individuellen Kompetenzaspekte letztlich erst im Kontext umfassenden professionellen Handelns und in der Interaktion mit dem Klientensystem. Wir erweitern daher das Kon-

emergente System-kompetenz	Selbstreferenz	Fremdreferenz
Ebene I (z. B. Person)		
Ebene II (z. B. Team, Gruppe)		
Ebene III (z. B. Abteilung, Institution)		

Abb. 30: Struktur der emergenten Systemkompetenz

strukt der »Systemkompetenz« um diesen Aspekt, den wir *emergente Systemkompetenz* nennen und schlagen die in Abbildung 30 dargestellte Orientierungshilfe vor.

Selbstreferenz bezeichnet die Anwendung von Systemkompetenz auf sich selbst, etwa zur Verbesserung der eigenen Funktions- und Leistungsfähigkeit aber auch der Lebensqualität, zur Gestaltung von Team- und Gruppenprozessen, zur Ermöglichung individuellen und organisationalen Lernens, zur Reflexion eigener Kommunikations- und Handlungsmuster. Dies kann sich auf eine Person beziehen, aber auch auf eine größere Funktionseinheit, also ein Team, eine Abteilung, eine Institution, eine Gemeinde. Die Unterscheidung zwischen Systemebenen ist nach unten hin (bezogen auf die Darstellung in Abb. 30) prinzipiell offen. Auf all diesen Ebenen sind neben selbstreferenten auch *fremdreferente Funktionen* zu beachten, also Handlungen, mit denen eine Person oder eine größere Einheit auf andere Personen oder Gruppen oder Einheiten Bezug nimmt. Aspekte der Zusammenarbeit, des Intervenierens, des Anleitens, Planens oder des Zur-Verfügung-Stellens von Kenntnissen oder Ressourcen finden hier ihren Platz.

Ausbildungsziel Systemkompetenz: Perspektiven eines systemwissenschaftlich fundierten Ausbildungskonzepts

Unser bisheriges Anliegen war es, zu zeigen, daß die Theorie dynamischer Systeme konkrete Aspekte von Systemkompetenz benennen und wissenschaftlich begründen kann. Nun ergibt sich als weitere Perspektive ein umfassendes systemwissenschaftlich fundiertes Ausbildungskonzept, in dessen Zentrum die Evaluierung und Vermittlung von Systemkompetenz steht. Das Systemspiel bietet sich hierfür als Methode der Wahl an. Denkbar ist sowohl die Integration des Systemspiels in bestehende universitäre Curricula oder Aus- und Weiterbildungsangebote freier Institutionen als auch die Etablierung von neuen, speziell auf die Vermittlung von Systemkompetenzen bezogenen Curricula. Der Einsatz von Systemspielen kann dabei bewährte, aber auch angebotsspezifisch

Effektivitäts-kriterien	selbstreferent	fremdreferent
Ebene I (Personen)	niedriger Krankenstatus, hohe Arbeitszufriedenheit, hohe Fachkompetenz etc.	respektvoller Umgang miteinander, regelmäßiger Informationsaustausch, interprofessionelle Zusammenarbeit etc.
Ebene II (Teams, Stationen)	klare Hierarchie, gemeinsame Unternehmensphilosophie (Leitbild, corporate identity), günstiger Personalschlüssel etc.	Kooperation untereinander oder mit dem komplementären Versorgungsbereich, Selbstdarstellung/ Öffentlichkeitsarbeit etc.

Abb. 31: Differenzierung von Effektivitätskriterien eines psychosozialen Helfersystems

auf bestimmte professionelle Kontexte hin zugeschnittene Szenarien nutzen. Szenarien können auch mit den Teilnehmern zusammen entworfen werden. Der mehrstufige Prozeß eines derartigen Programms könnte sich an folgenden Bausteinen orientieren:

(1) In einer *Einführungsphase* werden die Anliegen der Teilnehmer erhoben: Geht es um allgemeine Kontexte (etwa im universitären Bereich) oder um spezifische Kompetenzen in der psychosozialen Versorgung, um umweltpolitische, ökologische, verwaltungsbezogene, betriebs- oder volkswirtschaftliche Handlungsfelder? Je nachdem kann mit den Teilnehmern ein Szenario erarbeitet oder auf ein bestehendes zurückgegriffen werden. Modifikationen eines Szenarios sind unter Berücksichtigung der besonderen Teilnehmergruppe vermutlich sinnvoll. In dieser Einführungsphase sollten Auftraggeber ihre konkreten Effektivitätskriterien formulieren, auf deren Erreichen hin die Systemspiele ausgewertet werden. Das Strukturschema der emergenten Systemkompetenz könnte als Strukturierungshilfe dienen, wie in Abbildung 31 exemplarisch für eine psychosoziale Institution gezeigt.

Bereits im Vorfeld des eigentlichen Spieldurchgangs sollten die Teilnehmer auf den Umgang mit den Protokollbögen vorbereitet und Fragen bezüglich der Vorgaben des Szenarios geklärt werden. Es kann eine Übungsphase mit den Aktions- und Belastungsproto-

kollen vorgeschaltet werden, deren gemeinsame Auswertung Unsicherheiten während der Anfangsphase des Spiels verhindern soll.

(2) In einer ersten *Durchführungsphase* kommt das Systemspiel
zur Anwendung. Erweiterungen des methodischen Instrumentari-
ums, etwa durch zusätzliche Datenquellen wie Videoaufnahmen
oder externe Beobachter während des Spiels, können vorgenommen werden. Denkbar sind unter bestimmten Problemstellungen
auch Eingriffe in die Spieldynamik seitens der Spielleitung. So
könnten unerwartete Entwicklungen oder Zeitdruck durch Veränderungen der Zeitperspektive in das Systemspiel eingespeist werden.

(3) Die *Nachbesprechung und Rückmeldephase* sollte noch
mehr Zeit in Anspruch nehmen, als dies bei den bisherigen Systemspielen möglich war. Nachinterviews in den einzelnen Teilsystemen des Szenarios und Einzelgespräche mit allen Teilnehmern
sollten konsequent durchgeführt werden. Die Nachbesprechung
sollte lösungsorientiert auf die eingangs formulierten Anliegen Bezug nehmen und die Ressourcen der Teilnehmer thematisieren und
aktivieren, um bestimmte Dynamiken in ihrem Sinne zu gestalten.
Dabei kommen die im vorherigen Hauptkapitel beschriebenen
Checklisten zum Einsatz.

(4) Im Rahmen eines Ausbildungscurriculums sollte der zweiten
Systemspieldurchführung eine *Praxisphase* vorangestellt werden,
in der die Teilnehmer im Alltag die Erfahrungen aus dem Systemspiel umzusetzen versuchen. Diese Erfahrungen werden ebenfalls
gemeinsam ausgewertet und zu den Systemspielerfahrungen in Beziehung gesetzt.

(5) Nach individueller Rückmeldung und der Klärung individueller Veränderungswünsche von Seiten der Teilnehmer kann ein
weiteres Systemspiel durchgeführt werden. Für diese *zweite Systemspieldurchführung* kann dasselbe, aber auch ein alternatives
Szenario eingesetzt werden. Auch könnte nach der Auswertungs-
phase eine Fortsetzung des Spiels stattfinden, etwa die Fortführung
des Szenarios »Psychosoziale Versorgung« um eine weitere fiktive
Woche oder einen nächsten fiktiven Tag. Eine weitere Variante wären kleine oder größere Veränderungen am Szenario in einem zweiten Durchgang; denkbar wäre auch ein Rollenwechsel. Auf der

Grundlage der ersten Spielerfahrung könnten alternative Strategien für die zweite Spieldurchführung erarbeitet und im Anschluß an das zweite Spiel evaluiert werden.

Der hier skizzierte Ablauf könnte einen wesentlichen Beitrag zur Verbesserung von Interaktionsstrukturen und -dynamiken in psychosozialen Helfersystemen leisten. Ein derartiges Ausbildungskonzept eignet sich in idealer Weise für den Brückenschlag zwischen Theorie und Praxis. Im Sinne eines *Scientist-Practitioner-Modells* regt es Praktiker an, sich mit der Wissenschaft komplexer Systeme in ihren biologischen, physikalischen, psychologischen und soziologischen Varianten vertraut zu machen. Wissenschaftler und wissenschaftliche Einrichtungen werden aufgerufen, ihre Tore der Praxis zu öffnen, sei es über Angebote zur wissenschaftlichen Weiterqualifikation an Praktiker, sei es über Praxisforschung in Zusammenarbeit mit Praxiseinrichtungen (vgl. Schiepek 1997). In unserer Vision eines größeren systemwissenschaftlichen Ausbildungskontextes hat zudem die sinnliche und erlebniszentrierte Didaktik dynamischer Systeme einen festen Platz. Die Ausarbeitung eines entsprechenden Konzepts wird derzeit in Zusammenarbeit mit dem »Norddeutschen Institut für Kurzzeittherapie« realisiert. Anschauliche Beispiele für selbstorganisierte Strukturbildung in dynamischen Systemen bieten die Natur (Strömungsdynamiken in Wirbeln und Strudeln, Wachstumsprozesse bei Pflanzen und Tieren), naturwissenschaftliche Experimente (Musterbildung in Flüssigkeiten, z. B. Bénard-Instabilität; Doppelpendel; Video-Feedback-System, vgl. Schuldt 1989), mathematische Modellsysteme (Verhulst-Map, Lorenz-System, Populationsdynamik, fraktale Mathematik), psychologische Modelle (Bistabilität und Kipp-Phänomene bei Wahrnehmungsprozessen) oder Computersimulationen. Solche Experimente und Simulationen können selbst durchgeführt oder anhand eines mittlerweile ausreichend vorhandenen Videomaterials nachvollzogen werden. Zahlreiche Methoden zur Modellierung komplexer sozialer Systeme bietet auch die Therapie und Beratungspraxis, etwa Skulpturierungsmethoden, idiographische Systemmodelle, die Repertory-Grid-Technik (Scheer u. Catina 1993), das Familienbrett (Ludewig u. Wilken 1994) oder zirkuläre

Fragetechniken aus der systemischen Therapie (Tomm 1994). Eine erste Begegnung mit komplex vernetzten Systemen kann das Spiel »Ökolopoly« von Frederic Vester sein, das als Computerplanspiel, aber auch als Brettspiel erhältlich ist. Ähnlich wie in den Computerplanspielen der Dörnerschen Arbeitsgruppe werden von den Spielern Eingriffe in das Ökosystem einer fiktiven Stadt gefordert und die Effekte eines jeden Eingriffs auf sämtliche Variablen des Netzwerks rückgemeldet. Gleichzeitig mit diesem Buch erscheint ein Fensterbilderbuch als visuelles Anschauungsmaterial zu den vernetzten Strukturen und Wechselwirkungen in psychosozialen und medizinischen Einrichtungen (Schiepek et al. 1998). Eine Vielfalt sinnlichen Anschauungs- und Hörmaterials bieten die Künste. Die Palette reicht von Herbert Grönemeyer (»Chaos«) bis zu der Klavieretüde »Désordre« von Györgi Ligeti, von den Lithographien M. C. Eschers bis zu den Fugen J. S. Bachs (vgl. dazu Hofstadter 1985).

Für Cineasten sei auf die Filme »Zeit des Erwachens« (vgl. Sacks 1991), »Die Blechtrommel« und den fiktiven Chaostheoretiker Ian Malcolm aus Spielbergs »Jurassic Park« (vgl. Manteufel 1995) hingewiesen. Einige Passagen in Schlöndorfs Verfilmung der »Blechtrommel« (G. Grass) zeigen beispielsweise einen induzierten Phasenübergang der rhythmischen Koordination in einer Massenveranstaltung. All dies könnte zusammen mit der Durchführung von Systemspielen zur Vermittlung eines vertieften Verständnisses komplexer Systeme beitragen. Die Ausarbeitung eines Konzepts im Rahmen des Ausbildungsziels Systemkompetenz ist geplant.

Sicherlich sind diese Forderungen nicht ohne beträchtlichen organisatorischen, finanziellen, vor allem auch zeitlichen Aufwand zu realisieren. Der Lohn für diese Mühe wäre für Studierende ein erheblicher Zugewinn an Motivation. Der berüchtigte Praxisschock im Anschluß an die rein wissenschaftliche Ausbildung könnte minimiert werden, wenn Hochschulabsolventen nach diesem Konzept auf ihr Berufsleben vorbereitet würden. Aber auch für die beteiligten Institutionen könnte sich ein ganz konkreter Nutzen ergeben, wobei die Kompetenzen von Forschungseinrichtungen, Praxisinstitutionen, Therapieausbildungsinstituten und Berufsverbänden koordiniert würden müßten. Die vielbeschworenen Synergieeffekte durch eine stärkere Kooperation zwischen Praxis auf der einen sowie Forschung und Lehre auf der anderen Seite könnten neue Qualitäten entstehen lassen, sowohl in bezug auf die Professionalität der Praxis, als auch auf die Alltagsrelevanz von Forschung und Lehre.

Was in diesem umfassenden Projekt vermittelt werden soll, sind nicht umschriebene Behandlungstechniken, sondern eine umfassende, schulenübergreifende systemische Qualifikation. Es geht um psychosoziale Systemkompetenz im allgemeinen, gestützt auf die Einsicht, daß Therapie, Beratung, Organisation, Management oder Lehre Varianten des Handelns in komplexen Systemen darstellen.

Anhang A:
Die Rollenbeschreibungen des Systemspiels »Psychosoziale Versorgung«

Den Rollen des Systemspielszenarios wurden frei erfundene Namen zugeordnet. Die Rollenbeschreibungen, die den drei in diesem Buch ausführlich analysierten Systemspielen zugrundelagen, wurden mittlerweile verändert. Dabei wurden die Rückmeldungen der Teilnehmergruppen über Ungereimtheiten in den Beschreibungen berücksichtigt. Die Rolle der Stationspsychologin Eva Schneider wurde in den ersten Spielen aufgrund der beschränkten Teilnehmerzahlen nicht realisiert. In späteren Systemspielen wurde auch Bärbel Köhler als Peters Schwester mit in das Szenario aufgenommen, um die Dynamik innerhalb des Elternhauses Köhler zu erweitern. Auch ihre Rolle ist hier wiedergegeben.

Prinzipiell sollen das Ausgangsszenario und die konkreten Rollenbeschreibungen auch gar nicht unverrückbar festgelegt sein. Um der Größe der Teilnehmergruppe und besonderen Spielinteressen entgegenzukommen, können sie durchaus variiert werden, ohne daß der Anspruch der Systemspielmethode Schaden erleidet. Die hier dargestellte Version der Rollenbeschreibungen spiegelt den aktuellen Stand wider und wird sicherlich auch von uns noch weiterentwickelt werden.

Name: Peter Köhler
Alter: 16 Jahre

Situation:

Ich bin seit drei Jahren in der Gruppe »Rolling Stones« hier im »Martin-Luther-Heim« und habe mich gut eingelebt. Mit meinem Zimmerkollegen Freddi bin ich gut befreundet.

In meiner Gruppe gibt es noch zwei Mädchen, die Sabine und die Astrid.

Seit einer Woche bin ich in der Kinder- und Jugendpsychiatrie, zur Beobachtung, wie es heißt. Es ist unklar, ob ich weiter im Heim bleiben soll oder wieder bei meinen Eltern leben soll. Ich selbst bin mir nicht sicher, was mir besser gefallen würde.

Ich darf zwar hier auch zum Wochenende nicht wegfahren, kann aber besucht werden.

Sachinformation: Ich weiß von der Existenz folgender Personen:
- Jugendliche der Gruppe »Rolling Stones«: Freddi Müller, Sabine Sauer, Astrid Berger
- Gruppenleiterin: Veronika Maier
- Berufspraktikantin: Manuela Probst
- Heimleiter: Herr Rupprecht
- Meine Familie: Papa Manfred, Mama Helga Köhler, Schwester Bärbel Köhler
- Mitarbeiterin der Kinder- und Jugendpsychiatrie: Psychiaterin, Dr. Weinberger, und Psychologin, Frau Schneider

Name: Freddi Müller
Alter: 17 Jahre

Situation:

Ich bin seit sechs Jahren hier im »Martin-Luther-Heim« in der Gruppe »Rolling Stones«. In diesem Monat werde ich endlich mit der Sonderschule fertig. In meinem Abschlußzeugnis erwarte ich hauptsächlich Dreier.

Ich soll zum ersten September eine Ausbildung anfangen und mache zur Zeit eine Schnupperlehre in der Elektrowerkstatt vom Heim. Eigentlich möchte ich gern Erzieher werden.

Mein bester Freund, Peter, mit dem ich auch in einem Zimmer wohne, ist zur Zeit in der Psychiatrie. Meine Erzieherinnen mag ich sehr gern. Ich freue mich, wenn mich die anderen auch mögen.

Sachinformation: Ich weiß von der Existenz folgender Personen:
- Jugendliche der Gruppe »Rolling Stones«: Peter Köhler, Sabine Sauer, Astrid Berger
- Peters Schwester Bärbel Köhler
- Gruppenleiterin: Veronika Maier
- Berufspraktikantin: Manuela Probst
- Leiter der Elektrowerkstatt: Otto Kaltenegger, Elektromeister
- Erziehungsleiterin: Frau Seibold
- Heimleiter: Herr Rupprecht

Name: Sabine Sauer
Alter: 18 Jahre

Situation:

Ich wurde vom Jugendamt vermittelt und lebe seit knapp einem Jahr hier in der Gruppe der »Rolling Stones« im »Martin-Luther-Heim«. Ich bin im ersten Lehrjahr in der Elektrowerkstatt des Heims. In der Gruppe fühle ich mich nicht wohl.

Die Erzieherinnen mögen mich nicht, und die einzige, die mich hier versteht, ist die Psychologin, Frau Huber. Ich habe auch keine Freundin hier gefunden, und meine Zimmerkollegin Astrid ist einfach nur langweilig.

In der Werkstatt habe ich auch Schwierigkeiten: Ich muß immer so früh aufstehen, die Arbeit gefällt mir nicht, und außerdem behandelt mich der Meister Herr Kaltenegger nur von oben herab.

Sachinformation: Ich weiß von der Existenz folgender Personen:
– Jugendliche der Gruppe »Rolling Stones«: Peter Köhler, Freddi Müller, Astrid Berger
– Gruppenleiterin: Veronika Maier
– Berufspraktikantin: Manuela Probst
– Heimpsychologin: Karin Huber
– Leiter der Elektrowerkstatt: Otto Kaltenegger, Elektromeister
– Heimleiter: Herr Rupprecht

Name: Astrid Berger
Alter: 16 Jahre

Situation:

Ich bin erst seit einem halben Jahr im »Martin-Luther-Heim« in der Gruppe »Rolling Stones« und gehe noch zur Schule. Vorher war ich in verschiedenen anderen Heimen. Meine Eltern kenne ich nicht. Mein Vormund ist Frau Julia Jelloncek vom Jugendamt.

Den Nachmittag verbringe ich in der Gruppe. Die anderen aus der Gruppe kommen erst am Spätnachmittag aus der Werkstatt nach Hause. Peter ist zur Zeit in der Psychiatrie.

Am liebsten mache ich allein mit meiner Erzieherin Manuela Probst Hausaufgaben. Sabine, mit der ich im Zimmer bin, ist sehr laut. Manchmal habe ich richtig Angst vor ihr.

Sachinformation: Ich weiß von der Existenz folgender Personen:

- Jugendliche der Gruppe »Rolling Stones«: Peter Köhler, Freddi Müller, Sabine Sauer
- Gruppenleiterin: Veronika Maier,
- Berufspraktikantin: Manuela Probst,
- Beamtin im Jugendamt: Julia Jelloncek
- Erziehungsleiterin: Frau Seibold
- Heimleiter: Herr Rupprecht

Name: Veronika Maier
Alter: 34 Jahre

Situation:

Ich werde in diesem Jahr mein zehnjähriges Dienstjubiläum hier im »Martin-Luther-Heim« feiern und bin seit sieben Jahren Gruppenleiterin der Gruppe »Rolling Stones«. Ich habe in diesen zehn Jahren praktischer Arbeit mehr gelernt, als man in einer theoretischen Ausbildung jemals lernen kann. Das bestätigt sich immer wieder in der Zusammenarbeit mit den Berufspraktikantinnen. Während der langen Zeit bin ich sehr mit den Kindern zusammengewachsen und die Gruppe ist für mich zur zweiten Heimat geworden.

Besonders liegt mir das Wohl des Peter Köhler am Herzen, der ein sehr problematisches Elternhaus hat. Er wurde uns vor drei Jahren zur Fürsorgeerziehung vermittelt. Seit einer Woche befindet sich Peter zur Beobachtung in der kinder- und jugendpsychiatrischen Abteilung des zuständigen Bezirkskrankenhauses, nachdem er durch sein aggressives Verhalten nach einem Wochenendbesuch zu Hause in der Gruppe untragbar geworden war. Seine Eltern wollen ihn seit einiger Zeit unbedingt wieder nach Hause holen. Es soll in der Klinik nun ein Gutachten erstellt werden. Ich bin der Meinung, daß Peter bei uns hier sehr viel besser aufgehoben ist als in seinem doch sehr chaotischen Elternhaus. Der Vater hat sehr sonderbare Erziehungsvorstellungen und braust sehr leicht auf, wenn jemand einmal seine Meinung nicht teilt. Frau Köhler, die Mutter, sucht oft Zuflucht im Alkohol. Peter ist immer sehr verstört und aggressiv, wenn er von einer Wochenendheimfahrt wieder kommt und er braucht meist lange, bis er sich wieder beruhigt hat.

Ich soll die Jugendlichen auch anhalten, in die Lehre zu gehen.

Sachinformation: Ich weiß von der Existenz folgender Personen:

- Jugendliche der Gruppe »Rolling Stones«: Peter Köhler, Freddi Müller, Sabine Sauer, Astrid Berger
- Berufspraktikantin: Manuela Probst
- Heimleiter: Franz Rupprecht
- Erziehungsleiterin: Monika Seibold
- Heimpsychologin: Karin Huber
- Leiter der heimeigenen Elektrowerkstatt: Otto Kaltenegger, Elektromeister
- Mitarbeiterinnen des Jugendamts: Julia Jelloncek (Beamtin im Jugendamt) und Frau Marion Neumann (Sozialarbeiterin, zuständig für Berufsberatung)
- Frau Helga Köhler, Herr Manfred Köhler, Peters Eltern
- Bärbel Köhler, Peters Schwester
- Kinder- und Jugendpsychiatrie: Dr. Hermine Weinberger, Psychiaterin, Eva Schneider, Psychologin

Name:	Manuela Probst
Alter:	21 Jahre

Situation:

Ich mache im »Martin-Luther-Heim« mein Anerkennungsjahr als Erzieherin in der Gruppe »Rolling Stones«. Manchmal wurde mir schon deutlich, daß ich meine Ideale hier nicht verwirklichen kann. Gute Erziehung würde ich mir anders vorstellen. Auf meine Ideen geht die Gruppenleiterin der »Rolling Stones« meistens nicht ein und pocht auf ihren Erfahrungsvorsprung.

Meine Praxisanleiterin Monika Seibold, die gleichzeitig Erziehungsleiterin ist, erlebe ich oft wenig einfühlsam. Sie ist wahrscheinlich schon etwas abgestumpft.

Von den Jugendlichen aus der Gruppe habe ich den meisten Kontakt zu Freddie und Sabine. Sabine tut sich in der Gruppe etwas schwer, weil sie ziemlich unsensibel ist.

Peter Köhler ist seit einer Woche in der Kinder- und Jugendpsychiatrie zur Beobachtung.

Sachinformation: Ich weiß von der Existenz folgender Personen:
- Jugendliche der Gruppe »Rolling Stones«: Peter Köhler, Freddi Müller, Sabine Sauer, Astrid Berger
- Gruppenleiterin: Veronika Maier
- Erziehungsleiterin: Monika Seibold

- Heimpsychologin: Karin Huber
- Heimleiter: Franz Rupprecht
- Leiter der heimeigenen Werkstatt: Otto Kaltenegger, Elektromeister
- Eltern von Peter Köhler: Frau Helga und Herr Manfred Köhler
- Bärbel Köhler, Peters Schwester

Name: Franz Rupprecht
Alter: 53 Jahre

Situation:

Ich bin seit acht Jahren Heimleiter des »Martin-Luther-Heims« der Evangelischen Diakonie. Ich selbst bin Diakon. Bei unserem gemeinsamen Tun kommt es mir sehr darauf an, daß alles seinen geordneten Gang geht. Es ist mir wichtig, daß Konflikte kooperativ gelöst werden und daß die Kinder eine optimale pädagogische Betreuung erhalten. Konflikte kommen in der Regel gar nicht erst auf, wenn für ein gutes Betriebsklima gesorgt ist und wenn gemeinsame christliche Leitideale verfolgt werden.

Einer unserer Schützlinge, Peter Köhler aus der Gruppe »Rolling Stones«, mußte vor einer Woche in die kinder- und jugendpsychiatrische Abteilung des Bezirkskrankenhauses aufgenommen werden. Nachdem er von einem Wochenende zu Hause zurückgekommen war, verhielt er sich, noch weit mehr als üblich, ungebührlich aggressiv und war nicht mehr erzieherisch führbar. Peters Eltern wollen, daß er wieder bei ihnen lebt. In der Klinik soll diesbezüglich nun ein Gutachten erstellt werden.

Sachinformation: Ich weiß von der Existenz folgender Personen:
- Jugendliche der Gruppe »Rolling Stones«: Peter Köhler, Freddi Müller, Sabine Sauer, Astrid Berger
- Gruppenleiterin: Veronika Maier
- Berufspraktikantin: Manuela Probst
- Erziehungsleiterin: Monika Seibold
- Heimpsychologin: Karin Huber
- Leiter der heimeigenen Werkstatt: Otto Kaltenegger, Elektromeister
- Eltern von Peter Köhler: Helga und Manfred Köhler
- Bärbel Köhler, Peters Schwester

- Kinder- und Jugendpsychiatrie: Dr. Hermine Weinberger und Frau
  Eva Schneider, Peters behandelnde Psychologin
- Mitarbeiterinnen des Jugendamts: Julia Jelloncek (Beamtin im Ju-
  gendamt) und Marion Neumann (Sozialarbeiterin, zuständig für
  Berufsberatung)

Name: Monika Seibold
Alter: 40 Jahre

Situation:

Ich bin Erziehungsleiterin des »Martin-Luther-Heims« und für die
Praxisanleitung der Erzieherinnen der Gruppe »Rolling Stones« zuständig. Zu meinen Hauptaufgaben gehört neben anderem die Be-
rufsfindung der Kinder und die Weitervermittlung nach der Heiment-
lassung.

An der Frau Maier, der Gruppenleiterin der »Rolling Stones«,
schätze ich vor allem ihren pragmatischen und konsequenten Erzie-
hungsstil.

Im Moment gibt es Schwierigkeiten mit den Eltern von Peter Köhler aus dieser Gruppe. Peter ist uns vor drei Jahren vom Jugendamt
zur Fürsorgeerziehung überwiesen worden. Nun drängt vor allem der
Vater Köhler plötzlich aus unerfindlichen Gründen darauf, seinen
Sohn wieder nach Hause zu nehmen. Peter befindet sich derzeit zur
Beobachtung in der kinder- und jugendpsychiatrischen Abteilung des
Bezirkskrankenhauses. Er wurde bei dem ganzen so wild, daß er bei
uns nicht mehr führbar war. Es soll nun ein psychiatrisches Gutachten
erstellt werden bezüglich der Frage nach Peters zukünftigem Verbleib.

Mein Vorgesetzter, der Heimleiter Herr Rupprecht, ist sehr gewis-
senhaft und stets um Ausgleich bemüht, aber er hält sich sehr oft aus
Schwierigkeiten raus. Außerdem bekommt man ihn selten zu Gesicht.

Sachinformation: Ich weiß von der Existenz folgender Personen:
- Jugendliche der Gruppe »Rolling Stones«: Peter Köhler, Freddi
  Müller, Sabine Sauer, Astrid Berger
- Gruppenleiterin: Veronika Maier
- Berufspraktikantin: Manuela Probst
- Heimleiter: Franz Rupprecht

- Heimpsychologin: Karin Huber
- Leiter der heimeigenen Werkstatt: Otto Kaltenegger, Elektromeister
- Peter Köhlers Eltern: Manfred und Helga Köhler
- Bärbel Köhler, Peters Schwester
- Kinder- und Jugendpsychiatrie: Dr. Hermine Weinberger, Psychiaterin, Frau Eva Schneider, Psychologin

Name: Karin Huber
Alter: 29 Jahre

Situation:

Ich bin seit einem Jahr hier im »Martin-Luther-Heim« als Psychologin tätig. Dies ist nach dem Studium meine erste Stelle als Psychologin und ich bin zur Zeit noch dabei, meine Ausbildung in Gesprächspsychotherapie fertig zu machen. Meine Aufgabengebiete hier sind v. a. Elternarbeit, Einzelbetreuung, Diagnostik, Erziehungsplanung und Mitentscheidung bei Personalfragen, wenn es um Neuaufnahmen bei den Kindern geht oder um die Neueinstellung von Mitarbeiter/innen.

Ich kenne alle Jugendlichen der Gruppe »Rolling Stones«, wobei sich momentan nur Sabine Sauer bei mir in Einzeltherapie befindet. Sie wirkt auf mich eher konfliktbeladen und wird von ihren Erzieherinnen als aggressiv beschrieben.

Von Peter Köhler ist mir bekannt, daß er sich zur Zeit, wie es heißt zur Beobachtung, in der Kinder- und Jugendpsychiatrie befindet, nachdem es in der Gruppe zu Eskalationen mit ihm gekommen ist. Aus Gesprächen kenne ich auch seine Eltern, wobei mir vor allem seine Mutter sehr problembeladen erscheint. Bei ihr könnte ich mir auch vorstellen, daß sie Alkoholprobleme hat.

Sachinformation: Ich weiß von der Existenz folgender Personen:
- Jugendliche der Gruppe »Rolling Stones«: Peter Köhler, Freddi Müller, Sabine Sauer, Astrid Berger
- Gruppenleiterin: Veronika Maier
- Berufspraktikantin: Manuela Probst
- Heimleiter: Franz Rupprecht
- Erziehungsleiterin: Monika Seibold

- Leiter der heimeigenen Werkstatt: Otto Kaltenegger, Elektromeister
- Peter Köhlers Eltern: Manfred und Helga Köhler
- Peters Schwester: Bärbel Köhler
- Kinder- und Jugendpsychiatrie: Dr. Hermine Weinberger, Psychiaterin und Frau Eva Schneider, Peters behandelnde Psychologin
- Mitarbeiterinnen des Jugendamts: Julia Jelloncek (Beamtin im Jugendamt) und Marion Neumann (Sozialarbeiterin, zuständig für Berufsberatung)

Name: Otto Kaltenegger
Alter: 52 Jahre

Situation:

Ich bin seit achtzehn Jahren Werkstattleiter der Elektrowerkstatt hier im »Martin-Luther-Heim«. Durch unsere Arbeit wird die Versorgung des Hauses gewährleistet. Hierzu ist es besonders wichtig, daß alle gut und fleißig mitarbeiten.

Aus der Gruppe »Rolling Stones« habe ich zur Zeit zwei Lehrlinge, Sabine Sauer und Freddi Müller. Sabine ist im ersten Lehrjahr und paßt nicht gut in unseren Betrieb. Sie ist sehr aufsässig, desinteressiert und aggressiv und behindert so den ganzen Arbeitsablauf.

Freddi, der bei mir eine Schnupperlehre macht, ist dagegen ganz anders. Er ist im Gegensatz zu Sabine sehr zugänglich, fleißig und anpassungsfähig.

Sachinformation: Ich weiß von der Existenz folgender Personen:
- Jugendliche der Gruppe »Rolling Stones«: Peter Köhler, Freddi Müller, Sabine Sauer und Astrid Berger
- Gruppenleiterin: Veronika Maier
- Berufspraktikantin: Manuela Probst
- Heimleiter: Franz Rupprecht
- Erziehungsleiterin: Monika Seibold
- Heimpsychologin: Karin Huber
- Jugendamtsmitarbeiterinnen: Julia Jelloncek (Beamtin im Jugendamt), Marion Neumann (Sozialarbeiterin, Berufsberatung)

Name:		Julia Jelloncek
Alter:		42 Jahre

Situation:

Ich bin seit acht Jahren Beamtin hier im Jugendamt. Vom »Martin-Luther-Heim« kenne ich die Jugendlichen der Gruppe »Rolling Stones«. Peter Köhler ist seit drei Jahren aufgrund massiver Vernachlässigung zur Fürsorgeerziehung im Heim. Zur Zeit ist Peter zur Beobachtung in der kinder- und jugendpsychiatrischen Abteilung des Bezirkskrankenhauses. Vor allem der Vater drängt plötzlich darauf, den Sohn wieder nach Hause zu nehmen.

Astrid Berger, ich bin ihr Vormund, ist Sozialwaise und hat schon eine lange Heimkarriere hinter sich. Sie ist seit einem halben Jahr im »Martin-Luther-Heim«. Für Freddi und Sabine Sauer steht die Entscheidung über die weitere Kostenübernahme bei einer Verlängerung des Heimaufenthalts an. Dazu benötige ich von den Erzieherinnen der Gruppe »Rolling Stones« die Erziehungsberichte.

Sachinformation: Ich weiß von der Existenz folgender Personen:
— Jugendliche der Gruppe »Rolling Stones«: Peter Köhler, Freddi Müller, Sabine Sauer, Astrid Berger
— Berufspraktikantin: Manuela Probst
— Heimleiter: Franz Rupprecht
— Erziehungsleiterin: Monika Seibold
— Heimpsychologin: Karin Huber
— Leiter der heimeigenen Werkstatt: Otto Kaltenegger, Elektromeister
— Peter Köhlers Eltern: Manfred und Helga Köhler
— Peters Schwester: Bärbel Köhler
— Kinder- und Jugendpsychiatrie: Dr. Hermine Weinberger, Psychiaterin; Eva Schneider, Psychologin
— Jugendamt: Marion Neumann, Sozialarbeiterin, zuständig für Berufsberatung

Name: Marion Neumann
Alter: 28 Jahre

Situation:

Ich bin seit zwei Jahren mit dem Studium fertig und arbeite als Sozialarbeiterin hier im Jugendamt. Mein Hauptaufgabengebiet liegt in
der Berufsberatung der Jugendlichen.
    Im »Martin-Luther-Heim« habe ich Kontakt zu zwei Jugendlichen
der Gruppe »Rolling Stones«. Mit Sabine Sauer führte ich vor gut
einem Jahr beratende Gespräche. Sie entschied sich damals für eine
Lehre in der heiminternen Elektrowerkstatt. Demnächst steht Freddi
Müller zur Berufsentscheidung an. Er macht derzeit ebenfalls in dieser Elektrowerkstatt eine Schnupperlehre bei Herrn Otto Kaltenegger.

Sachinformation: Ich weiß von der Existenz folgender Personen:
– Jugendliche der Gruppe »Rolling Stones«: Freddi Müller, Sabine
  Sauer
– Gruppenleiterin: Veronika Maier
– Berufspraktikantin: Manuela Probst
– Heimleiter: Franz Rupprecht
– Erziehungsleiterin: Monika Seibold
– Heimpsychologin: Karin Huber
– Leiter der Heimwerkstatt: Otto Kaltenegger, Elektromeister
– Mitarbeiterin des Jugendamts: Julia Jelloncek, Jugendamtsbeam-
  tin

Name: Helga Köhler
Alter: 39 Jahre

Situation:

Ich bin die Mutter von Peter Köhler. Peter wurde mir vor drei Jahren
vom Jugendamt weggenommen. Mein Mann findet, daß er im Heim
verkommt und will deshalb, daß er jetzt wieder bei uns zu Hause lebt.
    Manchmal habe ich schon Angst, daß ich nicht mit ihm fertig wer-
de und frage mich, wie es wohl wird, wenn er wieder die ganze Zeit
zu Hause ist. Trotzdem stimme ich meinem Mann auf alle Fälle zu:
Bei uns hat er es allemal besser als im Heim.

Er hat den Jähzorn eben von seinem Vater geerbt, und ich kann mich, wenn er mich angreift, halt weniger wehren als mein Mann. An manchen Tagen wird mir eh alles zuviel, und ich bin ganz verzweifelt. Nur, wenn meine Tochter Bärbel in meiner Nähe ist, gibt mir das noch Trost.

Vor einer Woche wurde Peter in die Psychiatrie eingewiesen, nachdem er im Heim wohl etwas zu wild geworden war.

Weil das Arbeitslosengeld von meinem Mann vorn und hinten nicht reicht, arbeite ich abends als Bedienung in einer Kneipe. Dort bleibe ich manchmal länger, wenn nette Gäste da sind, und trinke mit ihnen ein Bier.

Sachinformation: Ich weiß von der Existenz folgender Personen:
- Jugendlicher der Gruppe »Rolling Stones«: Freddi Müller
- Gruppenerzieherin: Veronika Maier
- Berufspraktikantin: Manuela Probst
- Heimpsychologin: Karin Huber
- Sohn Peter, Tochter Bärbel und Ehemann Manfred Köhler
- Kinder- und Jugendpsychiatrie: Dr. Hermine Weinberger, Psychiaterin, und Frau Eva Schneider, Psychologin

---

Name: Manfred Köhler
Alter: 42 Jahre

Situation:

Ich bin von Beruf gelernter Werkzeugmacher und seit drei Jahren arbeitslos. Da wir von meinem Arbeitslosengeld nicht leben können, bedient meine Frau abends in einer Kneipe. Wir bewohnen eine Sozialwohnung mit zwei Zimmern/Küche/Bad.

Mein Sohn Peter wurde uns vor drei Jahren weggenommen, und die vom Jugendamt behaupten, er hätte es im Heim besser als bei uns zu Hause. Aber daß die im Heim sich viel weniger um meinen Sohn kümmern, sieht man schon an seinem Äußeren. Er bekommt dort nicht einmal vernünftige Kleidung.

Außerdem lernt Peter im Heim wirklich nichts Gescheites, außer Unsitten von den anderen. Die im Heim wissen nicht, wie man mit einem 16jährigen umzugehen hat und sind viel zu lasch. Deshalb soll er jetzt wieder bei uns leben, da könnte er noch Disziplin lernen, bevor es zu spät ist. Hoffentlich passiert uns mit Bärbel, unserer Tochter, nicht das gleiche, auch bei ihr muß man sehr aufpassen, daß sie nicht macht, was sie will und in schlechte Gesellschaft gerät. Wie schnell sind jugendliche Mädchen auch gefährdet, überfallen oder belästigt zu werden.

Daß Peter jetzt vor einer Woche in die Psychiatrie mußte, beweist nur, daß die im Heim nicht mit ihm umgehen können.

Sachinformation: Ich weiß von der Existenz folgender Personen:
- Jugendlicher der Gruppe »Rolling Stones«: Freddi Müller
- Gruppenerzieherin: Veronika Maier
- Berufspraktikantin: Manuela Probst
- Heimleiter: Franz Rupprecht
- Erziehungsleiterin: Monika Seibold
- Heimpsychologin: Karin Huber
- Sohn Peter, Tochter Bärbel und Ehefrau Helga Köhler
- Kinder- und Jugendpsychiatrie: Dr. Hermine Weinberger, Psychiaterin, und Frau Eva Schneider, Psychologin
- Mitarbeiterin des Jugendamts: Frau Julia Jelloncek, Beamtin im Jugendamt

Name: Bärbel Köhler
Alter: 14 Jahre

Situation:

Ich bin die Tochter der Familie Köhler, aber ansonsten habe ich mit meiner Familie nichts am Hut. Ich bin froh, wenn ich in Ruhe gelassen werde und das Jugendamt nicht auf die Idee kommt, mich wie meinen Bruder ins Heim zu stecken. Ich will möglichst bald selbständig sein.

Meine Mutter kann ich bei dem Mann eigentlich nur bemitleiden. So wie sie will ich mal auf keinen Fall enden. Ihr Leben besteht eigentlich nur aus Arbeit.

Mein Vater spricht mit mir nur, wenn er was zu Meckern braucht oder wieder irgendwas an mir gefunden hat, worüber er sich künstlich aufregen kann.

Mein Bruder ist ganz nach seinem Vater geraten. Wenn er am Wochenende nach Hause kommt, geht das Gestreite meist schon am Freitagnachmittag los, und der Streß setzt sich dann das ganze Wochende fort.

Aus Peters Gruppe im Heim kenne ich seinen Freund Freddi, den finde ich ganz schön blöd. Ich fürchte mich auch ein bißchen vor ihm, der ist mir unheimlich. Außerdem gibt es da die Sabine, mit der ich mich schon mal gut über Jungs unterhalten kann, wenn ich mal dort zu Besuch bin.

Sachinformation: Ich weiß von der Existenz folgender Personen:
- Bruder Peter
- Eltern Helga und Manfred Köhler
- Jugendliche der Gruppe »Rolling Stones«: Freddi Müller, Sabine Sauer.

Name: Hermine Weinberger
Alter: 45 Jahre

Situation:

Ich bin seit drei Jahren Oberärztin in der kinder- und jugendpsychiatrischen Abteilung hier im Bezirkskrankenhaus. Als Zusatzqualifikation habe ich eine tiefenpsychologische Ausbildung abgeschlossen. Meine Hauptaufgaben sind unter anderem die Organisation der Station, die Therapie mit den Kindern und die Erstellung von Gutachten. Meine Arbeit ist sehr vielfältig, dadurch aber auch verantwortungsvoll und anstrengend. Hinzu kommt der allgemeine Pflegenotstand, und ich fühle mich durch den Personalmangel manchmal überlastet.

Peter Köhler befindet sich aufgrund massiver Vernachlässigung von seiten der Eltern seit drei Jahren zur Fürsorgeerziehung im »Martin-Luther-Heim«. Seit einer Woche ist er in unserer Abteilung, nachdem es im Heim zu massiven aggressiven Impulsdurchbrüchen gekommen ist, auch den Erzieherinnen gegenüber. Zur Zeit gibt es wohl Druck von den Eltern, wobei unklar ist, aus welchen Gründen diese ihren Sohn aus dem Heim nehmen wollen. Ich soll auf Anfrage des Jugendamtes ein Gutachten erstellen, welches zur Entscheidung des weiteren Verbleibs des Jugendlichen herangezogen werden wird.

Die konkrete Betreuung von Peter hat die Psychologin der Station, Frau Eva Schneider, übernommen.

Sachinformation: Ich weiß von der Existenz folgender Personen:
- Jugendlicher im »Marin-Luther-Heim«: Peter Köhler
- Peter Köhlers Eltern Manfred und Helga Köhler
- Peters Schwester: Bärbel Köhler
- Gruppenleiterin der Gruppe »Rolling Stones«: Veronika Maier
- Heimleiter: Franz Rupprecht
- Erziehungsleiterin: Monika Seibold
- Heimpsychologin: Karin Huber
- Kinder- und Jugendpsychiatrie: Frau Eva Schneider, Stationspsychologin

Name: Eva Schneider
Alter: 32 Jahre

Situation:

Ich bin seit 3 Jahren hier in der kinder- und jugendpsychiatrischen Abteilung des Bezirkskrankenhauses beschäftigt. Seit einem halben Jahr habe ich meine Familientherapieausbildung abgeschlossen.

Meine Hauptaufgaben sind die Therapie mit den Kindern und, wenn möglich, mit ihren Eltern und die Testung der Kinder.

Als neuen Fall habe ich Peter Köhler übernommen, bei dem aggressive Impulsdurchbrüche diagnostiziert wurden. Bei ihm geht es nun im weiteren darum, ob er weiter im »Martin-Luther-Heim« leben oder wieder zu seinen Eltern nach Hause kommen soll. Ich kann mir noch kein klares Bild machen, habe aber das Gefühl, daß Peter zwischen Heim und Familie trianguliert wird.

Als betreuende Therapeutin werde ich Informationen für ein Gutachten bezüglich der weiteren Unterbringung erheben und sammeln.

Sachinformation: Ich weiß von der Existenz folgender Personen:
- Jugendlicher der Gruppe »Rolling Stones« im Heim: Peter Köhler
- Herr und Frau Köhler, seine Eltern
- Peters Schwester: Bärbel Köhler
- Heimpsychologin: Frau Karin Huber
- Gruppenerzieherin: Frau Veronika Maier
- Heimleiter: Herr Rupprecht
- Kinder- und Jugendpsychiatrie: Dr. Hermine Weinberger

Anhang B:
Die Kennwerte des
Auswertungsprogramms »Matrix«

Die Rohwerte für die Berechnungen des Programms »Matrix« (Strunk 1995) sind den Informationen des Aktionsprotokolls entnommen (Wer interagiert zu welcher Zeit mit wem?). Je nach definierter Teilgruppenbildung werden diese Rohwerte in eine 15 × 15-, 5 × 5-, 2 × 2-etc. Matrix übernommen. Das Programm Matrix 1.x erstellt aus der Quelldaten-Datei folgende (hier 5 × 5-) Rohwerte-Matrix:

Sender	Empfänger	$j = 1$	$j = 2$	$j = 3$	$j = 4$	$j = 5 = n$	
$i = 1$		x_{ij}	x_{ij}	x_{ij}	x_{ij}	x_{ij}	$x_{i.}$
$i = 2$		x_{ij}	x_{ij}	x_{ij}	x_{ij}	x_{ij}	$x_{i.}$
$i = 3$		x_{ij}	x_{ij}	x_{ij}	x_{ij}	x_{ij}	$x_{i.}$
$i = 4$		x_{ij}	x_{ij}	x_{ij}	x_{ij}	x_{ij}	$x_{i.}$
$i = 5 = n$		x_{ij}	x_{ij}	x_{ij}	x_{ij}	x_{ij}	$x_{i.}$
		$x_{.j}$	$x_{.j}$	$x_{.j}$	$x_{.j}$	$x_{.j}$	$\Sigma = N$

Zur besseren Vergleichbarkeit der pro Zeittakt ausgegebenen Matrizen wird eine Umrechnung der Rohwerthäufigkeiten in relative Häufigkeiten (relativiert an N) vorgenommen. Die relativen Häufigkeiten sind definiert als

$$h_{ij} = \frac{x_{ij}}{N}$$

Daraus ergibt sich die folgende Matrix der relativen Häufigkeiten:

Sender	Empfänger	$j = 1$	$j = 2$	$j = 3$	$j = 4$	$j = 5 = n$	
$i = 1$		h_{ij}	h_{ij}	h_{ij}	h_{ij}	h_{ij}	$h_{i.}$
$i = 2$		h_{ij}	h_{ij}	h_{ij}	h_{ij}	h_{ij}	$h_{i.}$
$i = 3$		h_{ij}	h_{ij}	h_{ij}	h_{ij}	h_{ij}	$h_{i.}$
$i = 4$		h_{ij}	h_{ij}	h_{ij}	h_{ij}	h_{ij}	$h_{i.}$
$i = 5 = n$		h_{ij}	h_{ij}	h_{ij}	h_{ij}	h_{ij}	$h_{i.}$
		$h_{.j}$	$h_{.j}$	$h_{.j}$	$h_{.j}$	$h_{.j}$	$\Sigma = 1$

Die Diagonalen der Matrix (Sender = Empfänger) beinhalten selbstrefe-rente Interaktionen. Die Diagonale der Matrix ist definiert als

$$D = \sum_{i=j} x_{ij}$$

Als weitere Größen sind definiert:

Zelle der Diagonalen: $d_i = d_j = x_{ij} \mid i = j$

Spaltensummen ohne Diagonale: $H._j = x._j - d_j$

Zeilensummen ohne Diagonale: $H_i. = x_i. - d_i$

Kennwerte der Matrix:

Selbstbezogenheit (SB) der Matrix: Dieser Kennwert gibt an, inwieweit die Diagonalen der Matrix besetzt sind, bezogen auf auf die Gesamtbe-setzung N der Matrix.

$$SB = \frac{D}{N}$$

Konzentration (K(d) und K(q)) der Matrix: Strunk (1995) weist darauf hin, daß bei kleinen Matrizen das Konzentrationsmaß K(d) (dichotome Kon-zentration) zunehmend an inhaltlicher Bedeutung verliert, da nur zwischen Zellenbesetzung oder Nicht-Zellenbesetzung unterschieden wird, während K(q) (quantifizierte Konzentration) auch bei kleinen Matrizen das robustere Maß ist. Dann können beide Kennwerte sogar negativ miteinander korre-lieren. (q) wird mit dem Faktor 10 multipliziert, da die quantifizierte Kon-zentration von Werten, die nicht größer als 1 werden können, sehr geringe Zahlenwerte aufweist. K(q) mißt die »Zerklüftung« bzw. die vertikale Streuung der Zellenbesetzungen um den Mittelwert aller Zellenbesetzun-gen. $\frac{1}{n^2}$ ist der erwartete Mittelwert der relativen Häufigkeiten, denn $\frac{1}{n^2} \cdot n^2 = 1$.

$$K(d) = \frac{\sum_i \sum_j [\theta(x_{ij})]}{n^2}$$

mit $\theta = 1$, wenn $x_{ij} \neq 0$ und $\theta = 0$, wenn $x_{ij} = 0$

$$K(q)_{*10} = \sqrt{\frac{1}{n^2} \sum_i \sum_j (h_{ij} - \frac{1}{n^2})^2} * 10$$

Ähnlichkeit (Ä) zwischen Matrizen: Die Ähnlichkeit wird als relativierte Summe der absoluten Differenzen der Matrizen berechnet. Das Programm »Matrix 1.x« bietet drei Ähnlichkeitskennwerte an, von denen aus inhaltlichen Erwägungen der hier vorgestellte ausgewählt wurde. Differieren zwei Matrizen (x und y) maximal, ergibt sich als Summe der Beträge ihrer Differenzen $\Sigma_i\Sigma_j|h_{xij} - h_{yij}| = 2$. Durch die Operation $2 - \Sigma_i\Sigma_j|h_{xij} - h_{yij}|$ wird das Differenzmaß in ein Ähnlichkeitsmaß mit den Werten Ä = 2 für maximale Ähnlichkeit und Ä = 0 für minimale Ähnlichkeit umgewandelt. Die Division durch 2 schließlich erzeugt einen Range zwischen 0 und 1.

$$Ä = \frac{2 - \sum_i \sum_j |h_{xij} - h_{yij}|}{2}$$

Ein weiters sinnvolles Ähnlichkeitsmaß besteht in der *Korrelation* zwischen den Besetzungen der korrespondierenden Zellen der zu vergleichenden Matrizen.

Vorhersage (V) einer Matrix auf die Folgematrix: Die »Vorhersage« einer Matrix x zum Zeitpunkt t auf die folgende Matrix y zum Zeitpunkt (t + 1) wird über *häufige* Interaktionen in den Matrizen (hohe Zellenbesetzungen) definiert. Eine Matrix zum Zeitpunkt t hat einen hohen Vorhersagewert, wenn ausgeprägte Zellenbesetzungen der Folgematrix (Zeitpunkt t + 1) in ihr bereits vorhanden sind. Als Kriterium für die Häufigkeit von Zellenbesetzungen der Matrix zum Zeitpunkt t + 1 wurde eine Häufigkeit von >5 % von N (N = Gesamtanzahl der Zellenbesetzungen während des gewählten Zeitfensters) gewählt. Es wird also die Anzahl der Zellen einer Matrix x gezählt, für die gilt: $h_{xij} > 0$ (Zelle ist überhaupt besetzt) und $h_{yij} > 0.05$ (Zellenbesetzung in der Folgematrix ist über 5 %). Diese Häufigkeit der Zellen wird durch n^2 dividiert. Die Formel lautet also:

$$V = \frac{\theta(h_{xij})}{n^2} \mid h_{xij} > 0 \text{ und } h_{yij} > 0,05$$

Kennwerte der Einheiten:

Rezeptivität (R_j), *Initiative* (I_i), *Involviertheit* (V_i) und *Selbstbezogenheit* (S_i): Unter Vernachlässigung der selbstbezogenen Interaktionen (Diagonale der Matrix) wird die Initiative über die Zeilensummen der Matrix, die Rezeptivität über die Spaltensummen berechnet. Die Involviertheit ergibt sich als Summierung beider Kennwerte, wieder ohne die Diagonalen der Matrix. Die Diagonalzellen spiegeln die selbstbezogenen Interaktionen, also die Selbstbezogenheit der Einheit (Person oder Teilgruppe) wider. Die Formeln lauten:

$$R_j = \frac{H_{.j}}{N-D}$$

$$I_i = \frac{H_{i.}}{N-D}$$

$$V_i = R_j + I_i$$

$$S_i = \frac{d_i}{x_{i.}} \ |j=i$$

Literatur

Ashby, W.R. (1985): Einführung in die Kybernetik. Frankfurt a. M.

Badke-Schaub, P. (1993): Gruppen und komplexe Probleme. Strategien von Kleingruppen bei der Bearbeitung einer simulierten AIDS-Ausbreitung. Frankfurt a. M.

Baecker, D. (1994): Postheroisches Management. Ein Vademecum. Berlin.

Bales, R.F.; Cohen, S.P. (1982): SYMLOG. Ein System für die mehrstufige Beobachtung von Gruppen. Stuttgart.

Bannister, D.; Fransella, F. (1981): Der Mensch als Forscher. Die Psychologie der persönlichen Konstrukte. Münster.

Beck, D. (1992): Kooperation und Abgrenzung – Zur Dynamik von Intergruppen-Beziehungen in Kooperationssituationen. Wiesbaden.

Beck, D.; Orth, B. (1995): Wer wendet sich an wen? – Muster in der Interaktion kooperierender Kleingruppen. Zeitschrift für Sozialpsychologie 26(2): 92–106.

Beisel, R. (1994): Synergetik und Organisationsentwicklung. München.

Berger, M.; Vauth, R. (1997): Grundelemente der Qualitätssicherung in der Medizin. In: Berger, M.; Gaebel, W. (Hg.): Qualitätssicherung in der Psychiatrie. Berlin, S. 1–11.

Betz, D.; Breuninger, H. (1987): Teufelskreis Lernstörungen. München.

Bock, T. (1992a): Wissen um Psychosen – 20 Thesen. In: Bock, T., Deranders, J.E.; Esterer, I. (Hg.): Stimmenreich. Mitteilungen über den Wahnsinn. Bonn, S. 85–93.

Bock, T. (1992b): Hilfreiches Chaos? Zur Bedeutung von Psychotherapie in Psychosen. In: Bock, T., Deranders, J.E.; Esterer, I. (Hg.): Stimmenreich. Mitteilungen über den Wahnsinn. Bonn, S. 144–156.

Boos, M. (1995): Die sequentielle Strukturierung sozialer Interaktionen. In: Langthaler, W.; Schiepek, G. (Hg.): Selbstorganisation und Dynamik in Gruppen. Münster, S. 209–221.

Boos, M. (1996): Entscheidungsfindung in Gruppen. Bern.

Boos, M.; Meier, F. (1993): Die Regulation des Gruppenprozesses bei der Entscheidungsfindung. Zeitschrift für Sozialpsychologie 24: 3–14.

Boos, M.; Morguet, M.; Meier; F.; Fisch, R. (1990): Zeitreihenanalysen von Interaktionsprozessen bei der Bearbeitung komplexer Probleme in Expertengruppen. Zeitschrift für Sozialpsychologie 21: 53–64.

Bozok, B.; Bühler, K.-E. (1988): Wirkfaktoren der Psychotherapie – spezifische und unspezifische Einflüsse. Fortschritte der Neurologie und Psychiatrie 56, 119–132.

Braten, S. (1984): The third position – Beyond Artificial and Autopoietic Reduction. Kybernetes 13: 157–163.

Brunner, E.J.; Lenz, G. (1993): Was veranlaßt ein Klientensystem zu sprunghaften Veränderungen? Ein Erklärungsversuch aus der Perspektive der Selbstorganisationstheorie. System Familie 6(1): 1–9.

Brunner, E.J.; Tschacher, W. (1991): Selbstorganisation und die Dynamik von Gruppen – Die systemische Perspektive in der sozial- und Organisationspsychologie. In: Niedersen, U.; Pohlmann, L. (Hg.): Der Mensch in Ordnung und Chaos. Berlin, S. 53–67.

Brunner, E.J.; Tschacher, W.; Nowack, W. (1994): Gruppenentwicklung als Selbstorganisationsprozeß der Musterbildung. Gestalt Theory 16(2): 89–100.

Brunner, E.J.; Tschacher, W.; Quast C.; Ruff, A. (1997): Veränderungsprozesse in Paarbeziehungen. Eine empirische Studie aus der Sicht der Selbstorganisationstheorie. In: Schiepek, G.; Tschacher, W. (Hg.): Selbstorganisation in Psychologie und Psychiatrie. Braunschweig, S. 221–234.

Caspar, F. (1989): Beziehungen und Probleme verstehen. Eine Einführung in die psychotherapeutische Plananalyse. Bern.

Ciompi, L. (1980): Ist die chronische Schizophrenie ein Artefakt? – Argumente und Gegenargumente. Fortschritte der Neurologie, Psychiatrie und ihrer Grenzgebiete 48(5): 237–248.

Ciompi, L. (1982): Affektlogik. Stuttgart.

Ciompi, L. (1997): Sind schizophrene Psychosen dissipative Strukturen? Die Hypothese der Affektlogik. In: Schiepek, G.; Tschacher, W. (Hg.): Selbstorganisation in Psychologie und Psychiatrie. Braunschweig, S. 191–217.

Ciompi, L.; Müller, Ch. (1976): Lebensweg und Alter der Schizophrenen. Eine katamnestische Langzeitstudie. Berlin.

Crepet, P.; Glanville, B.; van Hoorn, E.; Jensen, K.; Vendsborg, P. (o. J.): Nutzer-Bewertungsfragebogen psychosozialer und psychiatrischer Einrichtungen (deutsche Übersetzung von Ruth Vogel). The European Council of the World Federation for Mental Health.

Cumpelik, K. (1985): Das Planspiel. Versuch einer handlungstheoretischen Analyse. Unveröff. Dipl. Arbeit Freie Univ. Berlin.

Deissler, K.; Keller, T.; Schug, R. (1995): Kooperative Gesprächsmoderation, »selbst-reflexive Diskurse« – ein Bouquet von Ideen und Methoden für (Organisations-)Beratung als »sozialer Konstruktionsprozeß«. Zeitschrift für systemische Therapie 13(1): 12–30.

de Shazer, S. (1989): Wege der erfolgreichen Kurztherapie. Stuttgart.

de Shazer, S. (1992): Aus der Sprache gibt es kein Entrinnen. In: Schweitzer, J.; Retzer, A.; Fischer, H.R. (Hg.): Systemische Praxis und Postmoderne. Frankfurt a. M., S. 64–77.

Dixit, A. K.; Nalebuff, B.J. (1995): Spieltheorie für Einsteiger. Strategisches Know-how für Gewinner. Stuttgart.

Dörner, D. (1989): Expertise beim Lösen komplexer Probleme oder: Die Bedeutung von Großmutterregeln. In: Dörner, D.; Michaelis W. (Hg.): Idola fori et idola theatri. Göttingen, S. 121–143.

Dörner, D. (1993): Denken und Handeln in Unbestimmtheit und Komplexität. GAIA 2: 128–138.

Dörner, D.; Kreuzig, H.W.; Reither, F.; Stäudel, T. (Hg.) (1983): Lohhausen – Vom Umgang mit Unbestimmtheit und Komplexität. Bern.

Doll, J.; Schütz, H.; Six, B.; Witte, E.H. (1994): Einstellungen, Gruppen, Methoden und Wissenschaftsforschung: vier Publikationsschwerpunkte der Zeitschrift für Sozialpsychologie. Zeitschrift für Sozialpsychologie 25(1): 18–35.

Droste, S.W.; Mertens, I.; Schiepek, G. (1998): Sucht als dynamisches System. Computersimulation und empirische Verlaufsanalysen von Partnerschaftsbeziehungen unter Alkoholeinfluß. In: Frankfurter Lehrtherapeutenteam (Hg.): Sucht in systemischer Perspektive. Göttingen, S. 65–87.

Droste, S.W.; Schiepek, G. (1997): Modelle der Chaossteuerung am Beispiel nichtlinearer Systemdynamik in Kräftepotentialen. In: Schiepek, G.; Tschacher, W. (Hg.): Selbstorganisation in Psychologie und Psychiatrie. Braunschweig, S. 255–268.

Druwe, U. (1988): Selbstorganisation in den Sozialwissenschaften. Kölner Zeitschrift für Soziologie und Sozialpsychologie 40: 762–775.

Duncan, B.L.; Moynihan, D.W. (1994): Applying Outcome Research: Intentional Utilization of the Client's Frame of Reference. Psychotherapy 31(2): 294–301.

Eckert, J. (1993): Zur Begutachtung der psychotherapeutischen Verfahren im »Forschungsgutachten« zum Psychotherapeutengesetz: Viele sind gar nicht erst angetreten, drei haben gewonnen und zwei bekommen den Preis. Psychotherapie Forum 1(2): 87–91.

Eigen, M. (1992): Stufen zum Leben. München, 2. Aufl.

Ekman, P.; Friesen, W. (1978): Manual for the Facial Action Coding System (FACS). Palo Alto.

Elbert, T.; Ray, W.J.; Kowalik, Z.J.; Skinner, J.E.; Graf, K.E.; Birbaumer, N. (1994): Chaos and Physiology: Deterministic Chaos in Excitable Cell Assemblies. Physiological Reviews 74 (1): 1–47.

Elbert, T.; Rockstroh, B. (1993): Das chaotische Gehirn. Zur Erfassung nichtlinearer Dynamik aus physiologischen Zeitreihen. In: Schiepek, G.; Spörkel, H. (Hg.): Verhaltensmedizin als angewandte Systemwissenschaft. Salzburg, S. 80–95:.

Elliot, R.; Anderson, C.L. (1994): Simplicity and Complexity in Psychotherapy Research. In: Russel, R.L. (Ed.): Reassessing Psychotherapy Research. New York, S. 65–113.

Endres, J.; Putz-Osterloh, W. (1994): Komplexes Problemlösen in Kleingruppen: Effekte des Vorwissens, der Gruppenstruktur und der Gruppeninteraktion. Zeitschrift für Sozialpsychologie 25(1): 54–70.

Feyerabend, P. (1991): Wider den Methodenzwang. Frankfurt a. M., 3. Aufl.

Fiala, E. (1988): Zyklen, Wellen, Phasensprünge. In: Hierholzer, K.; Wittmann, H.-G. (Hg.): Phasensprünge und Stetigkeit in der natürlichen und kulturellen Welt. Stuttgart, S. 65–97.

Fisch, R.; Daniel, H.-D.; Beck, D. (1991): Kleingruppenforschung – Forschungsschwerpunkte und Forschungstrends. Gruppendynamik 22(3): 237–261.

Fisseni, H.-J. (1990): Lehrbuch der psychologischen Diagnostik. Göttingen.

Flitner, A. (1996): Spielen – Lernen. Praxis und Deutung des Kinderspiels. München.

Floeth, T. (1991): Ein bißchen Chaos muß sein. Die psychiatrische Akutstation als soziales Milieu. Bonn.

Fuchs, G. (1978): Herstellung von Planspielen. In: Simon, H. (Hg.): Simulation und Modellbildung mit dem Computer im Unterricht. Grafenau, S. 149–153.

Gehm, T. (1993): Gruppen als informationsverarbeitende Organismen. In: Montada, L. (Hg.): Bericht über den 38. Kongreß der Deutschen Gesellschaft für Psychologie, Trier 1992, Band 2. Göttingen, S. 540–557.

Gehm, T. (1995): Selbstorganisierte Untersuchungsdesigns in der Kleingruppenforschung. Oder: Warum nicht Chaos mit Chaos angehen? In: Langthaler, W.; Schiepek, G. (Hg.): Selbstorganisation und Dynamik in Gruppen. Münster, S. 3–36.

Gehm, T. (1997): Zwischen Ich und Wir. Kleingruppenbildung als selbstorganisierter Prozeß. (Und warum ihn gerade Gruppen untersuchen sollten). In: Schiepek, G.; Tschacher, W. (Hg.): Selbstorganisation in Psychologie und Psychiatrie. Braunschweig, S. 269–305.

Gergen, K. (1990): Metaphor, metatheory, and the social world. In: Leary, D.E. (Ed.): Metaphors in the history of psychology. Cambridge, S. 267–299.

Geuter, U. (1984): Die Professionalisierung der deutschen Psychologie im Nationalsozialismus. Frankfurt a. M.

Geuter, U. (1993): Militärpsychologie. In: Lück, H.E.; Müller, R. (Hg.): Illustrierte Geschichte der Psychologie. München, S. 279–283.

Gisi, M.; Schiepek, G. (1989): Systemspiel-Szenario »Psychosoziale Versorgung« (Manuskript). Bamberg: Otto-Friedrich Universität, Fakultät für Pädagogik, Philosophie und Psychologie.

Grawe, K.; Donati, R.; Bernauer, F. (1994): Psychotherapie im Wandel. Von der Konfession zur Profession. Göttingen.

Grzelak, J. (1992): Konflikt und Kooperation. In: Stroebe, W.; Hewstone, M.; Codol, J.-P.; Stephenson, G.M. (Hg.): Sozialpsychologie. Berlin, S. 305–330.

Großmann, S. (1989): Selbstähnlichkeit: Das Strukturgesetz im und vor dem Chaos. In: Gerok, W. (Hg.): Ordnung und Chaos in der unbelebten und belebten Natur. Stuttgart, S. 101–122.

Guggenberger, B. (1987): Das Menschenrecht auf Irrtum. Anleitung zur Unvollkommenheit. München.

Gussone, B.; Schiepek, G. (im Druck). Die Sorge um sich. Ästhetik und Ethik der Lebensführung als Prävention von Burnout. Buchmanuskript (vorgelegt beim DGVT-Verlag, Tübingen).

Hackman, J.R. (1990): Creating More Effective Work Groups in Organizations. In: Hackman, J.R. (Ed.): Groups That Work (and Those That Don't): Creating Conditions for Effective Teamwork. San Francisco, S. 479–504.

Haken, H. (1983a): Synopsis and Introduction. In: Basar, E.; Flohr, H.; Haken, H.; Mandell, A.J. (Eds.): Synergetics of the Brain. Berlin, S. 3–25.

Haken, H. (1983b): Foreword. In: Weidlich, W.; Haag, G. (Eds.): Concepts and Models of a Quantitative Sociology. Berlin, S. VI–VII.

Haken, H. (1990a): Erfolgsgeheimnisse der Natur. Frankfurt a. M.

Haken, H. (1990b): Synergetics as a Tool for the Conceptualization and Mathematization of Cognition and Behavior – How Far Can We Go? In: Haken, H.; Stadler, M. (Eds.): Synergetics of Cognition. Berlin, S. 2–30.

Haken, H. (1991): Die Selbstorganisation der Information in biologischen Systemen aus der Sicht der Synergetik. In: Küppers, B.-O. (Hg.): Ordnung aus dem Chaos. München, S. 127–156, 3. Aufl.

Haken, H. (1993a): Synergetik – oder: Wer steuert den Steuermann? In: Schiepek, G.; Spörkel, H. (Hg.): Verhaltensmedizin als Angewandte Systemwissenschaft. Bergheim bei Salzburg, S. 21–35.

Haken, H. (1993b): Kunstwerke rufen Instabilitäten hervor (Gespräch mit Florian Rötzer). Kunstforum 124: 88–94.

Haken, H. (1994): Strukturentstehung und Gestalterkennung in den neueren Selbstorganisationstheorien. In: Heuser-Keßler, M.-L.; Jacobs, W.G. (Hg.): Schelling und die Selbstorganisation. Berlin, S. 11–26.

Haken, H. (1996): Principles of Brain Functioning. A Synergetic Approach to Brain Activity, Behavior, and Cognition. Berlin.

Haken, H.; Wunderlin, A. (1990): Die Anwendung der Synergetik auf Musterbildung und Mustererkennung. In: Kratky K.; Wallner, F. (Hg.): Grundprinzipien der Selbstorganisation. Darmstadt, S. 18–30.

Haken, H.; Wunderlin, A. (1991): Die Selbststrukturierung der Materie. Braunschweig.

Heckhausen, H. (1964): Entwurf einer Psychologie des Spielens. Psychologische Forschung 27: 225–243.

Hofstadter, D.R. (1985): Gödel, Escher, Bach: Ein endlos geflochtenes Band. Stuttgart.

Hofstätter, P. (1957): Gruppendynamik. Kritik der Massenpsychologie. Hamburg.

Jakobson, R. (1969): Kindersprache, Aphasie und allgemeine Lautgesetze. Frankfurt a. M. (orig. 1941).

Kaiser, F.-J. (1976): Entscheidungstraining. Bad Heilbronn.

Kelso, J.A.S. (1995): Dynamic Patterns. The Self-Organization of Brain and Behavior. Cambridge, MS.

Klockow, S. (1988): Zwischen Uhren und Wolken – Anspruch und Realität wissenschaftlicher Politikberatung. In: Schönberger, A.; Internationales Design Zentrum Berlin (Hg.): Simulation und Wirklichkeit. Köln, S. 163–190.

Kowalik, Z.; Elbert, T. (1994): Changes of Chaoticness in Spontaneous EEG/MEG. Integrative Physiological and Behavioral Science 29: 268–280.

Kowalik, Z.; Schiepek, G. (1997): Die nichtlineare Dynamik des menschlichen Gehirns. Methoden und Anwendungsmöglichkeiten. In: Schiepek, G.; Tschacher, W. (Hg.): Selbstorganisation in Psychologie und Psychiatrie. Braunschweig, S. 121–149.

Kowalik, Z.; Schiepek, G.; Kumpf, K.; Roberts, L.E.; Elbert, T. (1997): Psychotherapy as a chaotic process (2). The application of nonlinear analysis methods on quasi time series of the client-therapist-interaction: A nonstationary approach. Psychotherapy Research 7 (3): 197–218.

Krege, W. (1976): Kommunikationskulisse, synchrones und turbulentes Kollektivverhalten in Gruppenzusammenkünften. Gruppendynamik 7(4): 284–300.

Kriz, J. (1990): Synergetics in Clinical Psychology. In: Haken, H.; Stadler, M. (Eds.): Synergetics of Cognition. Berlin, S. 393–404.

Kriz, J. (1997): Systemtheorie. Eine Einführung für Psychotherapeuten, Psychologen und Mediziner. Wien.

Krohn, W.; Küppers, G. (1989): Die Selbstorganisation der Wissenschaft. Frankfurt a. M.

Kruse, P. (1977). Selbstorganisationskonzepte in der Unternehmensführung. In: Schiepek, G.; Tschacher, W. (Hg.): Selbstorganisation in Psychologie und Psychiatrie. Braunschweig, S. 307–325.

Küppers, G. (1987): Die verschiedenen Konzepte der Selbstorganisation – ein Vergleich. Universität Bielefeld: USP Wissenschaftsforschung.

Langosch, I. (1991): Soziale Systeme gestalten: Verhaltensplanspiel als Lehrmethode. Psychologie in Erziehung und Unterricht 38(1): 66–73.

Langthaler, W.; Schiepek, G. (Hg.) (1995): Selbstorganisation und Dynamik in Gruppen. Münster.

Lehmann, J. (Hg.) (1977): Simulations- und Planspiele in der Schule. Bad Heilbronn/Obb.

Lehmann, J.; Höns, G. (1978): Zusammenfassung der Diskussion in der Arbeitsgruppe »Planspiel im Unterricht«. In: Simon, H. (Hg.): Simulation und Modellbildung mit dem Computer im Unterricht. Grafenau, S. 165–167.

Lorenz, D. (1996): Freud, der Erzähler. Die Geburt der Psychoanalyse aus dem Geist der Literatur. Psychologie Heute, Oktober 1996, S. 58–65.

Ludewig, K. (1992): Systemische Therapie: Grundlagen klinischer Theorie und Praxis. Stuttgart.

Ludewig, K.; Wilken, U. (1994): Das Familienbrett. Ein therapeutisches und beraterisches Instrument zur Konstruktion und Abbildung von Beziehungen. Institut für systemische Studien, Hamburg.

Luhmann, N. (1984): Soziale Systeme. Frankfurt a. M.

Luhmann, N. (1990): Die Wissenschaft der Gesellschaft. Frankfurt a. M.

Mackey, M.C.; an der Heiden, U. (1982): Dynamical Diseases and Bifurcations: Understanding Functional Disorders in Physiological Systems. Funkt. Biol. Med. 1: 156–164.

Macy, M.W. (1995): PAVLOV and the Evolution of Cooperation: An Experimental Test. Social Psychology Quarterly 58(2), 74–87.

Mainzer, K. (1997): Komplexe Systeme in Natur und Gesellschaft. Physik in unserer Zeit 28(2): 74–81.

Malik, F. (1990): Selbstorganisation im Management. In: Kratky, K.; Wallner, F. (Hg.), Grundprinzipien der Selbstorganisation. Darmstadt, S. 96–102.

Manteufel, A. (1995): »Chaosmania« – Über Chaostheorie und ihren Nutzen für Klinische Psychologie und Psychiatrie. systeme 9(1): 24–40.

Manteufel, A. (1996): Ordnungsbildung und Ordnungswandel in komplexen sozialen Systemen. Ein empirischer Beitrag zur sozialwissenschaftlichen Synergetik mit Hilfe der Systemspielmethode. Diss., Univ. Bamberg.

Manteufel, A.; Schiepek, G. (1994): Kontextbezogene Selbsterfahrung und Systemkompetenz. In: Laireiter A.; Elke G. (Hg.): Selbsterfahrung in der Verhaltenstherapie. Tübingen, S. 57–79.

Manteufel, A.; Schiepek, G. (1995): Das Problem der Nutzung moderner Selbstorganisationstheorien in der klinischen Praxis. Zeitschrift für

Klinische Psychologie, Psychopathologie und Psychotherapie 43 (4): 325–347.

Maslach, C; Jackson, S. (1984): Burnout in Organizational Settings. In: Oskamp, S. (Hg.): Applied Social Psychology Annual 5. Beverly Hills, S. 133–153.

Maturana, H. (1982): Erkennen: Die Organisation und Verkörperung von Wirklichkeit. Braunschweig.

Maturana, H.; Varela, F. (1987): Der Baum der Erkenntnis. Bern.

Mayntz, R. (1988): Soziale Diskontinuitäten: Erscheinungsformen und Ursachen. In: Hierholzer, K.; Wittmann, H.-G. (Hg.): Phasensprünge und Stetigkeit in der natürlichen und kulturellen Welt. Stuttgart, S. 15–37.

Metzger, W. (1975): Gesetze des Sehens. Frankfurt a. M., Erstauflage 1936.

Metzger, W. (1982): Gestalttheorie im Exil. In: Balmer, H. (Hg.): Geschichte der Psychologie. Weinheim, S. 659–683.

Mogel, H. (1994): Psychologie des Kinderspiels, Berlin, 2. Aufl.

Moreno, J.L. (1924): Das Stegreiftheater. Potsdam.

Moreno, J.L. (1959): Gruppenpsychotherapie und Psychodrama. Stuttgart.

Müssen, P. (1995): »Variatio delectat« – Lebenskunst in Ethik und Therapie am Beispiel von Michel Foucault und Steve de Shazer. systeme 9(1): 4–23.

Nowak, M.; Sigmund, K. (1993): Chaos and the Evolution of Cooperation. Proceedings of the National Academy of Sciences of the USA 90(11): 5091–5094.

Oerter, R. (1982): Kindheit. In: Oerter, R.; Montada, L. (Hg.): Entwicklungspsychologie. München, S. 195–241.

Pawelzik, M.; Kettner, M. (1993): Grundlegende Elemente der klinischen Situation: Implikationen für die Qualitätssicherung in der Psychiatrie. Schizophrenie 8(1): 38–47.

Petzold, H. (1982): Das »Therapeutische Theater« – Die Methode Vladimir N. Iljines. In: Petzold, H. (Hg.), Dramatische Therapie. Stuttgart, S. 88–109.

Piribauer, F. (1995): Qualitätsmanagement für Psychotherapeuten. Psychotherapie Forum 3(4): 186–196.

Portele, G. (1977): Zur Theorie des Simulationsspiels. In: Lehmann, J. (Hg.): Simulations- und Planspiele in der Schule. Bad Heilbrunn, S. 9–18.

Portele, G. (1991): Gestalt als Selbstorganisation. systeme 5(1): 3–21.

Portele, G.; Schmidt, B.A. (1976): Brechts Verfremdungseffekt und soziales Lernen. Gruppendynamik 7(6): 454–464.

Prank, K.; Hesch, R.-D. (1993); Chaos und Struktur in hormonalen Systemen. Beispielhafte Überlegungen zur synergetischen Medizin. In: Schiepek, G.; Spörkel, H. (Hg.): Verhaltensmedizin als angewandte Systemwissenschaft. Salzburg, S. 66–79.

Probst, G. (1987): Selbst-Organisation. Berlin.

Reicher, S. (1982): The determination of collective behavior. In: Tajfel, H. (Ed.): Social Identity and Intergroup relations. Cambridge, S. 41–83.

Reicherts, M. (1988): Diagnostik der Belastungsverarbeitung. Fribourg.

Reicherts, M.; Perrez, M. (1993): Fragebogen zum Umgang mit Belastungen im Verlauf. Handanweisung und Testmappe. Bern.

Reicherts, M.; Perrez, M. (1994); Fragebogen zum Umgang mit Belastungen im Verlauf. Zeitschrift für Klinische Psychologie, Psychopathologie und Psychotherapie 42(3): 230–240.

Reinisch, H. (1975): Planspiele. In: Reinisch, H. (Hg.): Hochschuldidaktische Arbeitspapiere 7: Planspiele. Interdisziplinäres Zentrum für Hochschuldidaktik, Hamburg, S. 1–11.

Reiter, L. (1991): Wissenschaft als System. systeme 5(2): 117–131.

Reiter, L. (1995): Das Konzept der »Klinischen Nützlichkeit«. Theoretische Grundlagen und Praxisbezug. Zeitschrift für systemische Therapie 13(3): 193–211.

Rosenhan, D. L. (1973): On being sane in insane places. Science 179: 250–258.

Roth, G. (1986): Selbstorganisation und Selbstreferentialität als Prinzipien der Organisation von Lebewesen. In: Sandkühler, H.J.; Holz, H.H. (Hg.): Die Dialektik und die Wissenschaften. Köln, S. 194–213.

Rott, M.; Wewers, D. (1996): Ein empirischer Zugang zu Selbstorganisationsprozessen in sozialen Systemen. Die Analyse eines Systemspiels. Unveröff. Dipl. Arbeit Universität Münster, Fachbereich Psychologie.

Rüger, B. (1994): Kritische Anmerkungen zu den statistischen Methoden in Grawe, Donatik und Bernauer: »Psychotherapie im Wandel. Von der Konfession zur Profession.« Zeitschrift für Psychosomatische Medizin 40: 368–383.

Ruschig, G.; Schiepek, G. (1987): Planspielszenario »Mehrgenerationenfamilie und psychosoziale Versorgung« (Manuskript). Universität Bamberg, Fakultät für Pädagogik, Philosophie und Psychologie.

Saam, N. (1995): Computergestützte Theoriekonstruktion in den Sozialwissenschaften. Erlangen.

Sacks, O. (1991): Awakenings – Zeit des Erwachens. Reinbek.

Sader, M. (1991): Anmerkungen zum Stand der Kleingruppenforschung. Gruppendynamik 22(3): 263–278.

Schaub, H. (1997): Selbstorganisation in konnektionistischen und hybriden Modellen von Wahrnehmung und Handeln. In: Schiepek, G.; Tschacher, W. (Hg.): Selbstorganisation in Psychologie und Psychiatrie. Braunschweig, S. 103–118.

Schaub, H.; Schiepek, G. (1992): Simulation of Psychological Processes: Basic Issues and an Illustration Within the Etiology of a Depressive Disorder. In: Tschacher, W.; Schiepek, G.; Brunner, E.J. (Eds.): Self-Organization and Clinical Psychology. Berlin, S. 121–149.

Scheer, J.W.; Catina, A. (1993): Einführung in die Repertory Grid Technik, Band 1 und 2. Bern.

Scheier, C.; Tschacher, W. (1994): Nichtlineare Analyse dynamischer psychologischer Systeme I: Konzepte und Methoden. System Familie 7: 133–144.

Schiepek, G. (1986): Systemische Diagnostik in der Klinischen Psychologie. Weinheim.

Schiepek, G. (1991): Systemtheorie der Klinischen Psychologie. Braunschweig.

Schiepek, G. (1992): Synergetik in der Psychologie. Psychologie in Österreich 12(1–2): 3–10.

Schiepek, G. (1997): Ausbildungsziel: Systemkompetenz. In: Reiter, L.; Brunner, E.J.; Reiter-Theil, S. (Hg.): Von der Familientherapie zur systemischen Perspektive (2. völlig überarbeitete Auflage). Berlin, S. 181–215.

Schiepek, G.; Fricke, B.; Kaimer, P. (1992): Synergetics of Psychotherapy. In: Tschacher, W.; Schiepek, G.; Brunner, E.J. (Eds.): Self-Organization and Clinical Psychology. Berlin, S. 239–267.

Schiepek, G.; Kaimer, P. (1989): Sozialwissenschaftliche Synergetik, Teilprojekt III: Selbstorganisationsprozesse in dynamischen sozialen Systemen, untersucht anhand systemischer Kurzzeittherapien. Projektantrag an die Volkswagenstiftung. Universität Tübingen (Institut für Erziehungswissenschaften I) und Universität Bamberg (Lehrstuhl für Klinische Psychologie).

Schiepek, G.; Kowalik, Z.; Gees, C.; Welter, T.; Strunk, G. (1995a): Chaos in Gruppen? In: Langthaler, W.; Schiepek, G. (Hg.): Selbstorganisation und Dynamik in Gruppen. Münster, S. 38–66.

Schiepek, G.; Kowalik, Z.; Schütz, A.; Köhler, M.; Strunk, G.; Mühlnikkel, W.; Elbert, T. (1997): Psychotherapy as a Chaotic Process. I: Coding the Client-Therapists-Interaction by Means of Sequential Plan Analysis and the Search for Chaos: A Stationary Approach, Psychotherapy Research 7(2): 173–194.

Schiepek, G.; Küppers, G.; Mittelmann, K.; Strunk, G. (1995b): Kreative Problemlöseprozesse in Kleingruppen. In: Langthaler, W.; Schiepek, G. (Hg.): Selbstorganisation und Dynamik in Gruppen. Münster, S. 236–255.

Schiepek, G.; Reicherts, M. (1989): Sozialwissenschaftliche Synergetik, Teilprojekt IV: Das Planspiel als Untersuchungsparadigma für selbstorganisierende Systeme. Projektantrag an die Volkswagenstiftung. Universität Fribourg (Institut für Psychologie), Universität Bamberg (Lehrstuhl für Klinische Psychologie) und Universität Tübingen (Institut für Erziehungswissenschaften).

Schiepek, G.; Schoppek, W. (1991): Synergetik in der Psychiatrie: Simulation schizophrener Verläufe auf der Grundlage nichtlinearer Differenzengleichungen. In: Niedersen, U.; Pohlmann, L. (Hg.): Der Mensch in Ordnung und Chaos. Berlin, S. 69–102.

Schiepek, G.; Schütz, A.; Köhler, M.; Richter, K.; Strunk, G. (1995c): Die

Mikroanalyse der Therapeut-Klient-Interaktion mittels Sequentieller Plananalyse. Teil I: Grundlagen, Methodenentwicklung und erste Ergebnisse. Psychotherapie Forum 3(1): 1–17.

Schiepek, G.; Strunk, G. (1994): Dynamische Systeme. Heidelberg.

Schiepek, G.; Strunk, G.; Kowalik, Z. (1995d): Die Mikroanalyse der Therapeut-Klient-Interaktion mittels Sequentieller Plananalyse, Teil 2: Die Ordnung als Chaos. Psychotherapie Forum 3(2): 87–109.

Schiepek, G.; Tschacher, W. (Hg.) (1997): Selbstorganisation in Psychologie und Psychiatrie. Braunschweig.

Schiepek, G.; Wegener, C.; Wittig, D.; Harnischmacher, G. (1998): Synergie und Qualität. Ein Fensterbilderbuch. Tübingen.

Schmid, G.B.; Koukkou, M. (1997): Die dimensionale Komplexität des EEG in psychotischen und remittierten Zuständen. In: Schiepek, G.; Tschacher, W. (Hg.): Selbstorganisation in Psychologie und Psychiatrie. Braunschweig, S. 151–169.

Schneider, H.; Fäh-Barwinski, M.; Barwinski Fäh, R. (1997).»Denkwerkzeuge« für das Nachzeichnen langfristiger Veränderungsprozesse in Psychoanalysen. In: Schiepek, G.; Tschacher, W. (Hg.): Selbstorganisation in Psychologie und Psychiatrie. Braunschweig, S. 235–254.

Schuldt, A. (1989): Selbstreferentielle Strukturbildung in dynamischen Systemen: Schulfähige Experimente mit einer Videoanlage zur Einführung in die Selbstorganisationstheorie. Kiel.

Schuster, H.-G. (1994): Deterministisches Chaos. Weinheim.

Schwäbisch, L.; Siems, M. (1974): Anleitung zum sozialen Lernen für Paare, Gruppen und Erzieher. Reinbek.

Schweitzer, J. (1989): Professionelle (Nicht-)Kooperation. Ihr Beitrag zur Eskalation dissozialer Karrieren. Zeitschrift für systemische Therapie 7(4): 247–254.

Schweitzer, J. (1995): Die Kooperation zwischen Fachleuten, Patienten und Angehörigen in Gesundheits- und Sozialberufen: Empirische Studien über Veränderungsprozesse im Verlauf systemischer Weiterbildung. Habilitationsschrift an der Medizinischen Fakultät der Universität Heidelberg.

Skinner, J.E. (1992): The Point-D2 Algorithm. Houston.

Skinner, J.E.; Goldberger, A.L.; Mayer-Kress, G.; Ideker, R.E. (1990): Chaos in the Heart: Implications for Clinical Cardiology. Biotechnology, 8: 1018–1033.

Spitzer, M. (1996): Geist im Netz. Heidelberg.

Stadler, M.; Kruse, P.; Carmesin, H.O. (1996): Erleben und Verhalten in der Polarität von Chaos und Ordnung. In: Küppers, G. (Hg.): Chaos und Ordnung. Formen der Selbstorganisation in Natur und Gesellschaft. Stuttgart, S. 323–352.

Stegmüller, W. (1973): Theorie und Erfahrung, Zweiter Halbband: Theorienstrukturen und Theoriendynamik. Berlin.

Steitz, A.; Tschacher, W.; Ackermann, K.; Revenstorf, D. (1992): Applicability of Dimension Analysis to Data in Psychology. In: Tschacher, W.; Schiepek, G.; Brunner, E.J. (Eds.): Self-Organization and Clinical Psychology. Berlin, S. 367–384.

Stiles, W.B.; Shapiro, D.A.; Harper, H. (1994): Finding The Way from Process to Outcome. In: Russel, R.L. (Ed.): Reassessing Psychotherapy Research. New York, pp. 36–64.

Strunk, G. (1995): Rechengrundlagen und Gleichungen zu MATRIX 1.x. Münster.

Sugihara, G.; May, R. (1990): Nonlinear Forecasting as a Way of Distinguishing Chaos from Measurement Error in Time Series. Nature 344, 734–741.

Tajfel, H. (Ed.) (1982): Social Identity and Intergroup relations. Cambridge.

Tomm, K. (1994): Die Fragen des Beobachters. Heidelberg.

Tschacher, W. (1990): Interaktion in selbstorganisierten Systemen. Heidelberg.

Tschacher, W.; Brunner, E.J.; Schiepek, G. (1992): Self Organization in Social Groups. In: Tschacher, W.; Schiepek, G.; Brunner, E.J. (Eds.): Self-Organization and Clinical Psychology. Berlin, S. 341–366.

Tschacher, W.; Scheier, C. (1995): Analyse komplexer psychologischer Systeme II. Verlaufsmodelle und Komplexität einer Paartherapie. System Familie 8(3): 160–171,

Tschacher, W.; Schiepek, G. (1997): Eine methodenorientierte Einführung in die synergetische Psychologie. In: Schiepek, G.; Tschacher, W. (Hg.): Selbstorganisation in Psychologie und Psychiatrie. Braunschweig, S. 3–31.

Tschacher, W.; Schiepek, G.; Brunner, E.J. (Eds.) (1992): Self-Organization and Clinical Psychology. Berlin.

Tschuschke, V.; Dies, R.R. (1994): Der Mythos von den zwei Welten: Praxis und Forschung brauchen einander. Gruppenpsychotherapie und Gruppendynamik 30: 227–250.

Tschuschke, V.; Kächele, H.; Hölzer, M. (1994): Gibt es unterschiedlich effektive Formen von Psychotherapie? Psychotherapeut 39: 281–297.

Ulich, D.; Haußer, D.; Mayring, P.; Strehmel, P.; Kandler, M.; Degenhardt, B. (1985): Psychologie der Krisenbewältigung. Weinheim.

Ullrich, R.; Ullrich de Muynck, R. (1976): Das Assertiveness-Training-Program (ATP). München.

Uslar, D. v. (1996): Das Spiel in seiner Bedeutung für den Menschen. In: Buchheim, P.; Cierpka, M.; Seifert, T. (Hg.): Spiel und Zusammenspiel in der Psychotherapie. Berlin, S. 1–11.

Vanger, Ph.; Hönlinger, R.; Haken, H. (1997): Anwendung der Synergetik bei der Erkennung von Emotionen im Gesichtsausdruck. In: Schiepek,

G.; Tschacher, W. (Hg.): Selbstorganisation in Psychologie und Psychiatrie. Braunschweig, S. 85–101.

Weidlich, W.; Haag, G. (1983): Concepts and Models of a Quantitative Sociology. Berlin.

Weise, P. (1990): Der synergetische Ansatz zur Analyse der gesellschaftlichen Selbstorganisation. In: Individuelles Verhalten und Kollektive Phänomene. Frankfurt a. M., S. 12–64.

Westmeyer, H. (1976): Verhaltenstherapie: Anwendung von Verhaltenstheorien oder kontrollierte Praxis? In: Gottwald, P.; Kraiker, C. (Hg.): Zum Verhältnis von Theorie und Praxis in der Psychologie. Tübingen, Mitt. dgvt, Sonderheft 1, S. 9–31.

Willke, H. (1989): Systemtheorie entwickelter Gesellschaften. Weinheim.

Willke, H. (1991): Systemtheorie. Stuttgart, 3. Aufl.

Witte, E.-H.; Scholl, W. (1992): Gruppenforschung: Dynamische und strukturelle Einflüsse auf das Verhalten in und zwischen Gruppen. Unveröff. Antrag bei der DFG auf Einrichtung eines Schwerpunktprogramms zur Gruppenforschung.

Wenn Sie weiterlesen möchten...

Arist von Schlippe / Jochen Schweitzer
Lehrbuch der systemischen Therapie und Beratung
Mit einem Vorwort von Helm Stierlin.

Über die Familientherapie hinaus hat sich systemisches Denken weite Arbeitsfelder erschlossen, von der Einzel- und Paartherapie über die Supervision bis zur Organisationsentwicklung, in der Medizin und Sozialarbeit wie im Management und der Politikberatung.
Das Buch entwickelt, jederzeit praxisbezogen, die theoretischen Konzepte, die hinter systemischem Denken stehen, macht eingehend vertraut mit den Techniken und Anwendungsmöglichkeiten und veranschaulicht sie an zahlreichen Fallbeispielen. Aktuelle Kontroversen werden aufgegriffen, in der Kritik der systemischen Therapie werden auch künftige Entwicklungslinien und innovative Anwendungsfelder deutlich.

Joachim Hesse (Hg.)
Systemisch-lösungsorientierte Kurztherapie

Das systemische Begreifen von Problemlagen im Leben hat sich in der Familien-, der Paar- und der Einzeltherapie als rasch wirksam bewährt. Keine quälend langen Therapieverläufe wollen das Leben des Klienten verändern, vielmehr wird mit dem Klienten zusammen ein individuell angestrebtes Ziel vereinbart, die Lösung eines genau umrissenen Problems. Diese Lösung wird in gemeinsamer Arbeit den jeweiligen Alltagszusammenhängen, dem Lebenssystem des Klienten angepaßt. In klar abgesprochenen Schritten, immer wieder überprüfbar, werden die bereits vorhandenen Potentiale, Ressourcen und Lösungskompetenzen genutzt und weiter entwickelt.

Sucht in systemischer Perspektive
Theorie, Forschung, Praxis

Herausgegeben vom Frankfurter Lehrtherapeutenteam:
Walter Schwertl, Günther Emlein, Maria L. Staubach,
Elke Zwingmann

Die vom Frankfurter Lehrtherapeutenteam in diesem Band
zusammengeführten Arbeiten befassen sich mit der histori-
schen Einordnung von Suchtkonzepten, Erkenntnistheorie,
Computersimulation, Neurobiologie, Sprachverhalten von
Drogenkonsumenten, Synergetik und Selbstorganisation.
Mehrere Praxisberichte widmen sich der Umsetzung der ge-
wonnenen Ideen in systemischer Therapie, ambulanter und
stationärer Rehabilitation und Organisationsberatung.

Jürgen Kriz
Chaos, Angst und Ordnung

Jede Ordnung in unserem Leben müssen wir dem allum-
fassenden Chaos abringen. Die moderne Systemforschung
belegt, was schon die alten Weisheitslehren wußten: Wir
leben in einer Welt, die als ein einziger komplexer, chaotischer Prozeß begriffen werden muß.
Der ständige Kampf darum, das Chaos zu verbannen, führt
allzu oft zu Zwangsstrukturen, die bedrohlich werden und
viel Leid mit sich bringen können. Aus Angst vor dem
Chaos richten wir verhärtende Ordnungen auf, die sich gegen die Menschen wenden – in der Politik wie in Familien,
in Betrieben wie bei Paarbeziehungen, auch bei der Organisation des eigenen Selbst.
Jürgen Kriz stellt seine Erfahrungen aus der humanisti-
schen und systemischen Psychotherapie und der Systemforschung in Beziehung zu dem zerstörerischen Potential
der wissenschaftlichen Technik und den Bedrohungen unserer Welt. Durchaus allgemeinverständlich legt er die
Schlußfolgerungen seiner Einsichten dar – es sind Mah-
nungen, die Zwangsordnungen zu überwinden für mehr
Handlungsfreiheit des Menschen.

„Solange der Mensch spielt, ist er frei"

Friedrich Sieburg, Die Lust am Untergang

Gerald Hüther
Biologie der Angst
Wie aus Streß Gefühle werden
Sammlung Vandenhoeck.
1997. 130 Seiten, Paperback
ISBN 3-525-01439-2

Gerald Hüther
Wie aus Stress Gefühle werden
Betrachtungen eines Hirnforschers
1998. Ca. 80 Seiten mit zahlreichen Farbphotographien
gebunden, Format 21,5 x 24,5 cm
ISBN 3-525-45838-X

Ein Bildband zur Dritten Kultur zwischen Geistes- und Naturwissenschaften.

Luc Ciompi
Die emotionalen Grundlagen des Denkens
Entwurf einer fraktalen Affektlogik
Sammlung Vandenhoeck.1997.
372 Seiten mit 6 Abbildungen,
Paperback. ISBN 3-525-01437-6

Burkhard Vollmers
Einladung zur Psychologie
Sammlung Vandenhoeck. 1997.
204 Seiten mit 16 Abbildungen
und 2 Übersichten, Paperback
ISBN 3-525-0438-4

Harald Pühl
Team-Supervision
Von der Subversion zur
Institutionsanalyse
1998. 177 Seiten, kartoniert
ISBN 3-525-45823-1

Alfred Drees
Freie Phantasien
In der Psychotherapie und in
Balintgruppen
Mit einem Vorwort von Thure von
Uexküll. 1995. 245 Seiten, kartoniert. ISBN 3-525-45781-2

Klaus Lammers
Verkörpern und Gestalten
Psychodrama und Kunsttherapie
in der psychosozialen Arbeit
1998. 277 Seiten, kartoniert
ISBN 3-525-45819-3

Reinhard T. Krüger
Kreative Interaktion
Tiefenpsychologische Theorie
und Methoden des klassischen
Psychodramas
1997. 277 Seiten mit 16 Abbildungen und 2 Tabellen, kartoniert
ISBN 3-525-45794-4

V&R
Vandenhoeck
& Ruprecht